USA TODAY

LARGE-PRINT WORD SEARCH

Can't get enough of USA TODAY puzzles?

**Play more at puzzles.usatoday.com or
by downloading our FREE apps!**

(Get them on Google Play or iTunes or just scan the
QR Codes below with your smartphone camera.)

USA TODAY

LARGE-PRINT
WORD
SEARCH

350 Seriously Fun Puzzles

Andrews McMeel
PUBLISHING®

Andrews McMeel Publishing
a division of Andrews McMeel Universal
1130 Walnut Street, Kansas City, Missouri 64106

www.andrewsmcmeel.com

23 24 25 26 27 PAH 10 9 8 7 6 5 4 3 2 1

ISBN: 978-1-5248-8246-4

Editor: Betty Wong
Art Director: Holly Swayne
Production Editor: Brianna Westervelt
Production Manager: Julie Skalla

ATTENTION: SCHOOLS AND BUSINESSES
Andrews McMeel books are available at quantity discounts with bulk purchase
for educational, business, or sales promotional use. For information,
please e-mail the Andrews McMeel Publishing Special Sales Department:
sales@amuniversal.com.

CONTENTS

INTRODUCTION

USA TODAY Large-Print Word Search presents a mix of word search puzzles. This hefty tome includes enough puzzles to work one per day for nearly a year's worth of fun. Find the hidden words within the puzzle looking horizontally, vertically, and diagonally.

Good luck and happy puzzling!

Wake Up

```
N E K A W A G I L S E U M M L
T I E R N S U N R I S E S F E
H C T A R C S K I W O N U A C
G K H S N S P A U H O L I I O
G N A T A Y R R R O S S A E C
N B I Y O F G E Z C H A E B K
I L R S A L K E P O E F W E C
H E B E S W C A W P F R V D R
C A R S S E N E E O I U E M O
T R U I L I R I C R O L S A W
E Y S C U G R D N A B W S K L
R E H R H A C A O G F O Z I Y
T Y Z E D A Y B R E A K W N R
S E H X P E E L S R E V O G O
F D I E O F F T O W O R K G U
```

ARISE	COFFEE	OFF TO WORK	SUNRISE
AWAKEN	DAYBREAK	OVERSLEEP	WASHING
BED-MAKING	DRESSING	SCRATCH	YAWNING
BLEARY-EYED	EXERCISES	SHOWER	
BREAKFAST	FACE CLOTH	SLIPPERS	
CEREAL	HAIRBRUSH	SNOOZE	
COCKCROW	MUESLI	STRETCHING	

Happy

```
T N A T L U X E R Y L L O J M
G N I L I M S E A T Y G C P C
D P E N I N D U O L C N O P D
Y O T N A R E B U X E E N L E
S R H F A S C C U N L B T U S
U Z R S P O C I I A A W E F S
O O I E A T V U T J O M N E E
R U L G M E P E G A O O T E L
U W L H R B D M R G T Y D L B
T P E A E I J E P J S S F G G
P P D A I O N E S Y O S C U I
A W T F C V R N H A K Y L E L
R M N U A K O A I A E C E K B
W M N D Y Z L J F N V L U D F
R D E I F I T A R G G W P L X
```

BLESSED	GRATIFIED	MERRY	SMILING
CONTENT	GRINNING	ON CLOUD	SUNNY
ECSTATIC	JOCUND	NINE	THRILLED
ELATED	JOLLY	OVERJOYED	UPBEAT
EXUBERANT	JOVIAL	PERKY	
EXULTANT	JOYFUL	PLEASED	
GLEEFUL	LUCKY	RAPTUROUS	

Magical

```
C G L A E D I L L U S O R Y I
T B T Y R I T I C A L M D L W
P E T I E F R E T N U O C D E
B E X I N V E N T E D P F R F
R Y R A D N E G E L Z H I A E
L E F E P W H D O K Z E C Z O
E E A U V O R R O M A N T I C
D K B S S I H B Y C T O I W N
N I U T E Z T T H D L M O Y I
E L L W C E H A R A L E N M F
T Y O A C I R E E S T N A O L
E R U X C M A R L R A A L I E
R I S A I M N T R C C L V V N
P A L N Y U F A N C I F U L M
E F G D L A R U T A N N U M Y
```

CHARMING
COUNTERFEIT
CREATIVE
DREAMY
EERIE
ELFIN
FABULOUS

FAIRYLIKE
FANCIFUL
FICTIONAL
GHOSTLY
IDEAL
ILLUSORY
INVENTED

LEGENDARY
MYTHICAL
PHENOMENAL
PRETEND
ROMANTIC
UNCANNY
UNNATURAL

UNREAL
WEIRD
WIZARDLY

Astrology

```
I F H S U I R A T T I G A S W
N T O C D R E C N A C E I K L
I C R A R P B E E X D O L N E
M S A L U Y M E S X P T I Q E
E W S E D E A R U P R G O R H
G Z C S L R S L O A R L N P W
A J O E C C X S H I S I R I A
S O P H O H I C V U R K O E D
T G E R P T T N I E B S C Z S
A R P M I L A R A N T L I Q A
K I R O X G A D A A A E R G R
O V N A B U I N R E U O P M B
P N E F Q N G S E I R A A E I
K R C A G K V A W T U R C M L
E P O C S O R O H O S F O L D
```

AQUARIUS
ARCHER
ARIES
CANCER
CAPRICORN
CHART
EARTH

ELEMENT
GEMINI
HOROSCOPE
HOUSE
LIBRA
OPPOSITION
PLANETS

RAM
READING
SAGITTARIUS
SCALES
SCORPIO
STARS
TAURUS

VIRGIN
VIRGO
WHEEL

Rocks and Minerals

```
I K M W J Y J E T I Z T R U W
O U B K L O N E D B O R A X F
T C I A C O M C V S D S F Q G
S L A H T Z I I A P L F P S D
O E A S O V Q M L L G W P A B
W L D S G H C U L Y C H X A R
K U G I A Z M P P V A I N K H
M U A U M B S S N L J D T C Y
G X I K A E U E E R E L A E O
E N R G A M N R T S A L J A L
L K O X Q N I T I I A K G A I
B A C B I T D T A M N A S L T
R I S E E J E I I R T A I U E
A Q U A R T Z N T E Y F R E P
M T R E H C E G N E I S S U F
```

AGATE
ANDESITE
BASALT
BORAX
CALAMINE
CALCITE
CHALK

CHERT
GNEISS
GYPSUM
KANDITE
MARBLE
MUDSTONE
PLUMBAGO

PUMICE
QUARTZ
RHYOLITE
SCORIA
SEDIMENTARY
SKARN
SPAR

SPHALERITE
URANITE
WURTZITE

Made of Paper

```
C X D R E T A C I F I T R E C
P O S T E R E C E I P T L V K
N L E P H P A R G O T O H P S
O P A C O U P O N I F N F B D
T A H N B A D A U O I Z C R R
E R Z P E B Y T R K I J E O A
P A M P H L E T P W R P S C C
A S Y D A O S A W P A G T H G
D O L J S R N W W P W B A U N
Y L I L Q S E E S G N I T R I
R N O M E G L W B Q N K E E Y
A U D T O W E A O O I M M U A
I X A L S N O Z B L O D E B L
D L T B Z T E T P E F K N U P
P P N P Q Q B Y U Y L A T C F
```

BROCHURE
CERTIFICATE
CHAIN
COUPON
DIARY
DOILY
FLOWER

LABEL
MONEY
NAPKIN
NEWSPAPER
NOTEPAD
PAMPHLET
PARASOL

PHONE BOOK
PHOTOGRAPH
PLANE
PLATES
PLAYING
 CARDS
POSTER

RECEIPT
STATEMENT
TOWEL
WRAPPER

Things with Wings

```
O L Z E L T E E B E F M E F M
A R E S E Y I N C P F S U A R
W I N M E S P A R R O W S I M
A Z G K C R F L N O F E E R C
C G H S W U N P G G L D R Y C
U S R A B A P L T B E I I O X
A E C Y S P H I N X X L P D S
S R R S P L H A D N N Q M S Y
D T A U G H W S K I R R A P P
R I N O T P O A F R H E V J R
I F E A G L E N S Q O E V U A
B O S N Y K U Y T P R T B Y H
S A M O R F V V D K N U S K W
L E G D I M J A S B E N V J I
O C P T E R O D A C T Y L U V
```

ANGEL	EROS	MIDGE	VULTURE
ASH KEY	FAIRY	PTERODACTYL	WASP
BEETLE	GOOSE	SAILPLANE	WYVERN
BIRDS	GRYPHON	SPARROW	
CRANE	HARPY	SPHINX	
CUPID	HAWK	STORK	
EAGLE	HORNET	VAMPIRE	

Horses

```
R N F U L E R E E E S P E R A
O E J A R Y S S N P A N A I C
J I I B C R V A T A B T L Z H
U G M N O L M A S L H V K W A
T H N H S P A D D O C K T H R
R A A I K A R M R M J S U I G
E C A N T E R O D I H P S N E
I E G S K T U R E N W U K N R
R N E M H G O L W O H R E Y K
R I F L H O D R N T A R W Y E
A U A B B D E E T S R I B P P
F Q R J A A B S N G N T A I H
W E I S R E T N U H E S L N V
D Y L L I F D S O I S E D T I
D A V I R G I L M K S N E O V
```

CANTER
CHARGER
EQUINE
FARRIER
FILLY
HARNESS
HORSE

HUNTER
MANE
MOUNT
NEIGH
PADDOCK
PALOMINO
PINTO

REINS
SADDLE
SHOES
SKEWBALD
STABLE
STEED
STIRRUPS

THOROUGHBRED
TROTTING
WHINNY

Fruits

```
S T E L P P A E N I P A S C Y
E V E R B A V J O I H K V C R
E N I E L P P A M L U H X V R
N E I H U C K L E B E R R Y E
I C T R X R A E L M A M Q Y B
T N I A E P T N O I P N O H L
N I U A N G I Z N E M E A P I
E U R E V A N B J C N E A N B
M Q F G T A R A O F H U I C A
E G R N P B U G T L E E R V H
L Z A A N R N G E E I C R P K
C L T R S A C C H M W V O R S
P F S O M N K C C E O L E Y Y
A E P A R G Y F A V U P U G Z
E S C A R L E D I W I K A Y D
```

BANANA	KIWI	ORANGE	QUINCE
BILBERRY	LEMON	PEACH	STAR FRUIT
CHERRY	LIME	PINEAPPLE	TANGERINE
CLEMENTINE	LYCHEE	PLANTAIN	
GRAPE	MANGO	POMEGRANATE	
GUAVA	MELON	POMELO	
HUCKLEBERRY	OLIVE	PRUNE	

Nuts and Seeds

```
C E D O L L Y D C S O T H E N
A M A F U Y P R Y O U U T K O
G A B P U M P K I N C Z C W T
E S N K R L O T T C J O E U Y
K E A L E Z P S F O T H N X H
I S E T M B E H I R S L N U C
D Q E M R H A H E A A I B E T
N B T A C Z C D C W M F L A X
O J Z P E A N U T U A E T R Y
M I T L T A N U C N R N U E K
L F N S I A T O N Y T N N S L
A U I R C M B A T U N E N I P
T P O E G N T R A C U L X N L
G C P A U T L L I D A L L A H
U P V T O N C A N T I M A R O
```

ALMOND	CHESTNUT	FLAX	PUMPKIN
ANISE	COBNUT	HAZELNUT	SESAME
ANNATTO	COCONUT	PEANUT	WALNUT
BETEL	CORIANDER	PECAN	
BRAZIL	CUMIN	PINE NUT	
CASHEW	DILL	PISTACHIO	
CELERY	FENNEL	POPPY	

Cartoon Characters

```
E H A K S W E F U T B E V R R
L L G R A E B I G O Y U N E J
A E U O T E P P E G F W P A
T A M F R T N S A Y E D O M B
A H B H K C A W R L T R R U I
F P Y H R T T C I S K E B H S
A A Y P Z I Y X P Y Z B E T E
H R U R N G X I P O L M I W O
S N W T R G K I E E T M L F T
A S I K M E G J S R P J R R U
T N G Q T R J W W Y Y D A U L
A N O S P M I S R E M O H M P
N B O H U O O D Y B O O C S T
L S F Y F E F R O J E O B O A
Y G Y E P P O P E Y E X M C A
```

BUBBLES	HOMER	PORKY PIG	TIGGER
CHARLIE	SIMPSON	RAPHAEL	TINTIN
BROWN	JERRY	SCOOBY-DOO	TOM
FELIX	NATASHA	SMURF	TOP CAT
GEPPETTO	FATALE	SPIKE	TWEETY PIE
GOOFY	PLUTO	STIMPY	YOGI BEAR
GUMBY	POPEYE	THUMPER	

British Novelists

```
K J R H S I R E T R A H C T I
J U D T I Q M U L D U L H S L
E S L I B B U N B K L A G P L
S T L D U E O G A E C I R P E
U E C E C W B W W K G I U F R
O V J R H K H E E I Y S J Y R
H E C E A H L R L N D E D C U
E N F M N L A C Y G A N R O D
D S E W Y Y H Y O S R O C O I
O O U N A R D X D L N J O B C
W N E L I R F V N E O O T R S
P R O S A E L X A Y C Y E E A
A M T H P K I N N A W C Y C K
M I C H E N E R O R W E L L K
E N O T L E F Y C F E R O O M
```

BOWEN
BUCHAN
CHARTERIS
CHRISTIE
CONAN DOYLE
CONRAD
COREY

DURRELL
ELTON
HARDY
JONES
JOYCE
KINGSLEY
LEASOR

LLEWELLYN
LUDLUM
MEREDITH
MICHENER
MOORE
ORWELL
PRICE

STEVENSON
THACKERAY
WODEHOUSE

Things That Go Round

```
A R E L L O R O G M E L D P R
S E O M E V C X O N H L R R E
K D T O E B B O I Z U I E B X
G N E A D R N B M K Q M I D I
O I P K Y G R O O E Z D D D M
D R G S T U N Y Y U T N E U T
A G F I T F D I G O G I L F N
N F A H L R A I V O Y W J D E
R Z N W I R Z R L L R N I F M
O C B L R G I E M T O O C B E
T A L C N E E H E A R V U Q C
O S A R O H C N W E T A E N E
R T D K W M A O T Z R U K R D
T O E B I L E S R B P D R O A
B R S K P F A C R D I F G E G
```

ARMATURE
ASTEROID
CASTOR
CEMENT MIXER
COMET
DREIDEL
DRILL

FAN BLADES
GO-KART
GRINDER
MERRY-GO-
   ROUND
MOON
PLANET

RECORD
REVOLVING
   DOOR
ROLLER
ROTOR
TORNADO
TURBINE

WHEEL
WHIRLIGIG
WHISK
WINDMILL
YO-YO

Things That Flow

```
V P E I E S T A E M O I S P S
I A W L Y T I C I R T C E L E
V T S C P R B L I Q U I D S V
A E G E M P E R F U M E I M A
S D A T A V I L A S R B T O W
O F O K N V E R S J E I Q K O
K O O O U E K A Y M V H G E L
H U V L L T R A F F I C T G I
S N E H C B C R V E R C R V V
A T R D D E A S U S O A L C E
W A R E S Y E G T C V C L J O
K I F E U E P E P Y R O U H I
C N W C A W A T E R U I I V L
A D A S A M G A M D C I A M G
B C A S T R I L S E M E R M S
```

AIR CURRENT	GRAVY	RIVER	TRAFFIC
BACKWASH	JUICE	RIVULET	WATER
BLOOD	LIQUID	SALIVA	WAVES
CLOUDS	MAGMA	SMOKE	
ELECTRICITY	OLIVE OIL	STEAM	
FOUNTAIN	PERFUME	STREAM	
GEYSER	RIPPLE	TIDES	

Double T

```
E K A N S E L T T A R R E T T
T T N Y L B A T T E E E J R T
T U R T O S T S E I T T E R P
E H T T C G I G A W A T T E U
S E T S Q H N L H H T A T T U
N O R E T T A M H O T H I T T
M U A T A E T T T O T S S E T
E D G T T L T S T E U U O Z E
T G T A T T E D N E V E N A U
T H T H O T N K I N R Y T G T
U E U C O O T O I O E B D T T
Y T T E R B I U M T T F O G E
S T S E M I V T A T T T E X R
K O U T T V E U T U U E E V L
E T T E N O I R A M G D N P Y
```

BOTTLE	INATTENTIVE	PRETTIEST	UTTERLY
BOTTOM	JETTISON	RATTLESNAKE	VENDETTA
CHATTERBOX	KITTEN	SHATTER	YTTERBIUM
GAZETTE	MARIONETTE	SILHOUETTE	
GHETTO	MATTER	STUTTGART	
GIGAWATT	MUTTON	TATTOO	
GUTTER	NETTLE	TOTTER	

USA TODAY

Calendar

```
J Y L Z S Y P S E J U L I A N
M A H W E A R E N J I I W R F
Y D E E A D I A N D R R J E R
Y N G E S S N U T D P O T I
R O N K O R W O T N E A R S D
A M E E N U O O M S A C T A A
U Y W N S H B M N G D J O E Y
R R Y D X T H W R O Y A T S S
B Z E V M O F E Z A Y O Y F T
E O A B L O G N D V A C R S S
F X R I M O N N X R D T W Y U
P T D A R E U T A J S O C X G
D A R I K S C A H W E B W T U
Y C A C H F C E R S U E W Q A
H N I C Q X K A D S T R C W G
```

APRIL	GREGORIAN	NEW MOON	THURSDAY
AUGUST	HOLIDAY	NEW YEAR	TUESDAY
DATES	JANUARY	OCTOBER	WEEKEND
DECEMBER	JULIAN	PENTECOST	
EASTER	MARCH	SAINTS' DAYS	
FEBRUARY	MONDAY	SEASONS	
FRIDAY	MONTHS	SUNDAY	

Coins

```
F U M U N N I N S P E T A Y F
T A O R G O L G U I L D E R S
T R R I J E O E R G E J U N H
W H E T F D S L G L O Z I O I
D F R P H Q X U B N I C K E L
N K Y E P I D O I U A W V L L
G U R Z E O N B F R O A M O I
I D N U O P C G E L A D M P N
E V B V G T E N G Z O N R A G
R C A D A E A N W U A R E N S
E D J C O O R S N O I N I D T
V L U T Y L Y R Y Y R N T N A
O D Q R K A L P A X B C E L T
S R E L A H T A M N J I E A E
E R O D I O M C R Z D K T J R
```

ANGEL
BEZANT
COPPER
CROWN
DENARIUS
DOLLAR
DOUBLOON

DUCAT
FARTHING
FLORIN
GROAT
GUILDER
GUINEA
KRUGERRAND

MOIDORE
NAPOLEON
NICKEL
NOBLE
POUND
SHILLING
SOVEREIGN

STATER
THALER
THREEPENNY
BIT

Containers

```
H A M P H O R T A M A N A S E
T T L F S Q P O E B A S K E T
L S B G G H Z R W H W L Y Y K
E E Q C I R E T N A C E D N E
R H J A H Z N A T W N A U M T
R C L A J U R E T C P R S L T
A V N B Z L R B A H T O U T L
B Z S G Z I E N K A P A U G E
B A S I N F I S O N V E E C Y
O V V G Q S A B S I A V S A H
W G C R T L Y E S E L M R N B
L A F E F V T E R T V T U F D
N G R S A P H A N S N F P R V
W F O R Y R A U Q I L E R I D
A C G M R A N I T O R A T M T
```

BARREL	DECANTER	POUCH	VAULT
BASIN	DRUM	PURSE	VESSEL
BASKET	FLASK	RELIQUARY	WATERING CAN
BOWL	GRAVY BOAT	SACHET	
CANISTER	IN-TRAY	SHEATH	
CHEST	KETTLE	STEIN	
CHURN	PHIAL	TRUNK	

Universities

```
G H W N S U E J N E R S E K C
E A I A X A F A N A R E S O W
L N N M A W E N D A N O R P R
E A T R V K U N J R R N B H E
D B H U I T E O Y N E O W S V
L R R F E M A D N L U X P N A
A U O M R I V A L A Y I E A N
N J P F D L M M N C L E A L G
D L C A M P B E L L Q T E U E
E D C A A A R O I G U E A L L
R R M H W B S H W F I W A O M
A U C I R T P A T F N Y H F K
R V E O A L L S E V C E M Y X
N H W L L S G C P E Y U V O Y
E N Y P H D R A V R A H E S T
```

ARCADIA	EVANGEL	PHILLIPS	WINTHROP
BRENAU	FURMAN	QUINCY	XAVIER
BROWN	HARVARD	SAMFORD	YALE
CAMPBELL	KEAN	TEMPLE	
CHAPMAN	LANDER	TUFTS	
CORNELL	MADONNA	URBANA	
DREXEL	NAROPA	WALSH	

Countries in the Americas

```
N E O M K B R L I Z A R B V D
D A P C E X C Y S G N T E F N
A N S L I A U A G T A T E L N
J C I V N X R R A R Y A A L R
V Z I A S U E J C E U U I O O
E E D R D N A M M J G D D A D
N A F N A M S A M A H A B M A
E Q O D A T N B R F V U L A U
Z H A I T I S A O L C C E N C
U I C L R A C O A L H P L A E
E A P U O I O S C I I D L P O
L J S R N J L W L E S V E Y R
A Y U A G E R E A S Y R I S C
A C I N I M O D U R U G U A Y
M E X I Y A U G A R A P U A Y
```

BAHAMAS	CUBA	HONDURAS	SURINAME
BELIZE	DOMINICA	JAMAICA	URUGUAY
BOLIVIA	ECUADOR	MEXICO	VENEZUELA
BRAZIL	EL SALVADOR	NICARAGUA	
CANADA	GRENADA	PANAMA	
CHILE	GUYANA	PARAGUAY	
COSTA RICA	HAITI	PERU	

Asteroids and Satellites

```
E B E O H P W A N E R E I D Q
S A P R H O O Q J S H Y D R A
L Z S L E I R B M U S C C O N
S U D A L E C N E Y I H A Y R
E A E R E M A S H R G Z L H A
I I S I N I M T F U O Y Y A I
M N P S E D E I M O S N P E S
A A I S J T X F M P B O S H O
S T N A P A X A E A R Y O T E
T I A H L W A I A T S E C L F
R T O E J A R P I E A H G A W
A K A M A N O A B X A X C M Z
E D U C N R C X U R D T Z A Y
A L P J U Y Y N O K U U M D N
H R Q E S I S N M O H P P A S
```

AMALTHEA	EUROPA	NEREID	TETHYS
ASTRAEA	HELENE	OBERON	TITANIA
CALYPSO	HYDRA	PHOEBE	UMBRIEL
CHARON	JANUS	PORTIA	
DEIMOS	LARISSA	SAPPHO	
DESPINA	MIMAS	SIARNAQ	
ENCELADUS	NAMAKA	SYCORAX	

Poets

```
E U S D E N A F H A G U F G E
S A D T E R G O R A N A R R E
L H D R B E G D I R E L O C G
L A C A E G J A S P E O E V G
O M V X P K E I P N M P A T U
R O B I N S O N P H O N H L R
T H J E L T E O B G C I T M B
K E O H R L L R H F S W U N N
E E N A E U O E R X S R R K E
R F D N B D M N O O A A R M S
U I I X E M W Q W Q L D A K S
B A V R F B K H E K G Y C E R
P M I C E R A N I L X L A A E
M C A E R D O O W T A D N T B
K E E N E H E G G F E L H S Q
```

ATWOOD	COLERIDGE	HOOKER	ROWE
BENNET	DARWIN	KEATS	TAYLOR
BERSSEN-	ESPADA	KEENE	VILLON
BRUGGE	EUSDEN	MOORE	WHITE
BIDART	FALCK	PAINE	
BRODERICK	GLASSCO	ROBINSON	
CARRUTH	HOGG	ROLLS	

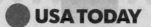
Summer

```
L A V A S C H G N I H S I F N
D A L A S A P O S T C A R D E
N L V R V R S E V A G S C S D
E X S P D A R M M H S T O P R
L T E A K V C P C H R R E S A
L H S R O A I A M S E O W A G
O J S A W N E E T W T H A W T
P L A S G B A T O I R S T C H
L L L O L D E M H I O X E A G
E G G L O N N I S X P N R T I
N R N W N W K E C Z R K M A L
J C U I A I S E A S I D E R F
U Y S L B O R E G S A E L I S
N W A N R R I N I K I B O P T
E D A N O M E L E N S O N Y L
```

AIRPORT	GARDEN	POSTCARD	VACATION
BEACH	JUNE	ROSES	WASPS
BIKINI	LAWNMOWER	SALAD	WATERMELON
CAMPING	LEMONADE	SEASIDE	
CARAVAN	MEADOW	SHORTS	
FISHING	PARASOL	SUNGLASSES	
FLIGHT	POLLEN	TENNIS	

Losing Streak

```
E T P U R K N A B O G E R A I
Z T T T S A L E M O C P O L F
O P U L L E D U P B U B U S E
V H O C F O R F E I T H G T R
E T H U N P L A C E D E A F E
R U S A H G T K R E T N A W T
W O A O A E C E N N U L H D R
H E W K N U S O O T L I M R A
E P J G D O D W R S T E I O T
L I S D L T H O H E W R S P S
M W A N U E F O W I S U F O N
E E R O R N R A P Z H L I U O
D O X E U T S E D E S I R T N
B A Z O F H H Y D U R A E S T
E Y A W A E D A F P I F W H Z
```

BEATEN	FALL SHORT	NONSTARTER	UNPLACED
BORN LOSER	FLOP	OUTDONE	WASHOUT
COME LAST	FORFEIT	OVER-	WHITEWASH
DEAD DUCK	GET NOWHERE	WHELMED	WIPEOUT
DROP OUT	GO BANKRUPT	PULLED UP	
FADE AWAY	MISFIRE	SEIZE UP	
FAILURE	NO-HOPER	UNFORTUNATE	

Bills

```
F D E Q E L U Y Y R E B N O S
E A O S E T A G O R M A R I T
U Z R K L R E B P J M F O K K
B L N M R L I I N Y Z F G G J
R L O U E N U X W I E A E U O
Y A M D S R K B O I G C R H O
S V Z O H G T Y N A L H S J Y
O G N A R O R D N R T S Y N O
N N D A F Y Q E S R U C O D Y
P E H G J E E U B F E T U N N
R A N D E R S O N D X H T W S
M F E F U H C Y B A L V A T K
P U L L M A N Z P N E O N M P
T R H O Z S W A L T O N G Y Q
Y V U A N R E H N Q U I S T E
```

ANDERSON	GOLDBERG	NYE	WALTON
BIXBY	GRAHAM	PAXTON	WILSON
BRYSON	HADER	PULLMAN	WYMAN
CODY	MAHER	REHNQUIST	
ENGVALL	MONROE	ROBINSON	
FARMER	MURRAY	ROGERS	
GATES	NIGHY	TURNBULL	

Punctuation Marks

```
H O K D E Q U A L S D M Z H T
E X C L A M A T I O N M A R K
C S N R L L N T L V A T I C K
P B R A C E E L N C S S O R C
B O U K C K A O R O D G V D H
W T V C C R I O L L S M X Y J
H F A A I S N E A O K U P K J
S I R L I R P S L N E H N W C
A B X V Q E C O D L E F O I C
L N I B R I K U U N I I C X M
S D R C G J C G M N T P L J F
W B E A M A R O I F D I S Q C
A N K R H I P L M Z L E L I Y
T R O E V U Z Y E M Y E R D S
D Y L T K S B N Z N A Q X B E
```

ACCENT	COMMA	EXCLAMATION	SLASH
ARROW	CROSS	MARK	TICK
BRACE	DIVISION	HYPHEN	TILDE
BRACKET	DOLLAR	MACRON	UMLAUT
CARET	ELLIPSIS	MINUS	VIRGULE
CIRCUMFLEX	EQUALS	PERCENT	
COLON		POUND	

Cakes

```
U R C S E I N W O R B X B I S
A E A H M G F T E G J E T E A
E Y U L E L O G Q S X V C R N
T A Y W O R N G F A O Z O U M
A L N K W I R M I F V C C T U
G A G O G N W Y A F F C O X F
M P C L M Z I N I R Z R N I F
A S G E P E G S V O B O U M I
E P J O G E L R I N Y L T I N
R S U J L N C Z E A S T E R T
C N E F K Y A D H T R I B J A
D X O E K O R R G C K A Q H G
E O D T H U R I O A H Z C V P
D M C H O C O L A T E O C C R
C U R R A N T R C N M G C I H
```

ANGEL FOOD	COCONUT	LAYER	POUND
BIRTHDAY	CREAM	LEMON	RAISIN
BROWNIES	GATEAU	MARBLE	SAFFRON
CARROT	CURRANT	MIXTURE	YULE LOG
CHEESE	EASTER	MOCHA	
CHERRY	FRUIT	MUFFIN	
CHOCOLATE	GINGER	ORANGE	

Tails

```
L I A T T A O C M S L L I A T
L E B L A C K T A I L I A T A
I A T A I L V P A L W A X L B
A O H L I A T T K D E T A I L
T L B L I A T W O L L E Y A L
N I U R M R R G H L H V F T I
A A E E I A N O I I Z O E G A
F T E H T S R A T P P D N A T
R G S T I S T E J N N T T W W
E N A Q E Y W L S C M R A O O
L I A T N I P U E T E F I I L
L R A O J L C U R T A I L T L
O I P L I A T B A E A I J A A
L F I S H T A I L T A I L I W
B O B T A I L I A T X O L L S
```

BLACKTAIL	ENTAIL	PINTAIL	WAGTAIL
BOBTAIL	FANTAIL	PONYTAIL	WHIPTAIL
BRISTLETAIL	FISHTAIL	RATTAIL	YELLOWTAIL
COATTAIL	HORSETAIL	RETAIL	
CURTAIL	MARE'S TAIL	RINGTAIL	
DETAIL	OXTAIL	SHIRTTAIL	
DOVETAIL	PIGTAIL	SWALLOWTAIL	

Elements

```
F I U M M U I N I L O D A G M
A D H E O W O I N X M C A T T
V O A S V C E K Y U T L H I P
R N U E I S I G I I N E M I N
M E G L L V E M N S L S A B N
U K I E P N R I A I B R R G M
I S O N R E U M U A E O F U U
V T S I F M A M U L M F L C I
E R M U O R A A U I C Z O U D
L A I M I D N N N I D O W R A
E R U U A J I E I R H A S I N
D G M R A D O N M U L T R U A
N O B R A C V E E I M I I M V
E N I T R O G E N P Y U L L U
M U I T E N H C E T L M A D M
```

ACTINIUM	GERMANIUM	OSMIUM	TECHNETIUM
ARGON	HELIUM	OXYGEN	VANADIUM
BROMINE	IODINE	RADIUM	WOLFRAM
CARBON	LEAD	RADON	
CURIUM	LITHIUM	SAMARIUM	
FERMIUM	MENDELEVIUM	SELENIUM	
GADOLINIUM	NITROGEN	SILICON	

Tools

```
V L U P N H X E O H H C T U D
E X H S C R E W D R I V E R I N
N P I N C E R S N K I Z P T V
A R U P A Z U U K S P A D E I
L P L Q G Y G L S S I C J L D
P S H O V E L K R H H H X M E
Q S U W S F C E T O E A Q I R
C G L A J C I T H S L A V G S
E A E S B L I T W T I L R E M
B R L G P F E S R E Y C E S R
G D I I P R E S S O E C K R L
S R O J P I G N I O W Z S L V
A I A F D E J K F H R E E K E
H L H L L G R E R J C S L R K
N L U E K A F S N U C P Y T S
```

CALIPERS	GREASE GUN	SCISSORS	SPADE
CHISEL	JIGSAW	SCREWDRIVER	TROWEL
DIVIDERS	PINCERS	SCYTHE	TWEEZERS
DRILL	PLANE	SHAVER	
DUTCH HOE	PLIERS	SHEARS	
GIMLET	PUNCH	SHOVEL	
GOUGE	ROLLER	SICKLE	

Wild West

```
G D A T T E K C O R C Y V A D
B N O S T E T S C A E J Q K Y
P L I R S O S U B L R A N C H
M V V M S A B H D Y S S N T U
W E Y T O O B D O N X Z S C G
L D E W X Y A M T O M H O R N
A E T A J S W A A M T W C R O R
R P L N N U O R D S B O E F O
I M J T O S E S R O H K U S L
A A O E T U H H Y P L F H T A
T T H D G A T A O A W E T P S
F S C O Y X C L W L R O D E O
A T U B W L X E A I D L W L M
O L A B G D O A F W P U F H F
I U G H Q J Y F O Q S J P V H
```

CATTLE
COWBOY
DAVY
 CROCKETT
GAUCHO
HOLDUP
HORSES

HOWDY
JOE WALKER
LARIAT
MARSHAL
OUTLAWS
RANCH
RODEO

SADDLE
SALOON
SAM BASS
SHERIFF
SHOOT-OUT
STAMPEDE
STEER

STETSON
TOM HORN
WANTED
WYOMING

Shades of Blue

```
N R A S E R I H P P A S W M O
A V E T A G H A Y Y G S R G J
Y M I N E D Y T U A Q M I J D
C P B R Y F R P J E C D I E A
A B E O E N R O T J N I A D L
R B X R N D A E F I M D N C S
I E B H S D W F N X A U K T E
E U L R E I I O F C O N F C H
C Z U P A T A U P I H U I I O
C O C L R N S N T Q T L H N E
H M B L E U D E F R A N C E S
O E K A S E P E L D O Z U M B
T H G I L Z T A I E L Y U S A
M G H U X T N S Y S C M A R A
I N D I G E E N I L U Z A L E
```

ALICE	COBALT	LAZULINE	SAPPHIRE
AZURE	CYAN	LIGHT	STEEL
BLEU DE	DENIM	OXFORD	TIFFANY
FRANCE	EGYPTIAN	PERSIAN	TUFTS
BONDI	FRENCH	POWDER	
BRANDEIS	HYACINTH	PURPLE	
CELESTE	INDIGO	ROYAL	

M to M

```
M O O M A X M H M E M A M M F
M L O C L A M U V M M I O A M
I I D T D R I T R Y X O M E M
M M M A L D G O N A R E M B U
I A M D E Y F O M H C O N N S
U R L M E N T M S H R Y M O L
M X M M I E O U A I G O A O I
A I M S M W M N A G I H Y M M
R S I O J P I M M D N U H J O
J M X C N S T N O E M U E Y D
O E J O M O M E N T U M M M I
R M A R O B G M E E M I O S C
A H M C F M A R T Y R D O M U
M U M I N I M B A F E S M I M
M E S M E R I S M M M U E S U M
```

MADAM	MAYHEM	MINIMUM	MUSEUM
MAGNUM	MECHANISM	MISINFORM	MUSHROOM
MALCOLM	MEDIUM	MODEM	MUSLIM
MARJORAM	MEMORIAM	MODICUM	
MARTYRDOM	MESMERISM	MOMENTUM	
MARXISM	METONYM	MONOGRAM	
MAXIM	MICROCOSM	MOONBEAM	

USA TODAY

END at the End

```
D N E T N O C D I V I D E N D
N D N E R A W I D N E S D O G
E D N E A P P R E H E N D A H
I D N E T M T D N E R T N D E
R C D I N D G R D N E R E N O
F J O N N D N N A S M D M E F
E O Q N E T E E B N N D M I F
B E R S D T E N T E S I O F E
L D T F E E X N H T S C C I N
D N E R E B S E D S A S E Z D
N E P E G N R C P O D O R N X
E K E H N P D E E U N B E N D
G E N M M D N E D N E P I T S
E E D O L D N E P E D V L N N
L W C G I R L F R I E N D I D
```

APPREHEND	DIVIDEND	LEGEND	TREND
ATTEND	EXTEND	MISSPEND	UNBEND
BEFRIEND	FIEND	OFFEND	WEEKEND
COMPREHEND	FORFEND	PRETEND	
CONDESCEND	GIRLFRIEND	RECOMMEND	
CONTEND	GODSEND	STIPEND	
DEPEND	INTEND	TRANSCEND	

DOWN Words

```
U P H R I A N I T R G H W F V
L A D E N D R O L K T R M T I
A T B E A X K M G R P A R T N
S T S F H R G Z A M E E E G W
I H L W J F T E Z R N K L G O
Z E O F N L O E T D R I G H T
I M A S O T Z S D A N B E C L
N O D W R Y A D M H J Y E O E
G U I I J U E E D I S C A L E
N T N N S D O I R T S A F J H
I H G G A T J P A I N H N P T
Y Y W R C I R I U D V A I I A
A E G H V U R O O O W E O F K
L A C K S S J U K O W M R M T
P E V R U C T F I E L D H S E
```

AND OUT	LOADING	SHIFT	TO EARTH
AT HEEL	MARKET	SIDE	TOWN
AT THE MOUTH	PLAYING	SIZING	TREND
CURVE	POUR	STAIRS	
FIELD	RIGHT	STREAM	
GRADED	RIVER	STROKE	
HEARTED	SCALE	SWING	

Tired

```
Y T A E B D A E D E A R E D B
E L K W B D E H S U B J E A D
S A P P E D M R C Y E D Y J E
T S O W H A C K E D A E P O R
E G R R T Y K W Z J K A S E E
K B D D E P L E T E D E A D T
D U O F E F O L N Y U Z U Y T
E R T U Z G X O T E R R P N A
U N Y S Y P G S P D D A W Y H
G E D E P W L A E E G O E S S
I D A D F E T K R Q D B N W Y
T O E U E I N I E N O D M O P
A U R P E O R T R R U B D R S
F T Y I Z C V O E H Z R T D I
H D E T S A W D G N I T L I W
```

BORED
BURNED OUT
BUSHED
DEAD BEAT
DEPLETED
DONE IN
DROWSY

FATIGUED
JADED
POOPED
READY TO
   DROP
RUN RAGGED
SAPPED

SHATTERED
SLEEPY
SPENT
USED UP
WASTED
WEAKENED
WEARY

WHACKED
WILTING
WORN DOWN
ZONKED

Harvest Time

```
T Y M O W I N G N I Y R D K I
W E I A D J H P D F Z E F D S
E N S E I R R E H C D H A D N
F O S V L Z A P P L E S R B A
E H A R S D E B K X Z E M K E
A F T A E H W S U I B R Y T B
S S N F A W G B O N S H A D I
T D G Z W N O R E E D T R R N
I O X N I D E L V N T A D O D
N M G G I D H R F Q E Y N T E
G J N X D T E T F I B I O C R
M I Q O D S T R A I L E R A E
S V F G E W L U H H T U I R K
R G W R E D I C C S H E A T A
T X P F F M S B R E H U K C B
```

ABUNDANCE

APPLES

BEANS

BINDER

CAULIFLOWERS

CHAFF

CHERRIES

CIDER

CUTTING

DRYING

FARMYARD

FEASTING

FODDER

HERBS

HONEY

MAIZE

MOWING

PRESERVES

SINGING

THRESHER

TRACTOR

TRAILER

WHEAT

YIELD

Grasses

```
L G R T H H E U J P N S F K T
R T N O G G H U A R S D N Y O
U E W X O J Y P C A L M V Y O
B M E I I B Y P P S A S B F F
R O U N T R M M O I E L D M S
A R K Q U C A A Z L U F U F K
T B C S F P H E B E A H P E C
T L I A T X O F G I G N N Z O
A C L N B U D R P R W A R S C
N W E H U R A T O B C H Z E L
W O M D A S X S A R A N E O V
F D Q E S O T R A P S E Z A G
I A B A Y M L G M I L L E T T
U E Y J I E U G N I K A U Q D
M M Y X Y S A Y Y H T O M I T
```

BAMBOO	ESPARTO	PAMPAS	TWITCH
BARLEY	FESCUE	PAPYRUS	VERNAL
BEARD	FOXTAIL	QUAKING	WHEAT
BENT	MAIZE	RATTAN	
BLUEGRASS	MEADOW	SORGHUM	
BROME	MELICK	SUGAR CANE	
COCKSFOOT	MILLET	TIMOTHY	

Titles

```
L A R I M D A P B B I R U B Y
B E E R D A P X P B E O L N K
T R S F A N X R B S K G W L N
H I A S D L I A I F C R O F M
A U H R E N R A A D J R Q A K
J Q L E C T K X X R D C D T P
A S U E B H N F M S O A J H R
R E V E D T B U H L M T O E E
A N B A E C L I O A O C C R S
H A I I A N P N S C Y N W O I
A T E A R I E O S H E I K H D
M L T D T L J R U I O U E J E
H U P D J P U A P A S P P E N
T S A R I N A B M I S T E R T
L A R O P R O C R O R E P M E
```

ADMIRAL
ARCHBISHOP
BARON
CAPTAIN
COLONEL
CORPORAL
COUNTESS

DOCTOR
EMPEROR
ESQUIRE
FATHER
KAISER
LORDSHIP
MADAM

MAHARAJAH
MISTER
PADRE
PRESIDENT
PRINCE
QUEEN
RABBI

SHEIKH
SULTAN
TSARINA

Calm Down

```
Y W A E R P Y X D I S P Y H E
D V A V T N A A Q C U S F N H
A O Y N D L E E L D A E I V R
E E I O E C S T V L F T C M G
T L L R F O P A E S A T A D D
S I N E U F X C V I E L P G E
B C L V S A O A N S U E X S C
R N K Y E S L L O E F Q X E R
E O T F L L E P O G K D E C E
P C V L I O E N E O H C T N A
M E F T O R V T I U C H A E S
E R S T W W A E S Z D B D L E
T F N A J B E H R S L T E I S
A S S U A G E R T R Y B S S S
O W I Z E E T A I T I P O R P
```

ABATE	LESSEN	RELAX	STILL
ALLAY	LOWER	REPOSE	TEMPER
ASSUAGE	PACIFY	SEDATE	WANE
COOL OFF	PLACATE	SETTLE	
DECREASE	PROPITIATE	SILENCE	
DEFUSE	QUIETEN	SLACKEN	
HUSH	RECONCILE	STEADY	

Salad

```
W A Y S M O O R H S U M Y C W
A T R A M B U E S E Q E G R A
L E O O L I V E S N T R H O L
E O C E A U R E L T E W U U D
G W I S R C E X E E U A S T O
A R H I E H O R N U N L B O R
B A C O C T G P D A C N R N F
B D L C K I E Y I R R U E S O
A I D I A P C N V C J T H F O
C S T N P R A S E A C S L A N
A H I E S H A L L O T S R N I
R V R C O L E S L A W H R U O
R A E S P R S O E F A N U Z N
O W V H Y F A W A L E U O I S
T S S E C E I P N O C A B M D
```

BACON PIECES	COLESLAW	MIZUNA	VINAIGRETTE
CABBAGE	CRESS	MUSHROOMS	WALDORF
CAESAR	CROUTONS	NICOISE	WALNUTS
CARROT	ENDIVE	OLIVES	
CELERY	FENNEL	ONIONS	
CHEESE	GREEN PEPPER	RADISH	
CHICORY	HERBS	SHALLOTS	

Bad

```
E A S Y F D A M I N T D D I S
V A C U O S E V O R E E T F R
I G N I T S U G S I D K M W N
S G H A S T L Y E V Z C G R K
N A U G H T Y S A N T I A O M
E S R E V D A E U O E W S N X
F A C Y G E W C T O Y R U G D
F D L R S V R N I L M D A E N
O S O R E I E R L M N A S T Y
R S S X M L T A O W M R F G E
S A I I A I C H O T U O B N Z
E A N W E S H M D C T B R M I
T A F C A H E E L U F E N A B
L U U R I O D I O U S K N U L
L T L H I D E O U S T A V I V
```

ADVERSE	DISGUSTING	NAUGHTY	WICKED
AWFUL	GHASTLY	ODIOUS	WRETCHED
BANEFUL	GROSS	OFFENSIVE	WRONG
CRIMINAL	HIDEOUS	RANCID	
CURSED	IMMORAL	RASCALLY	
DEGENERATE	INFAMOUS	ROTTEN	
DEVILISH	NASTY	SINFUL	

Machines

```
C I T A T S O R T C E L E M R
I U E N L N V S U A D D I N G
E V X G N I L P A T S L C N A
D V T B G C F A C S I M I L E
G N I R E W S N A T Z H I I S
N D L M Y Z M A A S S S Y A A
I G E V W Q F R U A I S R M T
C L N F H R Y F W S G B G G E
N L L I U L L U Y N A I Y N K
I A P I K Y G L I G N R I C
M B T W I L A W N E S I E N I
A N U N Z I A I F X L D T A T
L I G L D S M W Q U O T T L Z
Z P E K O A R A K T T V O P D
T I F B G N I T A L U C L A C
```

ADDING	FLYING	PLANING	WALKING
ANSWERING	GAMING	SAUSAGE	WASHING
CALCULATING	KARAOKE	SAWING	
DIALYSIS	LOTTERY	SLOT	
ELECTROSTATIC	MILITARY	STAPLING	
ENIGMA	MINCING	TEXTILE	
FACSIMILE	PINBALL	TICKET	

A Words

```
E A E L A E O B M I K A S S A
Y R T A L S A T A A F V A L P
N L I P D H S A M A R A N T H
A O P T A E N E D I O R D N A
A A I Z T K U S R R N I A B V
A V T T A A A E A T K C T F A
A E A R C B F A W E C I L U E
C J A Y T I C O R T A O K V H
T A N A A O L U E K I U M A C
I U P R A E Z F T A S S R T N
N S A G U A I I F N I A T T A
I R A M A B A L A A X A M U L
U A A V E N U E A I A C N N A
M A D N E G A A O O R D V E V
A U E A B L A M S Y B A C D A
```

ABYSMAL	AMARANTH	ATTEST	AXIOM
ACTINIUM	ANDROID	ATTIRE	AZTEC
AFFLICTION	ANKARA	ATTUNED	AZURE
AFTERWARD	APPLE	AUBURN	
AGENDA	ASSERT	AVALANCHE	
AKIMBO	ATROCITY	AVARICIOUS	
ALABAMA	ATTAIN	AVENUE	

Ice Cream

```
F O S T I U R F T S E R O F B
O I H C A T S I P L E M P A I
E M A P L E A N D W A L N U T
R I C I L C T E V H S A S A T
N N R N I U A A D W N M H E U
A O E E N L E P L A A U E T R
C M M A A E A O P R D Z R N F
E U E P V M W L Z U D T B E I
P P B P R A L I N E C T E E T
R S R L Q R P T J N U C T R T
E T U E M A Z A Y N O B I G U
T T L K N C A N O M E M O N T
T P E A C H O C O L A T E Z O
U I E T O T O C I R P A Q L U
B I S K E C H O C A N D N U T
```

APRICOT	CHOCOLATE	MAPLE AND	PISTACHIO
BANANA	COCONUT	WALNUT	PRALINE
BUTTER PECAN	CREME BRULEE	MARZIPAN	SHERBET
CAPPUCCINO	FOREST FRUITS	NEAPOLITAN	SPUMONI
CARAMEL	GREEN TEA	PEACH	TUTTI-FRUTTI
CHOC AND	LEMON	PEANUT	VANILLA
NUT		PINEAPPLE	

Words without Rhymes

```
E W O M E L B O R P U C J O E
C S J W P G I V A B E R A B W
R J C H I M N E Y N M F D L V
A G G I P V H I T A G A B I N
C D N A T L F U H U K R M G V
S I Q I P R A Y S T R P Y E G
S S O A H C U N P B O S W X T
O W V C G T T S K N A N S S N
A D F H B R E A D T H N G F O
R I Y E S M R M N L O N D E H
C U I M N H C D O R A N G E T
E Q F P F T E P M S W F N U A
N I N T H Y S E L B O W A L R
E L R Y L H A V A P L T E E A
L Q Q N E R I S A C F M D A M
```

ALMOND	ELBOW	OBLIGE	SIREN
ANGRY	EMPTY	ORANGE	SOMETHING
ANGST	HUSBAND	PLANKTON	WOLF
BREADTH	LIQUID	PROBLEM	
CHAOS	MARATHON	RHYTHM	
CHIMNEY	NINTH	SCARCE	
CITRUS	NOTHING	SECRET	

Coffee

```
N T O P E E F F O C O B T K J
S N A E B C X M M A E E A C U
B O N O I T A T N A L P S A O
A A R E O S L F R T T Q T L R
P B R E W I N G I A L P E B G
S V R R Z O V A H N C O E A A
S R P A G D T I S I N T T H N
E O R A N J L D C A A Q I C I
N B E O H K U N C B E I H O C
R U G K E E F I L T E R W M N
E S S N S S R E S P R E S S O
T T Y U O E S S E N C E N A R
T A O B M R E V E M E X I C O
I H K A D E T A L O C R E P E
B Z N E E R G S P A P P L Y D
```

AMERICANO
BEANS
BITTERNESS
BLACK
BRAZIL
BREWING
COFFEE POT

ESPRESSO
ESSENCE
EXTRACTION
FILTER
GREEN
HOUSE
INDIA

KENYA
MOCHA
ORGANIC
PERCOLATED
PLANTATION
ROBUSTA
STRONG

TABLE
TASTE
WHITE

● USA TODAY

Taking a Flight

```
Y A W N U R N S J E E G C Q E
Z I G R E C P H E D N Q U W Y
B S E T A G P X T A X I I N G
R L G N I D N A L U T L E L S
L E S N W C R B S S X B X H I
E D K I T S K W R S A F E T Y
X B R C Z L F E O I P Q F L Y
T A Y A O J U F T D D O U D T
R G P V W L N A B S N G R U I
O G R I M E M I H L C I E T R
L A N K L T T S K G A C W Y U
L G Y S M O T S U C N N M F C
E E Y M Z J T D R N E O K R E
Y X H U U W O L L I P H L E S
X L A V I R R A L L A A C E T
```

AISLE	DUTY-FREE	PILOT	TICKETS
ARRIVAL	GATES	RUNWAY	TROLLEY
BAGGAGE	LANDING	SAFETY	WINDOW
BLANKET	LOCKER	SEAT BELT	
BRIDGE	LONG-HAUL	SECURITY	
CHECK-IN	PASSPORT	STEWARD	
CUSTOMS	PILLOW	TAXIING	

Out of

```
S G N I N I A R T R M F E L B
I E E X F H C U O T X R U L S
G K S G W Z N C H T E X R P A
H V A O O E D E M W E Q T K X
T Z H S R N W A I H I K E J P
X D P Y K O E R T O W N C O W
K Y E Q O T N S N F X L S O H
B C T D S T T H X P U I L R P
Z U S I B O N O U C T L L S U
T P S X F B R T K I X L T H M
E R T I D P E V O Y T X R H Z
N Q O I N M R N O U P L U M B
E T C Z I E P I R G R T O C T
Z O K T W F S N Q Y U Z C D W
J Y A W E H T S K L B E Q T G
```

BUSINESS	POSITION	TIME	VOGUE
COURT	SIGHT	TOUCH	WIND
EARSHOT	STEAM	TOWN	WORK
LUCK	STEP	TRAINING	
PHASE	STOCK	TRUE	
PLUMB	THE WAY	TUNE	
POCKET	THE WOODS	TURN	

Pizza

```
Z A S R E P P E P N E E R G R
F T S U R C D E F F U T S U C
S T N D O U G H Y E S E E H C
E K O A K L G A S C R P I Q S
I G U P P H I E S N I C S O T
V M A O P P E V S E K P N T O
O S F L R I E O E E E I S O N
H D R Y L E N E N S O L R M E
C I W E Q E G G D N L E A A B
N U A Q P R R A S G R A N T A
A Q V A I A B A N N A N U O K
P S L A J H C A Z O R R T E E
S A U S A G E H C Z E A L S D
J I N E M U S H R O O M S I F
V D I C E D P O R K N M Z C C
```

ANCHOVIES	DOUGH	OLIVES	STUFFED
BACON	GARLIC	ONIONS	CRUST
CAPERS	GREEN	OREGANO	TOMATOES
CHEESE	PEPPERS	SAUSAGE	TOPPINGS
CHICKEN	JALAPENOS	SPICY	TUNA
DEEP PAN	MOZZARELLA	SQUID	
DICED PORK	MUSHROOMS	STONE-BAKED	

Juggling

```
H C M E D E L R E L G G U J E
X W A F N S C S E T A L P S G
K O N L R T K N E S E I Y G P
G R I L O I E X A A E F T N J
N H P I L A V R S L M S I I B
I T U L Y A C E T T A Q R R L
H E L S G P G I M A E B E M O
C E A S D N A H R W I M T R R
T C T O A D I E A C U N X O T
A I I R E G N S G T U U E F N
C T O I N T V C S S M S D R O
A C N W R U L O T A P C W E C
R A Z A N U C A E O P O Y P Y
E R P C B W G K O U H A E K O
O P N S E E T H J S E S I O P
```

BALANCE
CATCHING
CIRCUS
CLUBS
CONTROL
COSTUME
DEXTERITY

ENTERTAINER
HANDS
HOOPS
JUGGLER
MANIPULATION
ORANGES
PARTNER

PASSING
PERFORM
PLATES
POISE
PRACTICE
RINGS
SHOW

SKILL
STAGE
THROW

Safari

```
S N O I L L A M A S A R B E Z
M A R M O S E T S E L A N D S
V T I N S A L D H I S N L E S
T U W U E S Y E K N O M R F E
N R L M K N E F M I M O B S E
Y A R N C E D U T A V A L N Z
P L S N E D R A W I C R E A N
O S H R R R V Y N P E C M C A
S A E K O R A R B G A M U I P
I N W D E T A B S A E X R L M
T C J S I C I V L R B R S E I
A M N B E U Q S D E E O E P H
O O G A S B G Z I V V G O D C
C T N E M N O R I V N E I N J
J A C K A L S H A B I T A T S
```

BABOONS
CAMELS
CARNIVORES
CHIMPANZEES
COATIS
CONSERVATION
ELANDS

ENDANGERED
ENVIRONMENT
GUIDES
HABITAT
JACKALS
LEMURS
LIONS

LLAMAS
MARMOSETS
MONKEYS
NATURAL
PELICANS
TIGERS
VISITORS

VULNERABLE
WARDENS
ZEBRAS

Abide

```
O F Y S N R Q Y N I A M E R W
H I L R T O E M I N H A B I T
T U P S R I E S A B I H F J N
E I B U T A C V I H M E S A H
R G A X T A T K I D R N T E C
E P F W Q U N T O L E R A T E
V U L B A P P D D U P E D T Z
E Y D R Q Z E W F N T L S P T
S U S O Z O N R I O E T U E L
R S T O M A C H M T R T S C O
E L M K J D K W D A H E T C D
P X L B O O Z S R W N S A A G
F U G E N D U R E X H E I L E
A A E K W P E R S I S T N S I
N F H L J D C O N S T A N T N
```

ACCEPT
ATTEND
AWAIT
BROOK
CONSTANT
DWELL
ENDURE

INHABIT
LIVE ON
LODGE
PERMANENT
PERSEVERE
PERSIST
PUT UP WITH

REMAIN
RESIDE
SETTLE
SOJOURN
STAND FOR
STICK OUT
STOMACH

SUSTAIN
TARRY
TOLERATE

USA TODAY

Half Words

```
U E O B F E G C F I G M A M Y
U E S O Y U O B I A E E J P U
G M A T G C R E L Y L A A P S
U I N H K O D L S Y A S S W N
N T G E T P O U N D T U P S O
O I D H M N Z L W R E R E P I
S L E U E A E T E A E E E I T
L R T N S A N P O H G X D R A
E D F L S I R D A W A K E E R
N A E P P X D T D E T T I W R
E E V I R R C E E T R H E S E
P C A A A I K D H D U C A H T
T F A O H A C T L I T X T W S
H N B P B I Y E A D H A H C I
B E L P S G R U B A B M W O S
```

ASLEEP	DOZEN	PINT	TIME
AWAKE	GALLON	POUND	TRUTH
BAKED	HARDY	PRICE	WITTED
BATH	HEARTED	RATIONS	
BOARD	MEASURE	SISTER	
BROTHER	NELSON	SPACE	
COCKED	PAST	SPEED	

Wild Flowers

```
R F A T E K C O R A I T T C Z
Y A B A G L E C O M F R E Y H
A T R F T R O T S I B O F Q E
R H E N J Y Y R R A Z G E Z M
R E H T A E H H U G F G V M L
O N W K O C T Z J N H F E Y O
W A O C O R N F L O W E R Q C
E I L U L G N T Y E R H F O K
L R L J E H T B D A M Z E G N
G E I Q D R A N M Q T E W K Z
U L W S O J U S E Y L I L J B
B A U W H S O T T T E A S E L
A V G V P N Q O G L T X W S Y
B A R T S I A C J T E L O I V
R P D R A B T K C F W H E N T
```

ASPHODEL
BARTSIA
BISTORT
BUGLE
COMFREY
CORNFLOWER
FAT HEN

FEVERFEW
HEATHER
HEMLOCK
LILY
NETTLE
RAGWORT
RAMSONS

ROCKET
SAFFRON
STOCK
SUNDEW
TEASEL
THRIFT
VALERIAN

VIOLET
WILLOWHERB
YARROW

Famous Landmarks

```
E E R I P S Y T I C H O U S E
L R N O T R E D A M E D K A A
P F L A T I R O N M O R N Q L
M O S Q U A K B Q O E G P H I
E S U A H U A B W M K M Y I M
T R P S W T H E L O U V R E A
S A E A R I M I R P R I S S S
U H J C N O N W D A E L D U A
T L Q M H T A W Z R W L I O C
O R T G A T H F D T O A M H M
L A K I T H H E L H T C A S A
L A S C A L A E O E N A R I Q
U K A K N I K L I N C P Y N V
A B L A M X U O U O J R P N H
S I L O P O R C A N N A H E V
```

ACROPOLIS	ERECHTHEION	NOTRE DAME	TIKAL
ANGKOR WAT	FLATIRON	PANTHEON	UXMAL
BAUHAUS	HOMEWOOD	PARTHENON	VILLA CAPRA
CASA MILA	KINKAKU	PYRAMIDS	
CITYSPIRE	KREMLIN	TAJ MAHAL	
CN TOWER	LA SCALA	THE LOUVRE	
ENNIS HOUSE	LOTUS TEMPLE	THE SHARD	

Time

```
S G K C O L C S J C T R B W Q
A A N Q X S L X P H S R D L I
M D O A V E H A G E I V A D G
T N O D I D N I T E L A L G S
S O S E T N N V F T F L A Y Z
I C U L U O S B Y T E B R G T
R E Z A A C E T E Z P R M G W
H S L Y C E E R A J H F U O T
C I I Y Z S N S F N H W R H S
W L C Y N O E E L D T R V V V
E L I U O N P J W U O T J O K
E I S N S A O T E M P O L O E
K M X A L N C B O A H D A W W
S G O S V P H T U J E R N F A
N R T S O H C I W N E E R G I
```

AFTERNOON	DELAY	NIGHT	TEMPO
ALARM	EPOCH	OLDEN	TOMORROW
ANNUAL	GREENWICH	PULSE	WEEKS
BRIEF	INSTANT	SHIFT	
CHRISTMAS	LATTER	SOON	
CLOCK	MILLISECOND	SPELL	
CYCLE	NANOSECOND	SUNSET	

Made of Glass

```
T H G I E W R E P A P E N F T
M H S I D E L O R E S S A C E
N E E R C S R E T U P M O C S
O V E L T T O B L K E L J M T
T M B A T T L E K B D D O N T
V U B E A K E R G F R N O H U
S I M G H S F L R G O A E O B
C R Q B O A H A E C T R M J E
R A R E L B M T L S M I K I J
E U O T W E L E R O C S M M J
E Q R Q F E R E M A A O H E X
N A R D G B P E T L Y B P D R
C P I P E T T E F S E S N E L
G J M S P E C T A C L E S V R
D U T E R A T E R A W N E V O
```

AQUARIUM	COMPUTER	MARBLE	TELESCOPE
ASHTRAY	SCREEN	MIRROR	TEST TUBE
BEAKER	DEMIJOHN	MONOCLE	THERMOMETER
BOTTLE	EGG TIMER	OVENWARE	TUMBLER
CASSEROLE	FLASK	PAPERWEIGHT	TV SCREEN
DISH	GOBLET	PIPETTE	
COLD FRAME	LENSES	SPECTACLES	

Noises

```
H E A V E N P T E D H E A T S
H A J G D R U M M I N G C F S
S C O K N M I M C U O T L T T
Y L U K U I B N C H H O A W O
P A A L T L T R G U I S N E M
E T T M A D E E D I C R G E P
S T E S M A Z D P R N H R T X
C E T B K I I T E M O G G U G
B R S W Q N N E W W U I H N P
K R U S G C C G L K X R I U E
S C A N I H H S I B Y L T J A
R V O Y C H N I Z N W E A C L
G N I N I H W S M O O F F F I
S M O C K N M Z Y E Q M A C N
Y O U N G B G S E K C A M S G
```

BLAST	CRUNCH	SCREECH	TWEET
BRAYING	DRUMMING	SLAMMING	WHINING
CHIME	HISSES	SMACK	YOWLING
CHIRRUP	HOWLS	STOMP	
CLANG	KNOCK	THUDDING	
CLATTER	PEALING	TRUMPETING	
CREAK	RINGING	TUMULT	

Bright

```
D E M K G N I H S A L F R A G
I D A R E A L L Y H V F D T I
V B L A Z I N G K S O A T W N
I S M T B Y N N U S G W I I T
V M U S T N A I D A R R Y N E
K D E O N N E N R O I P E K N
B N A Y N C Z I U D E D Q L S
Y R E V L I S H E L N D F I E
B D I H A H M S L E A Y L N N
E I Y L S S C U L S S C A G I
A R R O L E C P L C E D M R Y
M U E O N I S V G L O W I N G
I L I T D E A S B B L I N R R
N M F X R O G N I R A L G X G
G L E A M I N G T U P L A R J
```

BEAMING	GLARING	PELLUCID	SUNNY
BLAZING	GLEAMING	RADIANT	TWINKLING
BRILLIANT	GLOWING	RESPLENDENT	VIVID
FIERY	INTENSE	SHINING	
FLAMING	IRIDESCENT	SHOWY	
FLASHING	LUMINOUS	SILVERY	
GARISH	LURID	STARK	

Cheat Foods

```
C B U Z D B G L I S S Y S G H
Y I E M I C D X G Y S Y F Y E
L M R A S A A O F U Y R R F E
Q A J E E R D R G T E J U U F
E L Q R T T I A A N C D H O P
S A B C O A R A C M G Q A D C
I S A H B O L H L E E M M S I
A G C C C F F O L C S L B G Y
N N O A W R P R C P E B U N S
N I N K I I E E B O E I R I T
O D X E G T U P A Y H N G L D
Y D S S T T G Z G N C C E P D
A U T U B E W H E S U W R M Q
M P B I W R V U L H Q T S U U
D W G C I S E N S F U A S D Q
```

BACON
BAGELS
BREAD
BUNS
BUTTER
CAKES
CANDY

CARAMEL
CHEESE
CHOCOLATE
CREAM
DUMPLINGS
ECLAIRS
FRENCH FRIES

FRITTERS
FUDGE
HAMBURGERS
HOT DOGS
MAYONNAISE
PEANUTS
PUDDINGS

SALAMI
SUGAR
SYRUP

House Words

```
P R Z T Y F U N B M G D Q R F
I E W N G Z B E Y R A A S Y U
F T C E S U R G E O N R L W M
P S T G F D E N I A R T T A Q
R A H A O X I I E Y R W T I U
O M H R J A Q K V O O E D T N
U S O T Y P A A V C S S F G R
D O O O N N A E R E P E E K W
M E L F S A X R R V S L D O V
O Z U K C A L B T U S U R N R
T S E U G A A P O Y C R H E P
C H U N T E R M C X A R T J T
X Z I B S U R D Z P G T A A P
D L P B O U N D S Q I I O F X
F T S E R R A X N S X C U I T
```

AGENT	HUNTER	PARTY	SPARROW
ARREST	KEEPER	PLANT	SURGEON
BOUND	MARTIN	PROUD	TRAINED
BREAKING	MASTER	ROOM	
COAT	MATES	RULES	
CRAFT	MOUSE	SITTER	
GUEST	OF CARDS	SNAKE	

Civil

```
S E E V I T I S N E S E L A N
D E R B L L E W E N V J H F Y
L U F T H G U O H T F A A G E
K P L I F T G E B E I F U B L
N A A D L L J N R L F L L S B
G F I T E A U E I A I A O U A
N C N Z E M F F B M D G R P E
D O E T T I R L T Y O B I U E
E U G L N A E O L C A C T N R
H R T E E B A I T N A L L A G
S T D I G L K Q E N B T U E A
I E D E F E R E N T I A L Y W
L O Q I G U A S U O I C A R G
O U C O M P L A I S A N T P P
P S D E T A V I T L U C Y Y L
```

AFFABLE	DUTIFUL	POLISHED	URBANE
AGREEABLE	GALLANT	POLITE	WELCOMING
AMIABLE	GENIAL	REFINED	WELL-BRED
COMPLAISANT	GENTEEL	SENSITIVE	
COURTEOUS	GRACIOUS	SUAVE	
CULTIVATED	LADYLIKE	TACTFUL	
DEFERENTIAL	OBLIGING	THOUGHTFUL	

USA TODAY

Top

```
F G D T H G I L F I G H T O U
L N A M P L E V E R O Z F D A
E F D R E S S I N G A T Y H M
H L L I B E H T R R H T C V H
S E C M F C F V C E I L S C L
X N A R C R T C R R A S T H F
R A A V G E P A O S T O N E B
O E T Z Y T N I S U N I N A Z
G D R B E G R S G A M L N Q O
E S O W E P P R F A I A D H P
C E H W Q S A J E H N L R E U
E D I S N D X I M A O T I K M
H Y H W E O G O D T B R A S S
Q U A L I T Y Y O T I E E C A
R E E G N I N R O M E H T F O
```

BANANA	GEAR	OF THE RANGE	SOIL
BRASS	GRADE	PRIORITY	STAR
CLASS	HEAVY	QUALITY	STONE
DOG	MARKS	SAIL	THE BILL
DOWN	NOTCH	SECRET	
DRESSING	OF THE	SHELF	
FLIGHT	MORNING	SIDE	

Moon Craters

```
E G A U G A R Z S Y K U W D T
S S N J L S T O J G D I A S X
R P T Y A I U Z U L L Y H R O
O A E H N K N T U L O A S J B
M S N B T W E D I Z O V H O E
Z T I V S N U A B C T J E O N
L E V L B E M S F L A L K L T
L U S E R S A T U Y A T W D L
E R R F E S Y G R E B D Y R J
W G K N V U E E R A E E E A H
O A O X R A R E I A R L N P V
L L M H A G U L R U U O T E O
P L A N C K L P A E B G D R L
Y O V E H Y P A O E D E W A R
W I K Q U E T E L E T W A U O
```

BAILLY
CARVER
DEWAR
DRAPER
DYSON
EULER
FREUD

GAUSS
GUTENBERG
LEIBNITZ
LINDBLAD
LOVELL
LOWELL
MORSE

NEUMAYER
NOBEL
ORLOV
PASTEUR
PLANCK
QUETELET
RYDBERG

TACITUS
TYCHO
WILLIAMS

Fundraisers

```
T G N I T N I A P E C A F R F
O N H E A D S H A V I N G A Y
C H U A L E J S X W N E Z C A
U A E H A F I G N I K I H E D
N K R H E L F C N O E A R N S
C O N C E R T A A I I F W I T
N P J N S M U R R R C C G G R
W L C D F N A S O G W N Z H O
O E O G E K O G A G D A A T P
H E A T B U Z I N E N I S D S
S A U C T I O N T I R I S H M
T E L A S E G A R A G T B C H
R B A Z A A R G N I N N U R O
A C H A R I T Y S A G O I A Y
A S T E B D O G S H O W D S Y
```

ART SHOW	DANCING	HIKING	SINGING
AUCTION	DISCO	KARAOKE	SPORTS DAY
BAZAAR	DOG SHOW	LOTTERY	TREASURE
BINGO	DONATIONS	RACE NIGHT	HUNT
CAR WASH	FACE PAINTING	RAFFLE	
CHARITY	GARAGE SALE	RUNNING	
CONCERT	HEAD SHAVING	SILENCE	

Jewelry and Adornments

```
V M K N B V M F B E U Q R O T
M G N I R T N E M E G A G N E
E Q G A I H A H P L A S F R K
D T U H H R A F E S U D E L A
A D E C D T E L K N A K S O R
I E F R P O G X B B O L E C E
D S O I N N Y U R H N M C K C
E P N B A I R I C X A T H E A
M Z E B U S T B F C C C I T L
T H X N T G H Y W R O R C I K
I S V N D C L O R O A H O X C
A T F F T A R Z R I A L Z W E
R A F A B V N B E R N T L L N
A W W W D T Z T M A Q G U O K
G N I R G N I D D E W H I Z C
```

ANKLET	CHOKER	ENGAGEMENT	SUNBURST
BANGLE	CLASP	RING	TIARA
BEADS	COLLAR	ETERNITY RING	TORQUE
BROOCH	CROWN	HATPIN	WATCH
CAMEO	DIADEM	LOCKET	WEDDING RING
CHAIN	EARDROP	NECKLACE	
CHARM		PENDANT	

Signs of Spring

```
C R E X W O L L I W Y S S U P
N O A O F L D A F F O D I L L
E C I N K H S E R F A L H A J
W E I I V S T O O H S E J M E
L Y R U E J U R E U E N H B F
I N T Q R O A S G N I R P S H
F O A E D M N N S L M O X L T
E I R C A T E R P I L L A R G
R T K U N S J M F S C S Y E E
E A H W T G R E E N E R H J P
W R T S R E V E F L M V A E I
F G W Y T S U G D G I A L N Y
V I O L E T S D M L O R R A O
T M R J P B U N N Y H Y P C C
Y X G H S P I L U T E M W A H
```

APRIL	FRESH	NARCISSUS	TULIPS
BUNNY	GREEN	NESTS	VERDANT
CALVES	GROWTH	NEW LIFE	VIOLETS
CATERPILLAR	GUSTY	PUDDLES	
DAFFODIL	LAMBS	PUSSY WILLOW	
EQUINOX	MARCH	SHOOTS	
FEVER	MIGRATION	SPRING	

B Words

```
B R O O T A L O B Y N G K N D
R U B R B T B S A G E D O B B
A B B R E E Z Y U U D R T O B
C S R S L A B P B Y D C R I F
K W M O F G Y H G N I Y A R B
E I N F A B M T I B R R B C S
N G U P S C E A U N D F R E B
S H B A T A H E H C E E S E B
B S H U G B P R F W B F F B H
Y U C J N U S B W B G K U S U
R R T M I D A D U B U N U R M
N L A O R D L L B E N R B A B
S U B E A Y B E B Y B E G Y W
A B A I L A N A H C C A B E H
B A S Q B B B Y B R O W S E R
```

BACCHANALIA	BESEECH	BRAYING	BULRUSH
BARTOK	BLARING	BREATH	BUNDLE
BATCH	BLASPHEMY	BREEZY	BUNNY
BEDRIDDEN	BLEARY	BROACH	
BEEFBURGER	BLUBBER	BROWSER	
BELFAST	BODEGA	BRUSH	
BELONGS	BRACKEN	BUDDY	

USA TODAY

Alone

```
E T E R C S I D D Q G E D G U
A I Q T L O N E S O M E C N N
E U Q I N U D E L H D Y W A A
M O N V N I Q O G N Z A K S T
B E G F A D S N A L N L S K T
A E A N D E E R D T E E S E E
D R U E L E T P E I L C W G N
F E D G T S S D E D S I T R D
O T N E M A E O N N T T O E E
R I W O S V R E L H D L A T D
S R I R O E I A D A R E O N S
A E E L J R R R P O T M N I T
K D N O F J A T F E E E E T S
E U N O N W S M E R S E P U R
N A B A N D E N O D N A B A T
```

ABANDONED
DESERTED
DESOLATE
DISCRETE
DISTANT
FORLORN
FORSAKEN

FRIENDLESS
INDEPENDENT
LONESOME
MAROONED
NEGLECTED
REMOTE
RETIRED

SEPARATE
SINGLE
SOLO
STRANDED
UNAIDED
UNATTENDED
UNIQUE

UNLOVED
UNWANTED
WITHDRAWN

Early

```
V M U O V B E M B R Y O N I C
E S W M T P R E V I O U S I N
M Q C S I S F R J G C Y N A O
I M R R Y M A O H N E C P J O
T I N I T I A L R I O P R M S
F U S U N R I S E M R F N K O
O D R G D Y U L I O E Q E G O
D C T A Q E A N A C Z R G N T
A P N R D N G C J H O F Q I N
E R E R I V H F U T U R E M O
H I N G C I A Y S R Y S R O R
A O I B N A O N E O P F E C F
H R M G L U I Q C F M B A P N
O V M I N C I P I E N T D U I
P Q I G H E X K A E R B Y A D
```

ADVANCE	FORMER	INCOMING	TOO SOON
AHEAD OF TIME	FORTHCOMING	INITIAL	UNRIPE
APPROACHING	FUTURE	ORIGINAL	UPCOMING
DAYBREAK	IMMINENT	PREVIOUS	YOUNG
EMBRYONIC	IN FRONT	PRIOR	
FIRST	IN STORE	READY	
	INCIPIENT	SUNRISE	

Places That Start and End the Same

```
T N E K H S A T E B O A H K Y
N S S N T E B I A I I Y S U S
R E T S E H C O R N H R W K O
L Y A B C G A M I B U A A R R
A C I R F A U S V K R N K I O
E H K C I W S E K G K G G K B
K E E R H Y O D E I V O E L S
A L A N B G U N H O F L O E N
T L L A A A T E R E T A E R E
N E A T A I S C L W A R S A W
A S S E N R E E H S I A O A O
L Q K A L B A N I A G F C P Y
T O A J A H M B A R A C B F O
A R A K N A F N I W R C E I P
A I R D N A X E L A R A M S A
```

ABYSSINIA	ANKARA	KIRKUK	SHEERNESS
ACCRA	ARABIA	KURSK	TASHKENT
AFRICA	ARGENTINA	OPORTO	WARSAW
ALASKA	ASMARA	OVIEDO	
ALBANIA	ATLANTA	OWENSBORO	
ALEXANDRIA	EUGENE	ROCHESTER	
ANGOLA	KESWICK	SEYCHELLES	

Chemistry

```
S E N T F L A B N I E T O R P
M N E G Y X O C V H Y X N C I
C H A I N R E A C T I O N E Q
E N K I O R D T A P T N N L Z
D M Z N O A A L I P O E I S T
C A I R V G C D Y P H T K I J
K Q E L U U U R I G M S A U H
R E V L I S K C I U Q G Q S C
H L A I X Y T A S P M N H D H
F U I N T W T C K O E U S W R
E O N Y R A D I O A C T I V E
L J S O G H M Q D L J B Z H H
M N L B R Z U I B I C L I W T
I L I T H I U M N M C H N X E
Y R G R H U W Y P N C A C U K
```

ACIDITY
BORON
CELSIUS
CHAIN
  REACTION
ETHER
IRON

JOULE
KRYPTON
LEAD
LIME
LITHIUM
LITMUS
OXYGEN

POTASH
PROTEIN
QUICKSILVER
RADIOACTIVE
RADIUM
RUST
SUGAR

TALC
TUNGSTEN
VITAMIN
ZINC

Stop

```
I T A E D I S A T E S N D D L
P E X D U B E H T N I P I N A
U T E G N U P X E X J A S F E
K A W R A P U P R Z N L C D P
C N V K B N U B M N Y Q O E E
A I H M L Q G D I X H B N K R
P M D U U V U H N X L F T O A
E I N N H I D A I A L I V R
S L I B N L D E T F W E N E R
T E C U A E S E E O I C U R E
A E S T S K R S C A L N E Y S
L R E T C A C C E Z R A I B T
L L R O T S D R I D E C Y S W
A O L E H C T A R C S J C J H
Y B S S E R P P U S B W F N L
```

ANNIHILATE	ELIMINATE	RESCIND	TERMINATE
ANNUL	EXPUNGE	REVOKE	WIND UP
ARREST	FINISH	SCRAP	WRAP UP
BLOCK	NIP IN THE BUD	SCRATCH	
CANCEL	OBLITERATE	SET ASIDE	
DESTROY	PACK UP	STALL	
DISCONTINUE	REPEAL	SUPPRESS	

Timber

```
D O O W D O O W P I L U T P W
B Y R O K C I H O A K Z A A R
K A O E T I H W K U E R G E O
E L C R D O Y B V B A N D T O
C W A Y Y O A N R N I L N L A
Y A M N P M A A A B A D F S S
R L D E B R W K U G C C L W A
R N O O R O E B H A O A C U P
E U O K O B B S C P B H B M E
H T W D K O A W S E E X A N L
C Q E L X H O U I S D P M M E
C U S W D L M A T K L A P L E
R G O O L T T N X E U S R B H
C O R I S U U P H O E B O N Y
D S W G Q T H C E E B E R R Y
```

ALDER
BALSA
BAMBOO
BEECH
BOXWOOD
BUBINGA
CEDAR

CHERRY
CHESTNUT
CYPRESS
EBONY
HICKORY
MAHOGANY
MAPLE

MERBAU
PARANA
RED OAK
ROSEWOOD
SAPELE
TULIPWOOD
WALNUT

WHITE OAK
WILLOW
ZEBRAWOOD

Face

```
K L S E N O B K E E H C L O Q
E W U N E Y E L A S H E S E U
W O E C O M P L U A S E L U E
G C M G H S E L P M I D T X B
E S A T A H B Z A O Q N P Y A
C W U H E S E L K N I R W W J
A O T A L E I S Y U E L I M S
M R J I K N F V Q S A T L D F
I B A R C S Z S S B I I I R O
R E E L E W D I W U E N R A R
G Y L I R G O I N O Y F T E E
B E C N F N U N L W R E S B H
E A S E G G B P I E O C O N E
M D U B L A S H V K Y R N C A
C O M P L E X I O N S E F Z D
```

BEARD	EYEBROWS	HAIRLINE	SQUINT
BLUSH	EYELASHES	MOUTH	VISAGE
CHEEKBONES	EYELIDS	MUSCLE	WRINKLES
COMPLEXION	FOREHEAD	NOSTRIL	
CROW'S FEET	FRECKLE	SCOWL	
DIMPLES	FROWN	SKIN	
EXPRESSION	GRIMACE	SMILE	

In the Greenhouse

```
C S N P S E V L E H S U E H U
G D T E M P E R A T U R E T T
N E A Z D A K Y K E U B M M G
I E C A P P T C E N S D Z R I
T S B S Y A R T A R S T I A R
T H M E S B N M I T T D R W A
E U C G N I T A E N D S N S S
N E A L W E E D S L G M T T V
S T Q V U I R Q E L L C N Y L
O S O I L M E Z H B E E K D P
S R C C O I T J C S V J V L T
I X C O N T A I N E R S A S P
E S T H O U E I E Y E N L Y O
V E F A I P H U B D T J R M T
E Y E N A D A V N S B R E H S
```

BENCHES
CONTAINERS
HEATER
HERBS
INSECTS
MANURE
MATTING

MULCH
NETTING
ORCHID
PLANTS
POTS
RIDDLE
SCOOP

SEEDS
SHELVES
SIEVE
SOIL
TAGS
TEMPERATURE
TRAYS

VENTS
WARMTH
WEEDS

Associate

```
I Q U E K Y L J F L C F R V B
F V K K E Z N C G O Q E H N J
Q D K O E E T A M B P L C I Y
Z G N Y J Y E B P L U L A O A
Y B K A L E I U E M H O T J G
Y L L A H N D H G E O W T D K
U N I T E N L A D A X C A C C
V P A A C Z I F R I E N D O I
C R R M Z X N D E M H L X N K
V O B W V P K U N V O E P N E
R W U W M C H U M A L C Y E D
P X W P M I N G L E H O V C I
A F F I L I A T E Y C O V T S
T K P V E E E E O R P D G N J
Q T R O S N O C E T A L E R I
```

AFFILIATE
ALLY
ATTACH
CHUM
COMBINE
COMPANY
COMRADE

CONNECT
CONSORT
COUPLE
FELLOW
FRIEND
GO HAND IN
   HAND

HELPER
INVOLVE
JOIN
LEAGUE
LINK
MATE
MINGLE

RELATE
SIDEKICK
UNITE
YOKE

Ladders

```
Y A W G N A G Y V S F T P H V
F G J J R S Y C E J I L W D N
G N A Y C A T S S K J D G H O
E I C J S G T E T P N N E O I
X K O Y A T W L P E I O H O T
T C B B H C I V I L R L M K A
E I S Y C O K L L N L N O G D
N P D R M M X O E E E L N T O
S T O A R P R Q C N S I E T M
I I G R O A A A I O D L E L M
O U Y B F N G X C L A T N R O
N R R I T I A T O C R L U A C
T F P L A O O F S I B O V O C
U T F O L N J X E T A J O F A
O D U K P U Q R J F O J E F G
```

ACCOMMODATION	HOOK	PLATFORM	STEP
COMPANION	JACK	RATLINE	STERN
ETRIER	JACOB'S	ROLLING	STILE
EXTENSION	LIBRARY	ROOF	
FOLDING	LOFT	ROPE	
FRUIT-PICKING	MONKEY	SCALE	
GANGWAY	PILOT	SIDE	

Egyptian Deities

```
T H M G L N I H U L Y H M K P
A I B E U L E O Y F T V O U E
I T N A S C V F S I H C U B F
T E R U N K U T E T S A B B I
B E N N U E H N Y R E A B M R
D J M T J T B E I M H O T E P
N E K H B E T D N C Z O Y T E
M U N H K N Q C J E S Y T T H
T T A Q S E W U S E T I E E K
G E D K W F S A D E D A L H P
Z P K J W E D I D S H E A K E
A N U K E T J B U J H A T A O
R E G E S T E R E M E U A P R
U R H A T H O R B K F T Z M O
A N H T O H T A U R T R E T P
```

ANUKET	IMHOTEP	NEITH	TEFENET
BANEBDJEDET	KHEPRI	NEKHBET	THOTH
BASTET	KHNUM	PAKHET	WADJET
BENNU	MAAHES	QUDSHU	
BUCHIS	MERETSEGER	RENPET	
HATHOR	MESKHENET	SEKHMET	
HORUS	NEFERHOTEP	TAURT	

Cold

```
D Y G L A C I A L G P P F F I
N E H R Y L L I H C N F J G D
A A H A T M S S R I H Z S I J
L D S S F E C E P E Y O L M S
N J N O E F E P K Y E E U S O
E Y O C U L Y L T N G F S I E
E U W U A T F W S U R E H B L
R Y S U J Y H E N O N G Q E C
G S T O N Y T P S L P D F R I
N W O S N L R T O O V X R I C
L I R L A F Y O P L O A I A I
A N M C I T C R A O E G G H Z
N T F R E E Z I N G L E I A I
D R Y I C E N Z E T D A D I H
W Y A V X M T K A E L B R L Z
```

ARCTIC	FROSTY	NIPPY	STONY
BLEAK	GELID	POLAR	TUNDRA
CHILLY	GLACIAL	SIBERIA	WINTRY
COOLNESS	GOOSEFLESH	SLEET	
DRY ICE	GREENLAND	SLUSH	
FREEZING	HAIL	SNOWSTORM	
FRIGID	ICICLE	SOUTH POLE	

All About Hair

```
F F I U Q S N O I S N E T X E
W D N A C I H O M A U O S E Y
J V E F D R E A D L O P V T L
C M A R C E L W A V E A A I C
M U L L E T I A L P I E A E O
C J R A N Y I C X W L T T V W
C J P L P I A Y T P Y T G T L
J O W C E V Y L H N E B S U I
Y C M O R D O C O Z L R P C C
E T P B M I N P I T G A E W K
V M O H O E M R B U N I F E G
A B R J R V F P K E I D G R D
E O C F W J E U E X H E V C O
W A T C N J B R H D S B Y K Q
S A K J S K C O L D A E R D T
```

AFRO
BOB
BRAID
BUN
COMB-OVER
COWLICK
CREW CUT

CRIMPED
CROP
CURLED
DREADLOCKS
EXTENSIONS
FRENCH PLEAT
FRIZETTE

LAYERED
MARCEL WAVE
MOHICAN
MULLET
PERM
PLAIT
PONYTAIL

QUIFF
SHINGLE
WEAVE

Saving Money

```
S S B M W E G N I L C Y C E R
A R B A G R E Z I S N W O D C
L E R R C A M G N I P M A C A
I H E K C H C I M E N D I N G
O C L E E S E O L E E M G N S
K U S T V R T C U G F N I T G
N O W Y G A Y A N P I E N S N
A V A W R C H I Y T O U I W I
B S K I I A N A T I O N L A Y
Y R C B G R R I G C N O S L U
G E N S A N N B S G D G I K B
G F G D W K I I I G L B I I K
I F S H P A D W E L R I Z N L
P O D A L J P R E S Y A N G U
H S E L A S S S A S E P R G B
```

BICYCLE
BULK BUYING
CAMPING
CAR SHARE
COUPONS
DARNING
DISCOUNTS

DOWNSIZE
HAGGLING
KNITTING
LIBRARY
LODGERS
MARKET
MENDING

OFFERS
PIGGY BANK
RECYCLING
SALES
SEWING
STAYING IN
SWAPS

VOUCHERS
WALKING

Cycling

```
T R A D Y S G N I R A E B O W
A C R Q N R V C R V D B B Q R Q
E H R S B I O L O C K U K E L
S M E E A G A B B O L T S E U
P R I V S D S H B P O R V S W
R O N Q L F D R C A X E Z R L
O T N S B A M L S X R N E L J
C C A V R D V B E S P N L V W
K E P P A A R O O O C I D U Q
E L R Y K S E A Y H G Y A D S
T F N G E A L G U H K B J P B
Y E M U S X D A T G E E I P C
E R G G T X X S D L D L M I S
Q X G O O S P W L E C U Q Q C
U R E T E M O D E E P S M Q D
```

BEARINGS	GEARS	PANNIER	SPROCKET
BELL	INNER TUBE	PEDALS	VALVE
BOLTS	LEVERS	PUMP	WRENCH
BRAKES	LIGHTS	REFLECTOR	
CHAIN	LOCK	SADDLE	
CLIPS	MUDGUARD	SEAT	
COGS	NUTS	SPEEDOMETER	

Lakes

```
T Y Q U W B O A A B N U V L O
O S V A E G T N F E H Y M W R
W I B C Y L W A A D R A W D E
K A H A O E C G W B S A E I Z
F A Y V L C H O K J H M R P O
D P V A I A N Y I U A I U A G
C O R O B P T K R I Z A E V Y
Z M A G P A C O R A P S K O V
T D C T M C N E N P N E T S Q
I H A R A D I Q D A G R J T H
R C C O W N E N I L E I P L E
U I I B L R P P K B N X Z R M
M R T K I V S A L N A S Y E H
L U I E H A E A C P R E S P A
P Z T L C R O I R E P U S A M
```

ABAYA	ERIE	NEAGH	VOLTA
ALBERT	EYRE	PIELINEN	VYGOZERO
BALATON	HURON	PRESPA	ZURICH
CASPIAN SEA	KIVU	PSKOV	
CHAD	KYOGA	SAIMAA	
CHILWA	MURITZ	SUPERIOR	
EDWARD	MWERU	TITICACA	

Things with Strings

```
W T E A N O O L L A B E E J O
D R T C M A R I O N E T T E I
N O E S A O O Z G O I S N X Y
I P K U S L H L L K J V S V O
L P C W S A K U V V T N U N D
B U A L R P B C F A N D A J B
W S R P C K R E E I P I I B O
O N S H I R P Y L N P R Y H B
D A I R M U O O A B L J O S B
N E N E R Y I F B K U R W N M
I B N S O V S I E V W O A I U
W K E E T E K D L I M G D E L
G A T T F I G D J A T A N I P
G P E R C E L L O P U P P E T
L E C R A P M E R A T I U G U
```

APRON
BALLOON
BANJO
BEAN SUPPORT
CELLO
DOUBLE BASS
FIDDLE

GIFT TAG
GUITAR
HARP
KITE
LABEL
MARIONETTE
PARCEL

PEARL
 NECKLACE
PIANO
PINATA
PLUMB BOB
PUPPET
PURSE

TENNIS
 RACKET
VIOLIN
WINDOW
 BLIND
YO-YO

Classical Music

```
M O I K E G P M K G Z R J G A
K E K A L N A W S P Z L K N I
K G S D H Q Y A Q H M D I L R
S M F S M Z T T V A E M O F E
M O Z Y I U H H S R R A X W B
E N E A R A Q E E O C A U A I
I T D N F S H B D L U B O S O
U Q S F A P F E I D R Y I L U
Q T N A D V U A N I Y K L R R
E E S L P T A R A N R E A N V
R U G A A P E P E I H T X E P
P Q R L L M H P C T N Y N M S
B I K T I V E O O A W U J R N
S A R K A N A R Z L S A A A P
T G D W N N Z M B Y D M H C D
```

ANTAR	LA MER	OCEANIDES	SATURN
CARMEN	LINZ	OTHELLO	SWAN LAKE
EGMONT	MA VLAST	PARIS	THE BEAR
HAFFNER	MARS	PAVANE	VENUS
HAROLD IN	MERCURY	REQUIEM	
ITALY	MESSIAH	SAPPHO	
IBERIA	NIMROD	SARKA	

Active

```
Y Y J I N G Y M C R O S O V T
C E L B M I N P D I B E L I P
C I T E N E R F P V N I E T M
D F E R V E N T E I R A K A O
D E T I R I P S Q Q Z P M L R
I Z Y T Q W L O N T H E G O P
L E V O R O Q B U S T L I N G
I N R G L U G R A P R A G L N
G E A U I P J F M R V B T U I
E R P C N G M O R I I M E F K
N G K H M N B E I G B S L E R
T E E O K I I E T H R B P C O
C T Y N L V F N O T A S P R W
A I A E C I E J G L N R U O Y
J C R A L L E D Y Y T K S F A
```

BUSTLING

DILIGENT

EMPLOYED

ENERGETIC

FERVENT

FORCEFUL

FRENETIC

LIVELY

LIVING

MANIC

MOBILE

NIMBLE

ON THE GO

PROMPT

QUICK

RUNNING

SPIRITED

SPRIGHTLY

SPRY

SUPPLE

VIBRANT

VITAL

WORKING

ZIPPY

Groups

```
D F E L D C O L O N J L M D N
O E G N W Z A X H V O E U I O
O R E A O M K N W O W C G M I
H E N Q R G A T H E R I N G N
R W O O C T G C P G A D R L U
E O I X I G S B Y F S D E S H
H R G Y U T J E F N N U T R T
T K E G K H A I H E O R N S W
O F L O C K L I U C E L U E E
R O M U N I K G C Y R R O B G
B R J R A H A U L O T O I C D
A C A T A E Y I I X S R E P O
B E I W L W M L Q E T S A C L
E O C A V A S D U O N R A P W
N K E E F E F I E P R O W D A
```

AFFILIATION
ASSOCIATION
BROTHERHOOD
CASTE
CLIQUE
COLONY
CROWD

FAMILY
FLOCK
GATHERING
GENUS
GUILD
LEAGUE
LEGION

LODGE
ORCHESTRA
ORDER
PARTY
SCHOOL
SWARM
TRIBE

TRUST
UNION
WORKFORCE

USA TODAY

Accounting

```
P R M N U M B A R E N L D S S
T A E R U T I D N E P X E M S
W N S G E R A A N O J G O Y O
O L E E D M P T U L R C M L R
R A M M T E R T B A O S E L G
T N O P Y Y L S H A J S X A O
H R C R S A R C S A L E S T X
N U N O Y T P E G B V A X E D
U O I F I N A N C I A L N M S
M J I I C E L T C K E O L C Q
B I W T D W A I E M O E R I E
E M T S A E S U M M I N G U P
R S E T G X B K C R E D I T M
S N O E T K A I X V T N U N D
D R O C E R X T T R L U T Q G
```

BALANCE	GROSS	PAYMENT	TALLY
CHARGES	INCOME	PROFITS	TAXATION
CREDIT	JOURNAL	RECKONING	WORTH
DEBIT	LEDGER	RECORD	
ENTRY	LOSSES	SALES	
EXPENDITURE	NUMBERS	STATEMENT	
FINANCIAL	OUTLAY	SUMMING UP	

Artists

```
E K A L B Q Y J R E R U D V S
P J T R T R P A F K C D E T M
A D Z E T E J T G R I L U P B
H T E N A I T I T R A B K F F
E E L K T M Q K Y S B Y I Q Y
O F V H M U E O Q S I R I D R
O A O O I A F U N I A S L U V
N Y N O L D E Y S N H R L A V
N E E T S Z B O I I D K E E X
T G F H B R B T N N W K C I Y
Y L B R A N R R D R U M I V B
B H U Q O O O O M E A Y T L B
C Y U L P M W C D B A Q T B K
N E A K C A N S A I E R O O M
Q N S E I V A D R B N N B T V
```

BACON	DAUMIER	MOORE	STUBBS
BERNINI	DAVIES	NOLAN	TITIAN
BLAKE	DUFY	NOLDE	VELASQUEZ
BOTTICELLI	DURER	PORTINARI	
BRAQUE	KITAJ	RODIN	
BROWN	KLEE	SISLEY	
BRUYN	MONET	STEEN	

Intelligence

```
Z C P Z E L B I S N E S P Y Z
F L R A T I O N A L E S T U P
F K A D U Y B K U D Z D C S Z
N S H T E W C K U W I J E A O
D E S D N D I C N S B G L C D
E I D E H E A S C O W E L U A
T T W H A T M E D Y W N E M E
C L E V E R R Y H O U I T E R
U U R D M N T Z T R M U N N L
R C H H I I A H V B A S I G L
T A S N C S O J Z R W E C H E
S F G A T U B R A I N Y L C W
N T G U G R S N V G C S E C P
I A T H J L B S C H O O L E D
S E T D E R O T U T X K F X X
```

ACUMEN
ASTUTE
BRAINY
BRIGHT
CLEAR-
  HEADED
CLEVER

DISCERNING
EDUCATED
FACULTIES
GENIUS
INSTRUCTED
INTELLECT
KNOWING

MENTAL
RATIONAL
SAGACITY
SCHOOLED
SENSIBLE
SHARP
SHREWD

THOUGHT
TUTORED
WELL-READ
WISDOM

Halloween

```
D R A Y E V A R G I P H S M D
I W D T Z D K K S F Y Y L O Q
P F A I R I E S C T C I L T T
P C W R J A N G I L A M E A V
M X Y J L X D S N I V B P C Z
C V R M R O D I A I P L S K N
S D A O T E C J T R Y Y A C O
S F C O A B L K A I R L L A R
N L S S K S A M S D O E F L D
I F A M I L I A R P E N Q B L
L P B Z Z M J A F R O G S G U
B A B Q P K Z E I W W O N H A
O G A S P I D E R S N C K C C
G A T P W I J E S Z J F F Y C
Y N C S J O L A R T C E P S E
```

BATS
BLACK CAT
CAULDRON
EERIE
FAIRIES
FAMILIAR
FLYING

FROGS
GOBLINS
GRAVEYARD
IMPS
MASKS
PAGAN
SABBAT

SATANIC
SCARY
SPECTRAL
SPELLS
SPIDERS
SPOOKY
TOADS

TRADITIONS
WARLOCK
WIZARDRY

USA TODAY

Whodunit

```
S D N U R E D E S E I M E N E
E E E C N E D I V E E J A C B
S A Z J T G R S E I L A I L L
A T S R S L G E N E T L M C L
C H I N R V M O A F O O R P F
S A N A I I H D J P S C M W O
L U E O R A S O P E A W L E R
E A S C P S T O R Y M S S I E
I E I P R A R S A Y O P J B N
S P U W E T E C D L R N L I S
T U G P U C L W V O U A Y L I
B Q S N E U T E C U O S T A C
S O I K E X D W W Z Z L Y M S
E T D S O P D E T E C P B E G
Y Z P Y S T N I R P T O O F G
```

ALIBI
BLOODSTAINS
BODY
CASES
CLUES
CORPSE
CRIME

DEATH
DISGUISE
ENEMIES
EVIDENCE
FOOTPRINTS
FORENSICS
LEADS

LIES
MOTIVE
OPPORTUNITY
POLICE
PROOF
SOLVED
STORY

SUSPECT
TRIAL
WEAPON

Goddesses

```
Y G G I R O T S I L L A C M Y
F V E N U S G A C P K G X A Z
Y O E T Q G R V E A J T X P R
E N E R I A J R D I A N A H Z
A I O R G R T E P T V F O R N
R X F R L U T N N S A R P O E
O W U I N W A I Z E T E E D W
R D E D M S R M H H L Y R I D
U V A N T H S Z O P Z A S T I
A I C A L A S S A S M F E E R
T A R L O R I K J S X A P B R
H T C Y B E L E A X C Z H F E
E H A T H O R R L L Y I O N C
N A T S E V Y L A R O D N A P
E P P A G A N I S Q F S E P R
```

AMPHITRITE
APHRODITE
ASTARTE
ATHENE
AURORA
CALLISTO
CERRIDWEN

CYBELE
DIANA
DURGA
FREYA
FRIGG
HATHOR
HESTIA

IRENE
LAKSHMI
MINERVA
ORTHOSIE
PANDORA
PERSEPHONE
PERTUNDA

SALACIA
VENUS
VESTA

Words Containing LIP

```
P I L E R A H P I L A K P Y T
F F I X U P T U P I L L I L R
L O L L I P O P I L I I L W O
C P I L L I F A H P H P S D P
R O A E L U E Y L I L S N W I
T C W P D T H S J I L T O T L
A R I S U I P L P C I I N R E
L L A L L F S I B I P C P E H
I H I P R I Q P L C L K F D P
P P Z P I E P G I S X C B A I
S B P V L L P R Y L M B E E L
I I T R A H C P I L F Y Z R A
L N U N C L I P I L F Y G P S
M I L L I P E D E L O X L I P
I L I P P Q Q P O L F P I L F
```

CALIPH	FLIP SIDE	LIP-READER	PHILIP
CIRCLIP	FLIP-FLOP	LIPSTICK	TULIPS
CLIPART	FLIPPER	LOLLIPOP	UNCLIP
COWSLIP	GYMSLIP	MILLIPEDE	
ECLIPSE	HARELIP	NONSLIP	
FILLIP	HELIPORT	OXLIP	
FLIP CHART	LILLIPUT	PAYSLIP	

Countries

```
S I R A E S Y I E Z U L A N D
I W A D N A W R B R U N E I N
T E R I T R E A E U H Z M E A
V H A W S U M N C R R A G X L
D G M A L D I V E S L U H R S
N J I L S N E Y E I D A N D O
A P E A U O A L R U N V N D M
L R R M M H I M G G A A Y U I
G J U A S B S A O D L Z U F Y
N A L A Y K N L D R O A V R S
E T B A N D A B E Y P M C R U
A Q D O A B A H A M A S M L A
F Z A I N O T S E F E B A S E
E A O M E E E Z A N S O U I T
A S A D N A L A E Z W E N C A
```

ANGOLA	GABON	MALI	RWANDA
BAHAMAS	GREECE	MALTA	UGANDA
BRUNEI	HONDURAS	NAURU	USA
BURUNDI	IRAN	NETHERLANDS	
ENGLAND	LIBYA	NEW ZEALAND	
ERITREA	MALAWI	OMAN	
ESTONIA	MALDIVES	POLAND	

USA TODAY

Fears

```
S E S U R I V B M R E S T E D
I G N I H T Y R E V E R E P G
A F A S E L I T P E R A E A B
C E I A D F A M I N E S C L K
C S M N O W L I G H T N I N G
I H A N A C T H S I O N B A S
D S B D R N O S L N E R E N S
E E R O A S C E L E A D S R I
N L W E T R N I T A E K O E N
T D E S G C K R A M M T E R S
S E L P E I I N O L A I P S E
R E D N U H T N E V R E N E C
K N A H T E S I E S U U I A T
E G A D L O S L E R S W I A S
S S E N I L E N O L E A G N U
```

ACCIDENTS	FAMINE	LONELINESS	THUNDER
ANIMALS	FINANCIAL	NEEDLES	TIGERS
CROWDS	RUIN	OLD AGE	VIRUSES
DARKNESS	GHOSTS	PESTILENCE	WATER
DEMONS	HORSES	REPTILES	
ELEVATORS	INSECTS	SNAKES	
EVERYTHING	LIGHTNING	THIRTEEN	

Latin Words and Phrases

```
D O U Q M E D I Q M L E T E I
V I D E E N F L E B X L I S H
T S E D I N U D F L H P U R Q
M L K A O G I M I P E O R E U
U A X R G B K B E R E S O P O
N N U E I H R R D R D T L A D
N N E T D I C I O S O S F I V
A O N E S E E Q U O D C H L I
R M E C N M J V U J A R G A D
E U B T O E Q U E I P I D R E
P N A E D S L B R R R P B E L
X D T M E T O R P E S T S T I
X I O M I X O R P C O U B N C
B L N M D E F A C T O M S I E
D E O V O L E N T E C I T E T
```

ANNO MUNDI	IBIDEM	PER DIEM	QUOD VIDE
DE FACTO	ID EST	PER SE	ULTIMO
DE JURE	IDEM QUOD	PERCENT	VERSUS
DEO VOLENTE	INTER ALIA	POST	VIDELICET
ET CETERA	NOTA BENE	SCRIPTUM	
EX LIBRIS	NUMERO	PRO TEM	
FLORUIT	PER ANNUM	PROXIMO	

USA TODAY

Things with Buttons

```
T H A W R O T A L U C L A C R
I A J F O O D M I X E R A R E
W C O H A I R D R Y E R L E D
S A Y C A M E R A I D K L Y N
E S S P B T E D P I C Z E A E
E H T C K F R H G O A L B L L
R R I O D S O A L N E Z R P B
A E C N P N N C D V P E O D C
G G K T E W M J A I S Y O V O
N I E R A R A T U U O H D D M
U S U O A I O T O K E D I K P
D T C L B R Y L C V E E I R U
E E A P L L B P O H B B B O T
P R B A C C O R D I O N O P E
Y K H D M G E J A C K E T X R
```

ACCORDION
ALARM CLOCK
BLENDER
BLOUSE
CALCULATOR
CAMERA
CARDIGAN

CASH
  REGISTER
COAT
COMPUTER
CONTROL PAD
DOORBELL
DUNGAREES

DVD PLAYER
ELEVATOR
FOOD MIXER
HAIRDRYER
JACKET
JOYSTICK
JUKEBOX

PHONE
RADIO
SHIRT
STOPWATCH

Hotel

```
A N D E L E S A L O D G E F H
S A S I C H A N D E L I E R O
E I N S D S Y I N O H H A E S
I E B R U S T R B G C S R N T
N O D I S E L B A T U Y G N E
U G T A B S Y Z B R H E T S L
T E H T E L A T N T B K S L R
S F R S L C E H N L U I I T Y
R E S E R V A T I O N R L Q S
X E M I G T T W Q K G T A X I
E T F E S R U O C F L O G E U
N U N N A O K N A M R O O D B
N I A H C S A N U A S S Y I E
A K B W B E D R O O M S R U M
A B R O D R R G A M B R I G Z
```

ANNEX	GOLF COURSE	LINEN	SUITES
BEDROOMS	GRILL	LOBBY	TABLES
BIBLE	GUESTS	LODGE	TAXI
CHAIN	GUIDE	RESERVATION	
CHANDELIER	HOSTELRY	RESORT	
CHEF	KEYS	SAUNA	
DOORMAN	LIBRARY	STAIRS	

Dry Words

```
D E Y E Y R D W I L T E D V R
K I L N D R I E D H I M O D D
K E H S Z E L P I U Y I F U I
A R N E S C K R D T O L B P L
F D D I E E S A S R S K O O O
T C E D A T L U B B I L N E S
S E T S Y L D R A N U E E K D
L S A O I V P R E N U S D I Z
P A R R V C R A W T H S R U F
O L D M L E C A R R A R Y T P
W I Y S N E T A I C O W N U B
D D H O B E S V T T H M B R E
E R E B R R E S T E Y E S B A
R A D E U L E J E E D H D E K
Y E D R E R S S E L N I A R E
```

BARREN	DUSTY	SHRIVEL	UNWATERED
BONE-DRY	KILN-DRIED	SOBER	WATERLESS
BRUT	MILKLESS	SOLID	WILTED
DEHYDRATED	PARCHED	SUN-BAKED	
DESICCATED	PLAIN	TEARLESS	
DRIED UP	POWDERY	THIRSTY	
DRY-EYED	RAINLESS	TORRID	

White

```
V Z F H R J K L O V Y S W E B
L S R V O Y T L N Q P S K S D
O C I T E U K N A G H R I I T
T E T L E F S H A R A A N A M
H O I H T E E E H H M W F D D
G N L E H O H L S W P L F A Q
I Y L S D S P S K I A E F R U
N M A G E A B C A G O R L S C
K W R V S M I P H S E N E E Z
A B Y U Q T H L C H A L G N P
R W G C S S B W T J A A F I E
J A M A G I C A I H B C L C Z
R X D B G R E D W B D L O G X
M H W E V H R B A F F N U K I
C U V V C C I C L O V E R A F
```

ARSENIC
AS A SHEET
CABBAGE
CEDAR
CHRISTMAS
CLOVER
DAISY

ELEPHANT
FLAG
FLOUR
FRITILLARY
GOLD
HEATHER
HOUSE

KNIGHT
MAGIC
NILE
NOISE
SHARK
STICK
SUGAR

WASH
WHALE
WITCH

C Words

```
Y N N A C A R E B O C Y J C E
L E R A W A E C A U D L E B N
G E G V G E T C A T O T D U I
B E T A D I D N A C C S K D T
A C L U C A D G N I L O O C S
C R V T H Q Y R W X A C H E E
R E B M A C T A A R S O C C D
N M D O C A L D C C S I R C N
A A B A C I G N S E N E A O A
C B U Y C F O E N E V I T P L
V L P I O S A L M O K F E P C
K O D C V X A A L C G A R E H
C O U F R E T C A R A H C R O
C Y C N G I C A L H C M S C R
M C Y C C D E L P P I R C O E
```

CAGEY
CAKES
CALENDAR
CAMBER
CANDIDATE
CARDIGAN
CASCADE

CAULK
CHARACTER
CHORE
CHOSEN
CHUTE
CINEMATIC
CLANDESTINE

CLASS
CLOVER
COBRA
CODICIL
COOLING
COPPER
COPYCAT

COSTLY
CRATER
CRIPPLED

Titanic

```
S T E K C A J E F I L G E L Y
N E W Y O R K H V T L U A A T
N S Q C S L E W E J C N D A S
S O E U A Z R Y U S G Y C C L
S P T N A B K A E I A H G I P
A O M P I R I R S M A Y N R A
L L L U M G T N I N Q R I E S
C I M L P A N E D P W U K M S
T J N O A H H E R R E X N A E
S M L E L C L T S M C U I B N
R H A I R I S C U O A L S Y G
I Z R Y E H P O C O O S G Q E
F P R R I W U E S R S X T A R
A U I P F F A L S M I T H E S
H T I M S N I A T P A C E Y R
```

AMERICA
APRIL
CABIN
CAPTAIN
 SMITH
CHANDELIER
ENGINES

FIRST CLASS
JEWELS
LIFE JACKET
LINER
LUXURY
MAYDAY
NEW YORK

OCEAN
PASSENGERS
PUMPS
QUARTERMASTER
RESCUE
SAILORS
SHIP

SIGNAL
SINKING
SOS CALL
SOUTHAMPTON

Ice Hockey

```
Q E I L A O G Q J D R E E L D
H H D I W T K C U P O V R H B
G E B I N H O O K I N G O O Q
N B A R S T Q O Y Z I U C L R
V E F D E F E H N L M O S D O
H P U M M A F R R E C O Y I J
I T P T S A K O F P T G M N A
G P U S R P N A U E O I G G M
H S I O M A T N W D R I M M P
S S T K K T L D I A I E N E Q
T H L S A C O Z A N Y C N T R
I X O C E I O G O C G A I C S
C M K T R P H L M N L U N N E
K E Y E S V K Z U T E B R C G
R Z P M M Y E X Y O C E D L X
```

ASSIST	HIGH STICK	MINOR	POINTS
ATTACKER	HOLDING	NEUTRAL ZONE	PUCK
BREAKAWAY	HOOKING	OFFSIDE	SCORE
DECOY	ICING	ONE-TIMER	SHOTS
GOALIE	INTERFERENCE	PENALTY	
HEAD-	LOCKOUT	PERIOD	
MANNING	MAJOR	PESTS	

Toys

```
K A R N L O T S I P R E T A W
S E B X L L A B H C A E B J E
E O M Z S L L E O P N K A V F
P K L S K O X C L I I C L S U
O P U D C E T S C T K N S Z R
R U G K I R E I C I T L A A B
G U S I R E T B N O E A G T Y
N S B G B S R T S D O D R R A
I E E I A A H S G I O T T W E
P Y D L K E D E K L R E E H L
P Y P I B S T I L T S F C R C
I A G O L B C A T A P U L T Y
K C X I P S U U C M S B A I C
S H G H U N E B B G N I W S I
S T E P P U P P P E T L O Q B
```

BEACH BALL	FURBY	RATTLE	STILTS
BICYCLE	JACK-IN-THE-	RUBIK'S CUBE	SWING
BLOCKS	BOX	SCOOTER	WATER PISTOL
BRICKS	PINATA	SKIPPING ROPE	YACHT
BUBBLES	PLASTICINE	SLEDGE	
CATAPULT	PUPPETS	SLIDE	
FRISBEE	RAG DOLL	SOLDIERS	

Furniture

```
N E E R C S O H R L A T Y F T
S C S B J X C E C T H I S R O
D S E P A R D G Y U K F O E N
N H Y U J R C O M M O D E E T
A S U W A S T E B I N C T Z A
T I D L S E L A A I R M E E H
S R E S S E R D L I Q R S R W
A U D I Q I U U F C S T O O L
L W U W T E N I B A C C L R B
L K R I A H C H G I H Q C U P
E W C N J E E T T E S X N O I
R G B O O K C A S E T K K F A
B K U C L V Z T Q C B F R N N
M U J S Y C A R P E T H I Q O
U C R E V R A C D O U X T P P
```

BOOKCASE	CLOCK	HIGH CHAIR	UMBRELLA
BUNK BED	CLOSET	LARDER	STAND
BUREAU	COMMODE	MIRROR	WASTE BIN
CABINET	COUCH	PIANO	WHATNOT
CARPET	DRAPES	SCREEN	
CARVER	DRESSER	SETTEE	
CHEST	FREEZER	STOOL	

Robin Hood

```
Y E L X O L E G E N D S H X N
Y E A M A H G N I T T O N E B
F N E D W I N S T O W E P V W
P R E M G P W F R O M A N C E
O U I A D O W A R C H E R Y M
V O N A R A M A C S E H Y K A
Y B E D R A L P L R D T T L I
T S S P U T X L G T I E I Y D
R I H B I F U N A R U O W U M
E G D E S U L C A B N O S G A
V T S E R O F H K H V Z H R R
O X X I C I C T E G R A T I I
P A S N N U F A R R O W S S A
T R I M S W R F V D D Y N O N
U L L I T T L E J O H N C Y Q
```

ARCHERY
ARROWS
BALLAD
CHARITY
EDWINSTOWE
FOREST
FRIAR TUCK

GISBOURNE
LEGEND
LINCOLN
 GREEN
LIONHEART
LITTLE JOHN
LOXLEY

MAID MARIAN
MYTH
NOTTINGHAM
OUTLAW
POVERTY
ROMANCE
SHERIFF

SIR GUY
SWORDS
TARGET
TAXES

Chess

```
P B E T R K O Y T S A R U U W
S Y C O I D F O E B Y K O V A
E S I S P B J S M T N Q N R T
H H F E O D M A P H G K E Z E
C O I I H C O A O A I T E E Y
M R R U S O E M G V S W U P G
U T C V I V T E I A E S Q O E
D R A O B I T T M N R K K L T
V X S U D I N D E C A T A Y A
J B E E H W N K S H B T D U R
R P C W A A W W E G C L I R T
D O I P R L I V V X N N A O S
Y Z O G L P U X O B C I A C N
M S J K R N U E M U D Z K I K
T H G I N K M A C O S Y C V F
```

BISHOP
BLACK
BOARD
BOX UP
BYKOVA
DECOY
DOMINATION

FIANCHETTO
GAMBIT
GRANDMASTER
KING
KNIGHT
MOVES
PAWN

QUEEN
RESIGN
ROOK
RUY LOPEZ
SACRIFICE
SHORT
SPASSKY

STRATEGY
TEMPO
WHITE

Handwritten

```
E E S N O I T A L U C L A C G
P X A P M U S I C S C O R E A
O A R A H R E D N I M E R M T
L M E S E O R E C E I P T G T
E P K C R E N N A B R X F R F
V A I O T C M E S S A G E E I
N P T E O S I G N A T U R E G
E E D R I B I J F U M C E T B
S R T R O L S L O N M N T I L
V E S H A P A S O U E B T N E
Y R A I D C E B E D R B E G R
P U O E K E T R E R O N L R R
Y A S S E P L S N L D T A B A
I N V I T A T I O N S D T L M
R N O I T A C I L P P A A L I
```

ADDRESS
  BOOK
APPLICATION
BANNER
CALCULATIONS
DIARY
ENVELOPE

ESSAY
EXAM PAPER
GIFT TAG
GREETING
INVITATION
JOURNAL
LABELS

LETTER
MESSAGE
MUSIC SCORE
PHONE
  NUMBER
POSTCARD
RECEIPT

RECIPE
REMINDER
REPORT
SIGNATURE
TO-DO LIST

Words Derived from Spanish

```
E S P O A T P E W M A I Z E R
H A L W G U U R A T M D E J E
Y I G F O R M D O D I I E D T
S I E S T A A M A K E L E I S
E L E K A Z A B Y H W S D C U
L D F R T T T W M O P P R E B
A T A R O A E A C E V I C S I
R B M G P N O O R A M H A P L
R B M I E C N A D S C L A J I
O R O U O N D L O N I E A K F
C C O C R O E N A U A G Y E I
A S L D L N Z R Q Z U V A N E
E D A N E R G E R A Y V C V W
M E S A R O T F R B M A J O C
C F A L L E A P E D A J Y G E
```

COCOA	JADE	RANCH	TEQUILA
CORRAL	JAGUAR	RENEGADE	TILDE
CRIMSON	MAIZE	RODEO	TOMATO
DESPERADO	MAROON	RUMBA	
EMBARGO	PAELLA	SIESTA	
FILIBUSTER	POTATO	SILO	
GRENADE	PUMA	TAPIOCA	

Varieties of Tomatoes

```
I U X C R I S T A L A E D U X
A M A R O U F R S E A C P M T
J S A C N I L L E J A U I F O
U N F G J A A L I L R K O E E
L Q O E T U M D E P B G E A M
I L N A R I E G L E E M O O N
D N H O L X E E M I Z T U T I
Y X R K O N R G R A N D E T B
R A J K D U S C A A E B R E O
A A R A S T A O R D E V E S R
T M U S L E S I R D R Z P O D
C Q I U R A P Q R E G L S L E
E A L I C A N T E W P A A K R
N C G T E I L U J Y D A J E J
E D A I R Y M H Z A W N E K S
```

ALICANTE	GREEN ZEBRA	LOSETTO	RED ROBIN
APERO	INCAS	MYRIADE	ROSADA
ARASTA	JASPER	NECTAR	SUNGOLD
AURORA	JENNY	ORAMA	TUMBLER
CRISTAL	JULIET	PIRANTO	
FLAME	LATAH	PURPLE	
GRANDE	LEGEND	RUSSIAN	

Arrest

```
S E M V U K V E A T L A H M W
L L A T S P C G G X Y C H R A
Y I M P R I S O N A A D O E G
D F D Z X I N Z L P G N L D D
O P U K C I P I T B I N D N G
T I B O W L G U A A M B E I Y
S Z E C F L R N R T P H G H A
U O H A V E P T Z D E Q W E L
C O T T M M S N G R D D A B E
A Q N C H E C K P S E J R O D
S O I H R C Z P E Y Z W R O T
F E P Z P S A C H M E Z A K L
L W I X O O U T I B I H N I O
R S N Z F R P A R A V E T P H
I D D C E T P U R R E T N I C
```

APPREHEND	DELAY	IMPRISON	SEIZE
BLOCK	DETAIN	INHIBIT	STALL
BOOK	ENGAGE	INTERRUPT	WARRANT
CAPTURE	HALT	NIP IN THE BUD	
CATCH	HINDER	PICK UP	
CHECK	HOLD	RESTRAIN	
CUSTODY	IMPEDE	SECURE	

Plain and Simple

```
E C U E T N E T A P F T Q Q T
R L A N L U N L O V E L Y P S
E T C N P B I U U A L T L Z E
T S W Y D R I L B C C A M N N
S E I L T I E G F M I C Z D O
U F W T A N D T I N R D N V H
A I Z N T K E S E L B A E O U
S N Z E X C U R P N L R E T K
S A F D M O E I A B T E J L K
I M G I I L T R V P R I T M C
M B Y V L C D B I V S Q O N F
P U B E D E N R O D A N U U I
L O F Q T V I S I B L E A G S
E T N U L B K N A R F H L R Q
S Y M X Y R A N I D R O Y T T
```

AUSTERE
BLAND
BLUNT
CANDID
CLEAR
DIRECT
EVIDENT

FRANK
HONEST
INTELLIGIBLE
LUCID
MANIFEST
MUTED
OBVIOUS

ORDINARY
OVERT
PATENT
PLAIN
SIMPLE
TRANSPARENT
UNADORNED

UNLOVELY
UNPRETENTIOUS
VISIBLE

USA TODAY

Game of Thrones

```
D G A R D E Y N R U V Y D Z E
V W K Y D L R Q D N U Z T G L
T A I A E U A B R I E N N E L
E K R K B R R D K T J Y L M E
G I R Y A A F R N P Y A B U C
D H Q F S R A F A A N R D M Y
R B A R A T H E O N J E I M P
A T X T S C T T I J D A E O B
D Y W M O E E S O O R O I D N
D W I W S M T R G D N V N M Q
E I B S X E M A S D Q H X S E
Y N O C R X A E L E Q Y A B H
V S R K G B S R N I I N R L C
E B R O A E T A Y I S A L B O
A H E N D S O B B A N A C K I
```

ANDAL	DOTHRAKI	PYCELLE	TYRION
ARYA	DURRANDON	QYBURN	TYWIN
BARATHEON	EDDARD	ROOSE	VARYS
BRAN	ESSOS	SANSA	
BRIENNE	JAIME	STARK	
CERSEI	JOFFREY	TALISA	
DORNE	LANNISTER	TOMMEN	

Cocktails

```
A M A N A P I H C I H C Q J Y
O T I J O M L T F G J F D G D
F I T H R E I I E G G N O G A
U H S D D S S R A L J U O H L
D I N Y E K C I R N M U D T K
B Y Z M J P F S D E Y I L O N
R O O A A O D H A A L T G E I
O F M R C R C F S D R B S Z P
W J B T B Y G L D A I A B U U
N C I I M O H A U O Z T P O R
C B E N Y V R G R P G E A B C
O P R I A T I A M I A B R B A
W T C O Q N T U L O T C F A V
Z Z I F N I G W B L V A A N C
Z Z I P M X U N G U D R V L R
```

ACAPULCO
BATIDA
BISHOP
BRONX
BROWN COW
CHI CHI
COBBLER

EGGNOG
GIMLET
GIN FIZZ
IRISH FLAG
JULEP
MAI TAI
MARGARITA

MARTINI
MOJITO
PANAMA
PARADISE
PINK LADY
RICKEY
ROB ROY

RUSTY NAIL
SAZERAC
ZOMBIE

The Nordic Region

```
V O Z T N E G A H N E P O C N
B R L A U F A B R A U D L Q E
K B A L T I C S E A T T S D M
N E D E W S F J O R D S O G M
N T N N Y A W R O N R M R L A
I S A O U L E E G U A U D A R
T L L S G S S D K F B E N P D
R O T V R N E S Z N L U A L V
A H U Q E E I L E O A F L A W
V V J D S F D H A T V T N N T
A H O U D Q T N R J S N I D N
H I F R R O X O A U E L F F T
L F A W G Q M O K R A M N E D
V H L J U S N A N K J W I U C
V H H X O K I V R A N L M J S
```

ALESUND	GOTHENBURG	LJUSNAN	SWEDEN
BALTIC SEA	HARDFISKUR	NARVIK	TROMSO
COPENHAGEN	HAVARTI	NORWAY	VANNERN
DENMARK	HOLSTEBRO	ODENSE	
DRAMMEN	JUTLAND	OSLO	
FINLAND	LAPLAND	RANDERS	
FJORDS	LAUFABRAUD	SVALBARD	

Bible Books

```
C E S M L A S P A D A N E I L
A W X Y M O N O R E T U E D U
S S A O B E J B O Z N U T P G
W E A S D M X A T R L F H H N
I T M N D U Q D H A S L E I T
A U E A J A S I H I E B S L C
G A K I J P Y A N I R A S I G
G M U S J H V H K E I C A P E
A Z L S T L Y E W A M L L P N
H A N O J M Z S H E G E O I E
H J M L L E O J I D N I N A S
J I S O U X D X R A U N I N I
T O I C X N G U H U J A A S S
N Y B I B U N U J B T D N Z B
R E H T S E M A L A C H S W I
```

COLOSSIANS GENESIS JONAH RUTH
DANIEL HAGGAI JUDE THESSALONIANS
DEUTERONOMY HEBREWS LUKE TIMOTHY
ESTHER ISAIAH NAHUM
EXODUS JAMES OBADIAH
EZEKIEL JOB PHILIPPIANS
EZRA JOEL PSALMS

Great Words

```
L X E T E W Z Y J B C V O E P
D U M F E L B T I R B X D L W
T B G Q D S F O L A D V F C T
E A P O T C M X A P V T V N A
E S L A M O D S K Y O G Y U E
N N G K E T J I E P N I S A B
O I G G E T C L S A N D S E A
I A B E A R L D K T L T Q N R
L L Y H D A E S L L A F S E R
L P I A V R J M O Q W N B P A
E K N T N I E C E N K M C H C
B E F E E G N O O Q U L E E U
E I L B R I T A I N E Y H W D
R Q V E Q E J T O B K N F V A
W S T J K R B R E U D D P K C
```

BARRACUDA	EGRET	NUMBER	SEAL
BASIN	FALLS	PLAINS	TALKER
BEAR	GATSBY	REBELLION	UNCLE
BRITAIN	LAKES	RED SPOT	
COAT	MOGUL	RIFT VALLEY	
DANE	NEPHEW	SAND SEA	
DISTANCE	NIECE	SCOTT	

Sweet and Sour

```
R N N G N I Y O L C A R A S W
A S N I D O C A R A M E L E S
G B E E R R M T V E P S H S F
U D E I G A A E R J R E H O K
S K N Y R C H T L E E L U R I
E U U A A R A C S J A K V C M
B M W X P P E N C U D C L U C
I Q A A E I I B D A C I L S H
T U E T F K Z C E Y S P M E I
T A N M R D E R Q S Y E N O H
E T U E U A P T A Y O G U R T
R Y H F I I P U R M H O W X U
E G U I T J Q S V I N E G A R
T U A R K R E U A S Y R U P J
L I M E J U I C E M E R A L W
```

ASPARTAME	GOOSEBERRIES	MARZIPAN	TREACLE
BITTER	GRAPEFRUIT	PICKLES	VINEGAR
CANDY	HONEY	SACCHARIN	YOGURT
CARAMEL	KIMCHI	SAUERKRAUT	
CLOYING	KUMQUAT	SUCROSE	
CUSTARD	LEMON	SUGAR	
GHERKINS	LIME JUICE	SYRUP	

World Heritage Sites

```
A T Y L W S M A O R R E L D S
L L W E Y C S C O R O C K G L
I A A D L A H L F O S K E H L
V Y K K P L D B T I Y A G O A
A N S I N R A F I A J A A N F
J S T U A A U V B S X R Z I A
A A L U R B H Q S H O I E I I
N S M A F T E C U E A T L K R
T A U N H D S K T X L T U A O
A R S S P A X E A I N A R N T
C R K U E G M K Y L N I N A C
A E A H I M E J I J O C Y I I
V M H N L I R B A A L B E K V
E U W R W T Y R S T K I L D A
S T F Q H O T W H P M C F C B
```

AJANTA CAVES

AKSUM

ANGKOR

ANJAR

BAALBEK

BISOTUN

HATRA

HIMEJI-JO

ITCHAN KALA

LAKE BAIKAL

METEORA

OLD RAUMA

ST KILDA

SURTSEY

TAJ MAHAL

TAXILA

TIMGAD

TIPASA

TIYA

TYRE

UM ER-RASAS

VICTORIA
FALLS

VINALES

VALLEY

YIN XU

Countries of the EU

```
A T L A M T I P U R N I A U A
L S U R P Y C I E E L A N D Y
A A E C N A R F D N A L E R I
R I G R E E C E A L I T H U R
I R L O C U W I K R A M N E D
O A F Z Z S N A M R U T U C D
Y G R O M A N I A S S P V A F
M L F O U K D N L P T V Y I L
U U A H G N P O L A R U N T A
I B T T A K V T F I I L A A G
G I K L I E G S A N A S M O U
L Q O N N R N E L N P G R R T
E P F I R L A N D J U L E C R
B T A H U N G A R Y A E G K O
S D N A L R E H T E N Y S V P
```

AUSTRIA	FINLAND	LATVIA	SLOVENIA
BELGIUM	FRANCE	LITHUANIA	SPAIN
BULGARIA	GERMANY	MALTA	SWEDEN
CROATIA	GREECE	NETHERLANDS	
CYPRUS	HUNGARY	POLAND	
DENMARK	IRELAND	PORTUGAL	
ESTONIA	ITALY	ROMANIA	

USA TODAY

Things That Can Be Spread

```
S E S E S E K S I R E H T R H
Y T T D L A E P H S H I A K J
S G E A F L V Q A P I E T Z G
E E N A P M V E R I F D L I W
S Y M P M G S F S H S E E E S
U R I C O I I H T I D I N G S
R R V C D D A M A G E Q V P C
I D Z L S Z R S M W C I O G I
V R H W I A U T P A I N T T N
S O G S W P A P E T E V K S A
M W D A G H S M R T T R Q O P
R E O X I N I Y E N O H C C O
E H W N K F I E M U E T A E K
G T I K K J H W P J V W W H I
H D R A T S U M L A E L S T V
```

CREAM	NEWS	TAHINI	WILDFIRE
DAMAGE	PAINT	THE COST	WINGS
DISEASE	PANIC	THE RISK	WISDOM
FEAR	PATE	THE WORD	
GERMS	RIPPLES	TIDINGS	
HONEY	SEEDS	VIRUSES	
MUSTARD	SHEET	WARMTH	

Sauces

```
E D A L U O M E R Y W A X D Q
E T Y R E P A C E Y R R U C D
T D I J Z E Y F P Q O M W A L
U S V H V S A C P M M O E R I
O N W O W T N F E E R R W E C
L I W E T O R Z P S B I X V H
E T C C E A O L G I S C O A E
V A H U M T M B Z B F A B M E
G R A V Y T A O R U I I N I S
N G S P D W A N T O P N A R E
O U S F R Y E R D S W E P P O
M A E U V I E P T S A N P Y S
E R U B A H C W X A O A L L J
L Y R E V C Z O H X R U E F Y
I V R A V I G O T E Q E R A X
```

APPLE	CHASSEUR	PESTO	TARTARE
APRICOT	CHEESE	PRIMAVERA	TOMATO
ARMORICAINE	CURRY	RAVIGOTE	VELOUTE
AU GRATIN	GRAVY	REMOULADE	WHITE
BREAD	LEMON	SOUBISE	
BROWN	MORNAY	SWEET AND	
CAPER	PEPPER	SOUR	

HA Words

```
E H A Y F M S R H Y H A R E Y
H H H A Z I E S T T L H H A R
F A A A H T R H Y S H C I Y E
A R B U L A A H H A R K E N H
H A H A H U T H Z H H A H F S
H N H A N D K E R C H I E F A
A G I C D E L E F R O S H I D
C U H U H R R H E U I U Y S R
K E H A Q P O A A A L U T H E
S H A P P E N N H V H C H A B
A P R N A D L A H I A A G S A
W R M H A S M R E A U N U H H
T A O H A P D T A L V F A T U
H A N H E H N P M H O O H A A
H R Y R Y P R A H A H F C G H
```

HABANERA	HAPPEN	HASHTAG	HAVOC
HABERDASHER	HARANGUE	HASTY	HAZEL
HACKSAW	HARKEN	HATEFUL	HAZIEST
HADRON	HARLEQUIN	HAUGHTY	
HALTER	HARMONY	HAULM	
HAMPER	HARPY	HAUNCHES	
HANDKERCHIEF	HARSH	HAVANA	

Electrical

```
R O T S I S E R H C E O B E A
E G A W T E S I X C A V L P C
S F A D D N L T O O T B I S L
T Q X A W O E N T H B I L L I
I S O V E B N C Q A M E W E M
N L B M G E V P S N W S S S S
U V N G C C L S L E E V E U S
D R O T N H E A T A R G P O F
C A I U M I T S N S N O Y O H
O O T B F D R S A I P T U C T
N Z C I P N S I T H M L D L F
D T N N L L R C W A C R A V F
U Y U G E Y U E A R T H E T N
I N J F A D P G H N E I X T E
T C T N D E S A S M M E C U W
```

CABLES	FUSE BOX	RESISTOR	UNITS
CHASE	JUNCTION BOX	SLEEVE	WATTS
CONDUIT	LIVE	SPUR	WIRING
CONNECTION	LOAD	STATIC	
DUCTING	OHMS	SWITCH	
EARTH	PLATE	TERMINAL	
FLUORESCENT	PLUGS	TUBING	

Wet

```
D D T D S A T U R A T D E I W
Y E R S K D W R A S E G E K M
A M D E I J D A R P S V D W B
R I I O N O E I R P E O P O Y
G T E D O C M N R V U M G J C
N N R Z E L H Y G S K G I G V
T E I K P I F E E U Y J N R Y
G N I S P I R D D M L E R N Y
G N I P P I R D Y B Y F V E Q
N N K M P U E Q N K M E E D Y
I D I N I D Y M C U C L P D G
H U B M A S E A G L A I D O J
S C K M E D T G E E A U T S P
U L P D M E Y Y L B M Z K S E
G A T U D E T A R U T A S C A
```

BOGGY	ENGULFED	MUGGY	TACKY
DAMP	FLOODED	OOZING	TEEMING
DANK	GUSHING	RAINY	UNDRIED
DEWY	MIRY	SATURATED	
DOUSED	MISTY	SODDEN	
DRENCHED	MOIST	SOGGY	
DRIPPING	MUDDY	STICKY	

Creature Features

```
X I U D K Q P I F L F S H R K
F R M N N S C A L E S R B C L
W A A Z U O T E Y B O E Y A F
S P N N R G H O P N Z P S N R
W F S G T S P S P U C P N T T
P S J K S E W R U S O I O L H
S L T S S A N F O U M L L E O
G P W R L U E N C B T F A R R
S A T C I T T H A R O B T S A
P N G L L P Y R O E N S F A X
I Z O O F T E T O V G F C G W
N F C U E N T S F I N T V I H
E K Y B T E S P L A P G N L S
S S I E R L C L J Z J G A L B
W H I S K E S R E K S I H W U
```

ANTENNAE	PALPS	SPINES	TUSKS
ANTLERS	PAWS	SPOTS	WHISKERS
CLAWS	POUCH	STRIPES	WINGS
FANGS	PROBOSCIS	TALONS	
FETLOCKS	SCALES	THORAX	
FLIPPERS	SHELL	TROTTERS	
GILLS	SNOUT	TRUNK	

USA TODAY

Stitches

```
L A R O C Z D I I U T E K Y H
B W V R C N I N O E G K U S C
Q I O E I X J S K H T T W S T
H S X L K H G N I T S A B R A
S K B B Z M A Q H E A I E T C
G Z C B G L O S S K C T N H G
A L N O B N D U A S R P O G N
Z L I B L T I R S A E E B I I
G O T N P R R K G B V J G A H
I R A Z H R E E C M O C N R C
Z C S M E C L V L O T H I T U
R S B D H J W W O L T B R S O
Y G D A R N I N G W I S R G C
Y A I E A X K L I O A S E Y F
L N L O W E U N O R V E H C N
```

BASKET	CHEVRON	LADDER	STRAIGHT
BASTING	CORAL	OVERCAST	TRELLIS
BLANKET	COUCHING	OVERLOCK	ZIGZAG
BLIND	CROSS	SASHIKO	
BOBBLE	DARNING	SATIN	
CATCH	GARTER	SCROLL	
CHAIN	HERRINGBONE	STOCKING	

Deep

```
U D E S A G N I Y F I T S Y M
M B S S E L M O T T O B E R L
Y A W N I N G L E A R N E D U
E L B A R U S A E M M I F G S
A R I S W M B T N E D R A U V
S I D E S S O R G N E P O B E
G U L E T E F G A L I R C V T
E A O R V E L S O N O D A E A
E F U I R R T M G N C R G R N
M S K V R U E O O A G N E E O
E H E Z T E H S N H O I A V I
R N H E C J S Y E R T I L E S
T D I V I V O U T R C A E S S
X L T N A N O S E R A E F Y A
E X T E N S I V E S T O H C P
```

ABSTRUSE	EXTREME	MYSTIFYING	STRONG
ARDENT	FATHOMLESS	PASSIONATE	VIVID
ASTUTE	FERVENT	RESERVED	YAWNING
BOTTOMLESS	GAPING	RESONANT	
CANYON	GRAVE	SERIOUS	
ENGROSSED	IMMEASURABLE	SEVERE	
EXTENSIVE	LEARNED	SONOROUS	

USA TODAY

Ability

```
T L I F E N S E C R U O S E R
A E L F A Y T L U C A F A Y K
F A C I L I T Y N Y E D Y Y W
A H R R K E T A E C A G T C H
E W I E O S S D L N R Y I A E
M E A N S F U A G E P R C C R
H W L B H T I L N I N U A I E
O J F C I T N E H C K T P F W
E Y U T N E E T K I N R A F I
Q O P E F I G N A F A H C E T
T A T O A N O L L O C I B H H
U O R R E W O P E R K L G C A
P T R R H B R O P P N I T J L
E K T O Y R E T S A M A F J P
G S W I L L A E T E R I S E D
```

APTITUDE	FORCE	MIGHT	TALENT
CAPACITY	FORTE	POTENTIAL	TOUCH
EFFICACY	GENIUS	POWER	WHEREWITHAL
ENERGY	KNACK	PROFICIENCY	
FACILITY	KNOW-HOW	RESOURCES	
FACULTY	MASTERY	SKILL	
FLAIR	MEANS	STRENGTH	

Characters

```
Q Z C A A U B R N L R U I T M
E C D M H G E F Z A K E A F W
L L A L Z P R P L D M B S Y H
J O K E R Q I Q D N E N H I U
C I T A N A F M N A X T O A M
A D C O W A R D U V R D J C B
X E A J K S E T K O T L L U U
R A S C A L Y N W N E O I X G
U L N A I N O Z A M A Y E N A
S I Z A F G W D R F F V F F G
T S I D A S E E E T O V E D Y
I T E R N P Y R D H I P P I E
C G A E F W X W E B N P T F U
D P A Z Q T D D E I B M O Z R
R G R E M A E R D Y A D H P E
```

AMAZONIAN	DEVOTEE	LOAFER	VANDAL
BEAUTY	FANATIC	MISER	WORTHY
CARPER	HIPPIE	PARAGON	ZOMBIE
CON MAN	HUMBUG	PEDANT	
COWARD	IDEALIST	RASCAL	
DARLING	JOKER	RUSTIC	
DAYDREAMER	KNAVE	SADIST	

USA TODAY

Chronicles of Narnia

```
T O G A N E R A L A M B I L S
F R A W D N Z T S D N X W P U
S L A M I N A U T I R I A N O
A M U A L O N D O N A L S A R
O N R R A M A N D U H T R S E
D T M I U R Q R U N C C H D H
V N B T M J X Z T J H A W D C
C E R Z K J K Z Q E S L L T A
E M N I R R A D N T O H W O E
N R I X T R B L A R L R I V R
T O X W I G A L H Y D A G F T
A L M M D N U I D H I M I R T
U A A T D S N I U Z E L U X K
R C A A X C M G D T R E D A E
U L A R E N E G A E B T E B K
```

ALAMBIL

ANIMALS

ARCHENLAND

ASLAN

CALORMEN

CENTAUR

CHARN

DARRIN

DWARF

EDMUND

GENERAL

GUIDE

LONDON

MIRAZ

MR TUMNUS

RAMANDU

RHINCE

SHASTA

SHIFT

SOLDIER

TELMAR

TIRIAN

TRAIN

TREACHEROUS

Move

```
O H P G L E S E E Q O F Q R F
E C N U O B C M J D V R E D W
S A S K G N B J I G A L L O P
A G F K A A A W E G O C D T J
U Y I V E G L E F C R R S R S
N M D L A A N L A C I A E A D
T A P W M S A T I V I D T V C
E K R A S C E T E V I S G E C
R J O R F V F U E L A C V L E
E O P C K I S C S L T N F B V
G J E F H I P S W E F R T B O
D I L S W M S S U G Q F U O H
U R S T A G G E R R M W U H S
R M K R N O G E G R G S V H T
T X T C A N T E R D O E I O S
```

ADVANCE
BOUNCE
CANTER
CASCADE
CRAWL
DRIVE
GALLIVANT

GALLOP
HOBBLE
HURTLE
MIGRATE
PROPEL
RELOCATE
SAUNTER

SCUTTLE
SHIFT
SHOVE
SHUFFLE
SLIDE
STAGGER
SURGE

TRAMP
TRAVEL
TRUDGE

Eight-Letter Words

```
N O I S L U M E N V E D I L V
X E E T U L O S B A I R A C W
T U R M E R I C L A S E I R E
E N J E U X B F G U M M E Y N
L I N E S M A N O E H L R V D
T T U E P M O I N T L L E S H
N N E R O S C O Y I B A T G F
U O C U E S B H R F L B S N A
A C S O U P R H A H U F I I L
G L E L R L T C M E S F N M T
Y M U I R O P M E M T U I R E
M O P E R T N E S S E P M A R
G N I S U C C A O A R B E W E
K A R I N H K M R E Y B H S D
I M P E T Y R W A Y R T A R S
```

ABSOLUTE	EMPORIUM	MINISTER	SWARMING
ACCUSING	EMULSION	MUSHROOM	THRILLER
BLUSTERY	FALTERED	PERTNESS	TURMERIC
BONEMEAL	FAMOUSLY	PUFFBALL	
CONTINUE	GAUNTLET	RHYTHMIC	
CORONARY	LINESMAN	ROSEMARY	
DIAGNOSE	LUSCIOUS	SPLOTCHY	

Japan

```
A A O L K L M R O R E P M E A
Y T K N A A K I K A Z A Y I M
P I A A A W R I O K L Y O E I
A N A G S G A A M T A E W J H
C A S S I O O N T O T Y U B S
I M V H N I R Y I E N F D R O
F A D R I O N I A K T O N E G
I H R S A N B N G N O C N A A
C O O U H A T P U A K A Q H K
O K E C M G D O J G M O B S S
C O F C K A M Y S I O I B I E
E Y K Y B N S J H U Y H E E H
A V O T O K T S R A E T S G T
N T U B U L L E T T R A I N A
O Y K I E U K O K I H S R I O
```

BONSAI
BULLET TRAIN
EMPEROR
GEISHA
KAGOSHIMA
KARATE
KIMONO

KOBE
KYOTO
MIYAZAKI
MOUNT FUJI
NAGANO
NAGOYA
NIIGATA

OKINAWA
ORIGAMI
OSAKA
PACIFIC OCEAN
SAMURAI
SHIKOKU
SHIMANE

SHINTO
SHOGUN
YOKOHAMA

Rainy Day

```
G K S O R E G U M B O O T S N
N J A W G N G F V C D R O P E
I L H R I I A U L L L A U Q S
T B D R O L H O L V S P J H Q
T N U R L N U S S E N T E W S
I O E I I D A Y A S D A O O N
P V N R S Z E R F L X V D R Y
S G O E R P Z U E T P D F U M
J P V F U O M L X W E S Q O D
A B A D I B T K E N O X E P V
C U D T R E D R E N C H I N G
K L P E L T I N G Y E I S W Y
E U L T E E M I N G I H F O P
T L E R U S S E R P W O L D T
A Y E A W S T E L P O R D F D
```

ANORAK	FALLING	SHOWER	TORRENT
CLOUDS	GUMBOOTS	SODDEN	UMBRELLA
DELUGE	JACKET	SPITTING	WETNESS
DOWNPOUR	LOW PRESSURE	SPLASH	
DRENCHING	PELTING	SQUALL	
DRIZZLE	POURING	STORM	
DROPLETS	PUDDLE	TEEMING	

D Words

```
D E A S N D D E H S A D X D V
A I M D E S E N A C E D O D L
E H D O U H U D D D Z M F G D
D U U D B S K I A X A R A D O
D D N D O T T E D I S M D W N
A R I I D C R E N P S D P E K
B A D R H D D H R D E B D L E
B G O E K P D E C S G G M L Y
L N D B B I L C D L S A C I S
E E O Q N O H O W N H E V N D
S T G N I L R A D R A D R G E
D E E D I S D A I N U B H U E
O R N T E D U D H I F A S B D
H A Q U S G D A C N S S G I U
D C I X D T N A D R O C S I D
```

DABBLE	DIRHAM	DOMAIN	DURESS
DAMPLY	DISBANDED	DONKEYS	DUSTERS
DARLING	DISCORDANT	DOTTED	DWELLING
DASHED	DISDAIN	DRAGNET	
DEBORAH	DITCHED	DREADED	
DEEDS	DODECANESE	DRONE	
DINNER	DOLPHIN	DUNES	

Service Workers

```
V A L E R U L U E A H Y S A C
T B U J G E N U T W L C U E X
E R W T Y S T S M R Y E E L Y
R E L T U B I I E U N Z N R H
W N C L E R K D A S N I E U C
H I S M A L R N N W A G S R U
K A I B H O A Q A L N D C E S
S T D E O M H V R E H S U V T
A E A J T V D E S E T W L I O
L R R O E O B S N E T W L R D
E S O V O M E M W C A R I D I
S F B R A M N A O R H A O W A
M O M H I N R R D O P M N P N
A A C E V D T E I U R H A E P
N T E R A V N Q A L P G L N S
```

AU PAIR	DRIVER	PORTER	VALET
BARISTA	FOOTMAN	RETAINER	WAITER
BUTLER	GROOM	SALESMAN	WARDEN
CHAMBERLAIN	HENCHMAN	SCULLION	
CLERK	MESSENGER	SERVANT	
CUSTODIAN	NANNY	STEWARD	
DOORMAN	ORDERLY	USHER	

In the Pantry

```
B R A W S D N O M L A S U O P
R O S E M A R Y S T S A E Y I
A A U L N I M U C E A F H S T
G D R I E D F R U I T F O E T
E T T R L N S T S S C R N L E
N C I O E L T A E E I O E D H
I H U S M G O I V A A N Y O G
V N O A L A N N L T B S R O A
K U E O S I T I C S A A A N P
P S T B A T O O G U D T G L S
E R R H B N N E S Q B E U S T
I E U W Y I L I V A L E S A E
H R Y N I M O J M I U F S I Z
K F E T E U E A C D L C E R T
V S E A S S T A F E W O E W H
```

ALMONDS
ANGELICA
BOUILLON
  CUBES
CUMIN
DRIED FRUIT
GINGER

HERBS
HONEY
LENTILS
MINT SAUCE
NOODLES
OLIVE OIL
PRUNES

ROSEMARY
SAFFRON
SEA SALT
SOUP
SPAGHETTI
SUGAR
TEA BAGS

THYME
TOMATO
  SAUCE
VINEGAR
YEAST

Mountains

```
Y J U A U G A C N O C A F C C
P J Y V P Y T A L K E H K T R
T N O S N I V A B T H Y R V U
I J O G A S H E R B R U M H S
R N H K J N N H U A S I C U H
I R C M U N F L P M R C V B M
C O S Q E Y S O A A I A E O O
H H L V C A U D R P B I S L R
M S I Y N K I B U D S D T I E
I S I E M C N H M T K T P V W
R I M W N P C J A A V E U A T
D E V I W A U N S A T T N R B
J W R D M B L S T F K A E Y M
W E V K C E R R O B A Y O A A
K W F F Y U L S A N A M E A R
```

ACONCAGUA	HEKLA	OLYMPUS	TRIVOR
ARARAT	KENYA	PARUMA	TRUSMADI
BEN NEVIS	KERINCI	RUSHMORE	VINSON
BOLIVAR	MACHU	SANFORD	WEISSHORN
CERRO BAYO	PICCHU	STANLEY	
CHO OYU	MANASLU	TAMBUYUKON	
GASHERBRUM	NUPTSE	TIRICH MIR	

Art Mediums

```
E S P A N A W S C I M A R E C
S H E N T C G N I D A H S G K
P R C A I G S V G M G S C N S
P A C A R T O O N P B H N I T
Y N S J U T A O I X A Y O T E
A O E T K O U X H R S R I G N
M Y G Q E T G W C R K E T P C
G A A R L L R O T O E C A I I
N R T I E J A A E E T A D B L
I C N P E L Y C N J C R A A T
Z E O H E T I M R S H T R T F
A H M F T N P E Q Y F Y G I A
L A H U S P C S F P L E P K Q
G I P G I L D I N G Y I R O T
Y C A R E M I C L C A J C S Q
```

ACRYLIC	GILDING	PASTEL	TINGE
BATIK	GLAZING	PENCIL	TRACERY
CARTOON	GOUACHE	PUTTY	TRANSFERS
CERAMICS	GRADATION	RELIEF	
CHARCOAL	MONTAGE	SHADING	
CRAYON	MOSAIC	SKETCH	
ETCHING	OUTLINE	STENCIL	

Sports Equipment

```
E H L L U C S B P Y E G A Z R
G K G B B Q D I Z D S H R G Y
D S D S C P T A R G E T E O G
E L O E R O D E L T T A B L D
W O R O N B D W A N M E O F S
D E G H G N D K E M I V P C D
M B N S Z Z S T H H E E I L A
M R I T L P S R S S T O I U P
N O H E N Q Y A I R Q A P B E
O A S C L I M B I N G R O P E
T D I T A D D E N F G S D B N
A A F Y R N R K P K S S E L K
B M H T J A C U X U J D U G H
W O R R A A D K H Y C G S T J
T A R S J N F I Y M E K E V T
```

ARROW	FISHING ROD	MASHIE	SHOES
BATON	GLOVES	NETS	SKATE
BATTLEDORE	GOLF CLUB	OARS	TARGET
CLIMBING	HURDLE	PITON	WEDGE
ROPE	JACK	PUCK	
DARTS	KNEE-PADS	RINGS	
ETRIER	LUGE	SCULL	

Mindfulness

```
Z N O I T A R E D I S N O C S
C M Y E C A P S Z E N A Z X T
N O I T N E T T A I H R N H I
F D N R M E N C J E V O G E L
T S E C I O L D E B I I R G L
H I U U E A D D C T L N E A N
O W Q C R N F E A W X S S W E
U P O I O U T L E L W I P A S
G W T Y L F P R D R A G E R S
H Y G N Y M J B A L F H C E V
T E S S E N C E U T W T T N I
F A H T A W A K E N I N G E S
U C N B E C A E P R N O W S I
L O B S E R V A T I O N N S O
C R X Z B W Y T I N E R E S N
```

ATTENTION	ESSENCE	PEACE	THOUGHTFUL
AWAKENING	FOCUS	QUIET	VISION
AWARENESS	FREEDOM	REGARD	WISDOM
CLARITY	HEEDFUL	RESPECT	
CONCENTRATION	INSIGHT	SERENITY	
CONSIDERATION	LIGHT	SPACE	
CONTEMPLATION	OBSERVATION	STILLNESS	

Things in Schools

```
S Z E X A M I R O T I N A J L
C R L D R A S W L O D Y P B X
I H E J N Z L E Y X A C A R E
T O H Z K I S N S L S N E L P
A W C H T S T K G C L A S S L
M M T K O T O A U H D U T J A
E S A N A O C E L I X R B D Y
H T S R B I K L N X O T S R G
T A S Y D L R G L P K Y A A R
A F E P D H O G E A A R S I O
M F B E O G O R K S B D E V U
C T S C K R M U S I C T T N N
X K K D B Y T E L E R I O D D
S E A R A T A S I O S N N O D
Y W N O I T A N I M A X E M F
```

BOOKS
BULLY
CLASS
DESKS
DRAMA
ESSAYS
EXAMINATION

FOOTBALL
HOCKEY
JANITOR
LATIN
LESSONS
LIBRARY
MATHEMATICS

MUSIC
NOTES
PLAYGROUND
READING
REPORT
SATCHEL
SPORTS

STAFF
STOCKROOM
TRUANCY

Keep in Touch

```
Z M E E Z E N O H P E L E T F
U A F T N Y Z I R Y A Q U S D
R C N I A Q E E X C H A N G E
Q E V R T C I V K D R T Q K M
U G F W D C I N N A R G N V E
E R T S H K O N F O E R X N M
S E U A N W S R U O C P N R O
T E T Z L A B Z R M R Z S Y R
I T T E N S R A T E M M T F A
O S D S L T T T E E S O H I N
N G W E I E R G R C X P C T D
E E Y B A E Q E D U S T O O U
R A Q M I W R E T T E L I N M
C V G E S T U R E T U J C N D
C E S R E V N O C T U Q O F G
```

ACKNOWLEDGE	EXCHANGE	NOTIFY	TWEETS
ANSWER	GESTURE	ORATE	UTTER
CHAT TO	GREET	QUESTION	WRITE
COMMUNICATE	INFORM	SPEAK	
CONVERSE	LETTER	TELEPHONE	
CONVEY	LIAISE	TEXTING	
CORRESPOND	MEMORANDUM	TRANSFER	

Obstinant

```
G N I D L E I Y N U B P U H E
T G M I H R R H R A M E M Q W
S F M E N C E U M G G R C V N
A F O H M T O S N S U S I U S
F I V A E D D I T H Y I N F U
D T A R E O D U S I A S T W O
A S B D G N B I B H V T R I I
E L L G E B L G A P B E A H C
T P E B O L N R M A H N N S A
S D N R U I D Y D R U T S I N
R U N B R S L A T Q P C I L I
I D E T E R M I N E D F G U T
G D E T R A E H D R A H E M R
I M B U N R E L E N T I N G E
D Z G T S E D E X I F A T G P
```

ADAMANT	FIXED	PERSISTENT	STURDY
BULLISH	HARD-	PERTINACIOUS	UNBENDING
DETERMINED	HEARTED	RESTIVE	UNRELENTING
DIEHARD	HARD-SET	RIGID	UNYIELDING
DOGGED	IMMOVABLE	STEADFAST	
DOUR	INTRANSIGENT	STIFF	
FIRM	MULISH	STUBBORN	

Security

```
J W G N I N E E R C S A T E R
V I A O G U A R A N K G R K H
U N P A T R O L G A B C F O C
L D E S H Z S O V M P O N H T
N O Y E E S M T T R E A L B I
E W C S F M E G R O J B S T W
R G I K T O J A Y O O M A R S
A R V E S L N R R D N R F G E
B I G U B Y E T Y C E G E D M
I L N R Y B T G N M H S B H I
L L I A B F U E A F I E O O T
I E N O A A R C F R K N X L X
T A R Q R I C O E A P S D E G
Y M A D S U R I V U S O I E H
B A W V B E N E S D P R S R R
```

BODYGUARD
BOLTS
CAMERA
DOORMAN
FRAUD
LOCKS
MINDER

PATROL
RISK
ROBBERY
SAFE BOX
SAFETY
SCREENING
SEARCH

SENSOR
SIREN
STRONGBOX
THEFT
TIME SWITCH
TROJAN
VIRUS

VULNERABILITY
WARNING
WINDOW
GRILLE

USA TODAY

Colors

```
C R E N I R A M A R T L U P S
N B Y N O B E Y I U O M T E A
K O G T E C E F K E G E W A L
B V S V Q L E T A N I T V C M
A D I M L M U L H Q D Y E H J
D L Q O I N B S K W N N E P R
O O W C L R D E A X I L A E Z
M G M A E E C R O R I A D S M
A I W A O M T G A O T N J C S
R R Y P G R E M T M E M U T U
I A R P D N A R E V B A E Y A
N M R L G U O N A J B E I N L
E H E E Q P K L G L L R R W A
E K H A E P Y B I E D C N A E
Y E C G F E C R U A Z R P T D
```

AMBER	ECRU	MARIGOLD	VIOLET
APPLE	EMERALD	OLIVE	WALNUT
AQUAMARINE	HELIOTROPE	ORANGE	YELLOW
CHERRY	INDIGO	PEACH	
CREAM	KHAKI	STEEL	
CRIMSON	LAVENDER	TAWNY	
EBONY	MAGNOLIA	ULTRAMARINE	

Strong Smells

```
A E Z R P S C E N E K M G F N
K S U M E K I I W A J I F W I
H N V S R T F S L X R D Z W L
G E L A U O T O O R S I R R O
E C K W V L T U F T A U P C R
N N V D F K E T B O I G M B E
I I A U Y R L E I T S L C W N
L R N S J G E L P N U A A O X
O I I T F A P E A E G N L H E
S U L O N A S I S F G F A N Q
A S L A I K N M R I A N I E A
G R A N C O Y M I D A P A S P
O W T O M R A N A N A B A R H
I T P M R T I V I N E G A R O
E N A H T E M L A V E N D E R
```

AMMONIA	JASMINE	OIL PAINT	SAGE
BANANA	LAVENDER	ORANGE PEEL	SAWDUST
FREESIA	LILAC	ORRIS ROOT	VANILLA
GARLIC	METHANE	PEANUT	VINEGAR
GASOLINE	MUSK	BUTTER	
HALITOSIS	MYRRH	PINE	
INCENSE	NEROLI	ROTTING FISH	

Fictional Animals

```
A U F L N H A N I D E R Y Q N
R U B L I W D E P H J N G O T
G E C L N P I M E H T M G W N
A O V H A O D U M B O A R U I
I G L G E C E S G N R I H G L
E R O Y E E K L T D H E S I F
O S A J M I T M O I J T I K N
R O N K P M O A A P P N P E I
E F L P S R I W H L A A K I A
E B Y A E H G T K I K N I S T
H H E N B G A N I B B I N S P
A L C N D I N E H M O C N A A
Z Y E K J F H E C A H O L L C
E E M I P I U R M B N R E D Z
L I A T N O T T O C R E T E P
```

BALOO
BAMBI
BENJI
BLACKMALKIN
CAPTAIN FLINT
CHEETAH
DINAH

DRAGON
DUMBO
EEYORE
GWAIHIR
HATHI
HAZEL
LASSIE

MONTMORENCY
NAPOLEON
NIBBINS
PETER
 COTTONTAIL
RAKSHA
ROCINANTE

SIPKIN
SKIPPY
TIMMY
WILBUR

Fun at the Fair

```
G B S E D I L S D S E Z I R P
P P I H S E T A R I P S R C H
S D W O R C R M C L W E N T T
R R S F X T U Q O O Z U N U H
A E G T S S S N H T D E N B S
C G N W I Z G S L G M N I M W
R R I C R B E A L E E G A N E
E U W Q O D W O T L D E R R H
P B S A I R T I O I R I T O A
M M T S R S C F P C R Z T C L
U A O I O X L P E P R D S P P
B H D F E O E C N R O U O O O
J E F M V R I G S G S F H P O
S U T E C O C O N U T S G Z H
N E G N A R E L F I R L F T C
```

BIG DIPPER
BUMPER CARS
COCONUTS
CROWDS
DARTS
EXCITEMENT
GHOST TRAIN

HAMBURGER
HOOPLA
HOT DOG
ICE CREAMS
LONGBOAT
LOTS OF FUN
MUSIC

PIRATE SHIP
POPCORN
PRIZES
RIDES
RIFLE RANGE
SIDESHOWS
SLIDES

SWINGS
TUNNEL OF
LOVE
WALTZER

USA TODAY

Vice Presidents

```
X E R R E L L E F E K C O R U
A P C U R T I S P R E Y S X O
F V N N U S G P W J R N F A O
L W B R E C K I N R I D G E R
O Q I N S P X U E W F N D E P
C U I V Y K F G W H E E L E R
I A I H G K N S N W S Y D H Z
P Y P O H O R A R A T U T F Y
V L R Y T W N L B R M K B R S
S E L R T O S L V R U R I S J
G T O Y X S M A D A I B E N Z
I M O I M O N D A L E A G H G
Z M N Y X O J D A W E S F E S
S T E V E N S O N J Y S H S A
V M Y P N S K C I R D N E H O
```

ADAMS	DALLAS	MONDALE	STEVENSON
AGNEW	DAWES	MORTON	TYLER
BRECKINRIDGE	FAIRBANKS	NIXON	WHEELER
BURR	GERRY	PENCE	
BUSH	GORE	QUAYLE	
COLFAX	HENDRICKS	ROCKEFELLER	
CURTIS	KING	SHERMAN	

Collectibles

```
G A N A R A R B F S E W V M T
A C G C Z G I X A A L B B E Z
S P D A A N R X E D N L O W Z
N K J M S Q S T Y G G A O N F
O L E E A S H E G U W E K D G
O S C O D V P H O T O S S S Q
P T J S A R A A C S F V E F M
S W R S M R R W F E J U S U S
G I E S Z K G H J V Q X G Y L
S S Q S P Q O G B I S S U S A
S T O P A E T J T N S Z L C D
F S N A F O U N U K R L D O E
T U F M Y W A T C H E S W I M
B H U S W W R O S H T O M N D
M A R S O I R Q S P M A T S E
```

ANTIQUES	FANS	MUGS	TOYS
AUTOGRAPHS	GAMES	PHOTOS	VASES
BADGES	INSECTS	ROCKS	WATCHES
BOOKS	KNIVES	SHELLS	
CAMEOS	MAPS	SPOONS	
COINS	MEDALS	STAMPS	
DOLLS	MOTHS	TEAPOTS	

USA TODAY

Stimulating

```
K H C M S U L U M I T S G E T
N W J H Z Y E E R P W P R P E
O E E O E T Z K S I H W M K H
O D K L I E U W T O S O O E F
Z E N C O U R A G E R V E R T
R K N S I J K T S P O E T C E
A I I K T U A H D R H I A I T
L S Z N X I Q C P Z R N G V A
L L H U D J N Y G I B E I E M
Y S E A Q L O G P V I K T U I
J T O P K Q E S U O R A S Q N
X I K N M E N Q C M Z W N I A
U R J V Q I B R A C E A I P V
H U K E V I T N E C N I M X S
T P Z F Z Z C Z H D Y D W V I
```

ANIMATE	IMPEL	PROMPT	STIR UP
AROUSE	INCENTIVE	PROVOKE	TEMPT
AWAKEN	INCITE	QUICKEN	WHISK
BRACE	INSPIRIT	RALLY	
CAJOLE	INSTIGATE	SHAKE	
CHEER	KINDLE	STIMULUS	
ENCOURAGE	PIQUE	STING	

Architectural Details

```
N N U R E D F A H G E W Y L J
B A T Y E A S O F F I T A L K
N N U Y S W S S U R T I L L B
H A W C D T O L H G N O I E R
S B I N A I H T N I R O C E X
I A M F L N L Y F C A B D Q Y
X V B J E A T A S U C N E P M
E G P D N L B W G I E L J A O
U C L T A U Y R R R B T R D S
M P E X P Q S O A A G V V N N
T R D S W P D O G L F R Q U A
N L G T I A V D S R C T D T R
T D E R L L L V A L A O E O T
U M E U J C O L U M N G V R K
E N O T S D A P S L P S K E S
```

ALCOVE	GABLE	RENDER	TRANSOM
COLUMN	GARGOYLE	ROTUNDA	TRUSS
CORINTHIAN	LANTERN	SCROLL	WALLS
DOORWAY	LEDGE	SOFFIT	
DORIC	PADSTONE	SPIRE	
FASCIA	PANEL	STRUT	
FINIAL	RAFTERS	TOWER	

USA TODAY

Control

```
C O N I A T N O C E R A E T P
E J T N X I M S E D H D H I H
N V H I D E E T R E I T L M Y
E R E L B T R E A U R O J I E
D R O R A I P E G X T K N L N
E H U R I R H R U L F S A T E
S U E S E F O N S L U O G K F
I P Z S N E Y T I R O H T U A
O D S Q I E L D E G G Y U L S
S Q Q O F J P U O D R I V E S
F U N I N I E R R V A H U N E
C P B V O P G R E F E N T N S
N E K D C N I A T R E C S A S
V R E G U L A T E L D N A H O
P U D E G E L E M M A R T C P
```

ASCERTAIN
AUTHORITY
CHANNEL
CONFINE
CONTAIN
DRIVE
ENSURE

GUIDE
HANDLE
HOLD IN
INHIBIT
INSURE
LIMIT
OPERATE

PILOT
POSSESS
REGULATE
REIN IN
REPRESS
RULE
STEER

SUBDUE
TRAMMEL
VERIFY

Scottish Clans

```
N N U M Y J R S L H A N P R B
O N I M A Y T A E S R E V R P
S N T A Y H J O E I I S V E O
R T Z C M A G W A N R U P K D
A T E G U P R N L S N R W J O
H R M I R N J T I N I I E J U
U O Y L L I R E T N U H K H G
Q U J L G Y E U G A N X R I L
R P B I I C W L B T R U A S A
A D C V U H E U R K N R C B S
F U I R R E D D A K C A L B K
G N B A S N P E N G F O R I J
E B O Y E L I N D S A Y C G S
X A W Y L E E V O R R O C E R
N R I T P M L S N K C O R R O
```

BLACKADDER
BRANDON
BRUCE
COCKBURN
CRAIG
CUNNINGHAM
DOUGLAS

DUNBAR
FARQUHARSON
GIBBS
GRANT
HERRIES
HUNTER
KERR

KINNEAR
LINDSAY
MACGILLIVRAY
NAIRN
ORROCK
PRINGLE
RATTRAY

TROUP
UDNEY
WYLIE

Famous French People

```
U L N S O E S S O I S I V S A
X Z R D F I Y O A U B F C J W
B O V E G R L E M M G V H J E
A I M L M U E A R X U O A R S
R L I O R C D W C P L D T O A
D R N R R A M H I L S R E L I
O E Q S R I A S A M A C A L N
T B E T X N S N L S O C U A T
H W S N E A D O C M O S B C E
C O W L R E M N T S M C R S X
N H I R A E L E T Y A E I A U
I Q O K S S V E N R N V A P P
N O E L O P A N I O G N N N E
E N I S S A M H I G N I D O R
B S D E L A C R O I X E X D Y
```

BARDOT
BERLIOZ
CHANEL
CHATEAUBRIAND
CHIRAC
COMTE
CURIE

DELACROIX
DELORS
DUMAS
HOLLANDE
LACOSTE
MASSINE
MONET

MORISOT
NAPOLEON
NOSTRADAMUS
PASCAL
PISSARRO
RENOIR
RODIN

SAINT EXUPERY
SARTRE
VERNE

Words Ending FUL

```
L U F L U F T H G U O H T D J
L L L R P A I N F U L Y Y O L
U U U L E I P W I P Y Y L U
F F F F L U F N I S T F O E F
N Y L S T I F U L T U F T F E
A A M U S C G E J L I A U U N
M L I T F E E N E E D F U L U
F P F G L E R P K L S A U S T
U U L F U M T T S X G T P L A
L R U U F P E A S E N E F M F
L U F H T R I M H I R F U U U
U R T A L U F A N G D U F O L
F U S L U F R A E F U L I U U
U K U I A J J L U F D A E R D
L B L U F T H G I L E D F U L
```

DELIGHTFUL
DISTRESSFUL
DOLEFUL
DREADFUL
FATEFUL
FAULTFUL
FEARFUL

FISTFUL
FITFUL
GLEEFUL
HATEFUL
JESTFUL
JOYFUL
LUSTFUL

MANFUL
MIRTHFUL
NEEDFUL
PAINFUL
PITIFUL
PLAYFUL
RESPECTFUL

SINFUL
THOUGHTFUL
TUNEFUL

Brainy

```
S N O I T O N C A B I T R E L
L O W S U B C O N S C I O U S
N E M U C A R Y S L H U S G R
P P L A R E M E E V A U K E E
I E F C A A N V V H I J T E B
N T D S E D E M R N A A J C R
E L O U W R T C E L L E T N I
A N A E T E E G N U L R H O G
L R R T X I D B C U U C A I H
E H K P N E T E R M D W L T T
S A E L L E P P I U E I A C E
B R P W C S M N A D M S M N S
T A O S A G A C I T Y D U U A
G N A B E T M A T E R O S F L
K C I Y E Z R E B M E M E R E
```

ACUMEN	GENIUS	PINEAL	SUBCONSCIOUS
APTITUDE	INTELLECT	REASON	THALAMUS
BRIGHT	KNOWLEDGE	REMEMBER	WISDOM
CEREBRUM	MEDULLA	RUMINATE	
CLEVER	MENTAL	SAGACITY	
EXPERT	NERVES	SHREWDNESS	
FUNCTION	NOTIONS	SPECULATE	

Head to Toe

```
T E M L E H C S D S C A R F F
D E R I R L O T O A E L A B D
S A T T O I T A W C Z O E J R
S E D G T K A P B S K Y H C A
L P S G Z H H S N Z L S R S O
I S S P M U P O B D S R E O B
P A Y N A V O E S O H E K S R
P B V W J D T F M I O D L E A
E O S K I S R B B P O A A K T
R T V A G H R I A O D W T F R
S S U A W E B N L N N M S W O
L Y T R R A A O A L S N R P M
H W F O B M J S O N E R E E D
E T O L A A F E S T C S E T E
O E D C R W N F L A S U D A N
```

BONNET
BOOTS
CLOGS
COWL
DEERSTALKER
ESPADRILLES
HELMET

HOOD
MORTARBOARD
PANAMA
PUMPS
SABOTS
SANDALS
SCARF

SHOES
SKIS
SLIPPERS
SNOOD
SOCKS
SOMBRERO
SPATS

TOP HAT
TURBAN
WADERS

USA TODAY

Hard

```
Y L M B U P A N I R E G V E I
R B A U D I P E R T N I G S M
E X A C T I N G O P T E E T P
L D S Y I N N I R E H E V E E
B U U K M O L D M A K V R E N
I R O H T S T G U T N P O L E
X A U T O U N S R R L I E Y T
E B N M A I O I F E A T T Y R
L L E I Y R C T X F U T V E A
F E R R J K D I S L L A E Y B
N B T O Y M N U O S E I V H L
I F S C K G L S O H O Q N S E
G A R K A W E L T U Y N O T S
S J A Y D R I E X F S U N L Y
M R I G I D P E L B I C R O F
```

ARDUOUS
DURABLE
EXACTING
FLINTY
FORCIBLE
GRANITE
HEAVY

IMPENETRABLE
INDURATE
INFLEXIBLE
INTREPID
PERPLEXING
RESOLUTE
RIGID

ROCKY
SOLID
STEELY
STOICAL
STONY
STOUT
STRENUOUS

TOILSOME
TRICKY
TRYING

Birds of Prey

```
K W A H N E K C I H C K M M W
K W A H H S I F A Y E R P S O
V U L T U R E M M N O N G E R
H K W A H W O R R A P S Y C C
R E G E A J S F D Z Z B L R N
C K B U Z Z A R D A B E A E O
W W U U T L U Q R O R O M T I
C A U L C N C A H T P M M A R
O H C O N B C A S P E G E R R
N S N E Q A R E V R N U R Y A
D O R Y R R K E L G A E G B C
O G A A I N N I C K J G E I H
R M C E H O N O N O F F I R G
F M R T A W N Y O W L G E D S
U B P L S L E N I R G E R E P
```

BARN OWL	CONDOR	HOBBY	ROADRUNNER
BUZZARD	EAGLE	JAEGER	SECRETARY
CARACARA	FALCON	KESTREL	BIRD
CARRION	FISH HAWK	LAMMERGEIER	SPARROWHAWK
CROW	GOSHAWK	MERLIN	TAWNY OWL
CHICKEN	GRIFFON	OSPREY	VULTURE
HAWK	HARRIER	PEREGRINE	

Places in India

```
I  F  T  U  Q  M  M  M  W  P  J  P  H  D  E
T  A  R  U  S  X  E  G  P  C  R  V  J  N  M
A  D  R  C  W  E  F  A  T  O  K  J  A  R  M
P  H  S  Y  R  H  A  R  D  O  I  I  B  Y  I
U  A  O  U  P  U  N  E  L  J  Z  G  A  H  N
R  N  T  J  H  N  E  L  H  X  A  R  L  T  D
I  B  I  N  A  N  A  A  U  G  J  E  P  R  O
T  A  S  Q  A  M  N  T  R  C  D  Y  U  R  R
V  D  A  K  Q  S  S  A  C  T  K  P  R  H  E
Z  G  N  K  I  P  B  H  X  D  H  N  O  J  I
E  W  A  D  A  L  I  B  E  D  A  S  O  H  Z
G  J  R  N  U  T  T  Z  O  D  Z  M  C  W  J
S  N  A  G  P  U  R  J  A  L  P  O  A  C  N
F  J  V  G  X  N  A  S  H  I  K  U  D  N  T
I  D  A  B  A  H  A  L  L  A  O  H  R  A  C
```

ALLAHABAD	JABALPUR	MEERUT	SURAT
DAMAN	JAMSHEDPUR	NAGPUR	TIRUPATI
DELHI	JHANSI	NASHIK	VARANASI
DHANBAD	JODHPUR	PANAJI	
GULBARGA	KOCHI	PATNA	
HARDOI	KOLLAM	PUNE	
INDORE	LUCKNOW	RAJKOT	

Fashion Designers

```
R N O T T I U V N I T R E B L
G T U U A Q A G K S T J E G S
O N H T V E R S A C E Y U O A
G A C S W Z M Z S O J C G Y I
R U G A Y Z A Y C S C G X E N
E Q Z A R L N B B I A A X L T
E Q T H I D I E Y L R L F H L
N C Y M S C I E H L E L B S A
A D A R P T N N L E N A H A U
J F K F L T E E I U Y G P R R
M W J R R L V P L I A H K H E
L E N A H C X E H A R E N C N
Q D C Z M I Y A K E B R P W T
G C X B K E O N I T N E L A V
M J Q W M I S S O N I C N F Q
```

ARMANI	CHANEL	MISSONI	STEPHEN
ASHLEY	ELLIS	MIYAKE	VALENTINO
BALENCIAGA	GALLAGHER	PRADA	VERSACE
BEENE	GREEN	QUANT	VUITTON
BERTIN	GUCCI	RAYNER	
BLASS	JAMES	SAINT	
CARDIN	MCCARTNEY	LAURENT	

USA TODAY

Quick Words

```
H H D D Z X R E V O H E T E X
C T R N G C Z E N O C L C C N
G A I H Y E E T T N G N Q M M
N E N E E E H T E U A G E L A
I D K R Z E H R W L R Z G W R
T B F Z D I E W G L O N O I C
T G K R N F L V R R O T M T H
E D A K E L E O F I F C M T E
S W I R F I X E S I G H T E D
B N V F K N N S B Q S F C D F
G L F C R C E S P M I L G K Z
L P U O K C I R T R I A Y A W
Q B H N C O G N I D A O L E E
E T O U C H A N G E I R A R T
P J S N K H A S T E S S A B E
```

ASSETS	FREEZE	ON THE DRAW	THORN
BREAK	FROZEN	REFERENCE	TRICK
BUCK	GLANCE	RETURN	WITTED
CHANGE	GLIMPSE	SETTING	
DEATH	LOADING	SIGHTED	
DRINK	LUNCH	SUCCESSION	
FIXES	MARCHED	THINKING	

Breakfast

```
J S N I F F U M O A T M E A L
M H E D A L A M R A M P K E I
Q P O A C H E D E G G F M O L
T I U R F E P A R G A X R C S
S E K A L F N R O C I A T E E
S T H A S H B R O W N S G R U
E R N B E V L F Y G A A J E M
K U Y A G T F U E O S M O A T
A G F G S E T J T U M H B L O
C O O E S U W A F F L E S M M
N Y S L A I I S T O C I R P A
A C E S C N D O U C A Y C D T
P Y Y E N O H L R D E C V Z O
Q P U B R E A D U C E O J N E
P O T O F T E A W N O C A B S
```

APRICOTS	CROISSANTS	OATMEAL	TOMATOES
BACON	GRAPEFRUIT	ORANGE JUICE	WAFFLES
BAGELS	HASH BROWN	PANCAKES	YOGURT
BREAD	HONEY	POACHED EGG	
CEREALS	MARMALADE	POT OF TEA	
COFFEE	MUESLI	SAUSAGES	
CORNFLAKES	MUFFINS	TOAST	

Greece

```
R M N O N E H T R A P B I F Y
R E T S L F E F Z L L K S S A
D Z Y O S I E D E A A N A U M
S E N X R L V A U R K Z F E O
O O A A E Y T E S P A R T A D
L R H N E H S O S S O N K R Y
L Y Z T E G M S O C Q J W I S
O G L N A C E L U A O B R P S
P U S G H T Y A Z R Z S S H E
A E U G D M N M R Q U P A T U
C E L G P N G U H B O C E W S
J A N I S T E R O J L R I I V
L H A E J V B R D M C C A P P
P H I T H A C A E C A R H T E
E P S I D O R M S Y J V V A M
```

AEGEAN	KNOSSOS	OUZO	SPARTA
APOLLO	MOUNT ATHOS	PARTHENON	THRACE
ATHENS	MYCENAE	PIRAEUS	ZEUS
CORFU	NAXOS	PLAKA	
CRETE	ODYSSEUS	RAKI	
EPICURUS	OLIVES	RETSINA	
ITHACA	OLYMPIA	RHODES	

In the Nursery

```
G E E R U P G E E X N B H O T
E N M O B V M M G N I N A E W
K K R A Y I I S E P I W E P J
G U E E T T R L N K L L U O K
N D B D H D L I H C I R Y T N
I U E T S T G B R B Y T U T I
N B A A P C O S O S T Z N Y R
E B A N T N E M P O L E V E D
T Y P B N L N I R A E R U P C
S F S E I O H O S T O R I E S
I A T M S E N C I N I L C N D
R T S A S L S E O T S K S U R
H H Y O K Y E T H L O G P A I
C E R E S A P E P C I L Q O F
E R M R E D W O P M U C L A T
```

BABIES
BATHTIME
BEDTIME
BONNET
CHILD
CHRISTENING
CLINIC

COLIC
DEVELOPMENT
DRINK
FATHER
LOTION
MOBILE
MOTHER

POTTY
PUREE
ROSEHIP SYRUP
RUSKS
SLEEP
SMILES
STORIES

TALCUM
 POWDER
WEANING
WIPES

Cinderella

```
E M I M O T N A P U M P K I N
H A R D S H I P P J H X P O A
T J S R I P E H Q K C O L C L
R P Y B E C M I D N I G H T L
S G A R N P L H A N D S O M E
T C O A C H P U D R E S S F R
N R D R C R F I F T I I X R E
A U K T A E E Y L I O A J R D
V E N G R S T H W S T M Q I N
R L C S R E I D L O S U I U I
E N H O I C V K E Y E S A C C
S G H Y A A I E S E K T A E E
N X Z W G L V C N W I E Y L B
M J P P E A H E A R T H U Q G
E C N I R P D E K C I W K S J
```

BEAUTIFUL   DRESS   MIDNIGHT   SERVANT
CARRIAGE   GLASS SLIPPER   PALACE   SOLDIERS
CINDERELLA   HANDSOME   PANTOMIME   WICKED
CLOCK   HARDSHIP   PRINCE
COACH   HEARTH   PUMPKIN
CRUEL   HORSE   QUEEN
DANCE   MICE   RAGS

E Words

```
E N D E M Y E S T R A C E P E Y
Y T N E M H S I L L E B M E X
E N T H U S I A S T B E M M D
M N E E E C W S U I L B B A E
B P E M I E J D N U R O L N G
L G R R X U E G S O U N E C A
E O I P G L D I C E E Y A I G
M U E E B E V A N E A A I P N
A C S M D E T C E J E S Y A E
T L T A N I L I E C P T T T M
I U V O O O G D C U E R I E D
C E U N S H U E E X O F U S R
E G Z U T C E S P F L E Q R V
H A R H E U R E F H E U E F N
E E D D S K L E E R N R S A E
```

EASTER
EBBING
EBONY
EDUCED
EERIEST
EFFORT
EIGHTH

EJECTED
ELKS
ELUSIVE
EMANCIPATE
EMBELLISHMENT
EMBLEMATIC
EMBROCATION

ENCLOSURE
ENERGETIC
ENGAGED
ENOUGH
ENTHUSIAST
EQUITY
ETUDE

EVADED
EXPECT
EXPEL

L Words

```
L E R E G A L Y M L A H S A L
A L A N D I F E L E N S F E U
D N A L P A L X T L E V E L S
L D T U E T N L E N D I N G I
Y U I L I G G O O J I C N L L
L T S R H L A I M C A L L O O
A N I T U L L K L E E U S I C
L A J X F L U L A H L L T O
A N L L A U R Y C E A L E A M
B E I E E L L T I B L E G G O
E T C L Y W A D R Y L D A I T
L U K B O L R A Y I E L L T I
S E I L Y L D U L S A L I I O
E I N K L O N E L I E S T L N
L L G L R C N E H C I L Y I L
```

LABELS   LEGALITY   LINTEL   LURID
LABRADOR   LEMONADE   LIONESS   LUSTFUL
LAPLAND   LENDING   LITIGATION   LYRICAL
LATCH   LEVELS   LOCOMOTION
LAXITY   LICHEN   LONELIEST
LEAFY   LICKING   LOWLY
LEAKAGE   LIEUTENANT   LULLED

Insurance

```
C Y M G E C N A R U S N I T K
S O C U W X H T N E D I C C A
B P V I I T L A S E R A R I M
O O F E L M L A N M R O O M S
S V N A R O E N I T N O T K Q
C T E U Y A P R N N E C S G E
O H E L S C G O P E O I E N G
V I O S E T C E C M R S V I R
E R E S S U S P P N T X N D E
R D N A S A L A R G A H I A E
N P D E O R N Q O I P C S O N
O A O P L Y H V F S M I A L C
T R N E R V U S I S Z B F S A
E T U M U I R O T A R O M Y R
Q Y S Z I N V E S T M E N T D
```

ACCIDENT	CONTRACT	INVESTOR	RISKS
ACTUARY	COVER NOTE	LOADING	THIRD PARTY
ASSETS	COVERAGE	LOSSES	TONTINE
ASSIGNMENT	GREEN CARD	MORATORIUM	
BONUS	HEALTH	POLICY	
CLAIMS	INSURANCE	PREMIUM	
COMPANY	INVESTMENT	PROFITS	

Yellow Things

```
M A I Z L S K C I H C C M B S
T S E N I M S A J B U T O K T
M L Y L D C O W Z S L C Z I M
D A P N O I R W T H E S U N E
L T C R F T I A O H Y R N S C
O E S O F T R D T R F O O F H
G P Y C A D N N U E R R Q M E
I D R P D D O R P C M A I Z E
R A A O M N C A M I K L Y B S
A O N P R R R T R U A L A B E
M W A O O G D P G O S L I N G
O N C C E G N O P S F T X N S
F S U E S H E N U D D N A S G
E S Y E L P P A E N I P O R J
P I L S W O C N O R F F A S D
```

CANARY	CUSTARD	MARIGOLD	SPONGE
CHEESE	DAFFODIL	MUSTARD	THE SUN
CHICKS	DUCKLING	PINEAPPLE	WOAD PETALS
CORN ON THE	GOSLING	POPCORN	YARROW
COB	GRAPEFRUIT	PRIMROSE	
COWSLIP	JASMINE	SAFFRON	
CROCUS	MAIZE	SAND DUNE	

Paper Types

```
H A R N E B G E Y E N W E R M
H E B R A U C C G I D H D R N
R O E L I A S D K E C I D G W
E G L S R K I S X E I T R W O
W O W B R R N A I G V E V Q R
T G O V T O W F O T A K E L B
N N H R I T L H Y S M I L F A
E I A N O E H G E S U C L T N
H C O H F L N P U T S M U A A
C A Y J N I R G A L I T M U S
T R N I T O L W F R C A A L H
I T V I O T A T A C G E N I E
K I R F O T E N E S L V I N N
P W E A G R E E N R H S L E A
G N I P P A R W E S P I A N C
```

BALLOT	GREASEPROOF	ONIONSKIN	WHITE
BROWN	GREEN	TISSUE	WRAPPING
CARBON	KITCHEN	TOILET	WRITING
CARTRIDGE	LINEN	TRACING	
FILTER	LITMUS	VELLUM	
FLIMSY	MANILA	WASHI	
GRAPH	MUSIC	WAXED	

Capital Cities of the Americas

```
Y T I C A L A M E T A U G M T
C D N O T G N I H S A W O U P
S O B I R A M A R A P N G Y J
A L A U G A N A M B T D N T S
N T I A W A T T O E Z R I I E
J A G M U H C G V A E O M C R
O W B J A A O I P S N D O A I
S A N V R T D A T U N A D M A
E A A A A E L W X N E V O A S
S N C T O T I U Q C Y L T N O
A A I L I S A R B I A A N A N
S E A M E D A H B O C S A P E
O G A I T N A S B N Q N S N U
N W O T E G R O E G U A A F B
M E X I C O C I T Y T S K X R
```

ASUNCION	GUATEMALA	MONTEVIDEO	SAN SALVADOR
BOGOTA	CITY	OTTAWA	SANTIAGO
BRASILIA	HAVANA	PANAMA CITY	SANTO
BUENOS AIRES	LA PAZ	PARAMARIBO	DOMINGO
CARACAS	LIMA	QUITO	WASHINGTON
CAYENNE	MANAGUA	SAN JOSE	DC
GEORGETOWN	MEXICO CITY	SAN JUAN	

Good-Looking

```
T S G F S E M O S N I W E R A
N D T N T H P S U O E G R O G
A L X U I W A Z H S I L Y T S
G U C H N H S P U K A A D G O
E F R H A N S S E T O M L N A
L I S G A N I A P L J O R I Y
E T R U N R D N D E Y R C K L
T U Y E O I M S G R G O H A E
I A R T P I R I O D W U Y T M
S E A R T P C U N M P S L H O
I B D W P E A A L G E S E T C
U A I A C N R D I L M G V A A
Q I A R N G C P A A A E O E L
X G N E F D X B R H F D L R Y
E G T A P V Y T R I A F E B E
```

ALLURING
BEAUTIFUL
BREATHTAKING
CHARMING
COMELY
CUTE
DANDY

DAPPER
DASHING
ELEGANT
EXQUISITE
FAIR
GLAMOROUS
GORGEOUS

GRAND
HANDSOME
LOVELY
PRETTY
RADIANT
SHAPELY
SMART

STUNNING
STYLISH
WINSOME

Landlocked Countries

```
S U R A L E B A I B R E S L I
K C A R M E N I A U F R K A U
O N I R A M N A S U Y E S P F
E K G L A N D O R R A G W E S
Y L Y M B N H B E V U I I N O
D R A R A U U L D T G N N E U
U L A G G R P M A L A W I A T
I A U G U Y O E E I R A T I H
Z T D N N N Z S R J A A A V S
A Y D N G U O S K H P F W I U
M I Z O A T H F T O C C S L D
B W L S H W W D E A S E E O A
I I J O W U R E I U N O Z B N
A Y B E L A R S U A O D V C N
P D N A L R E Z T I W S Z O C
```

ANDORRA
ARMENIA
BELARUS
BOLIVIA
BURUNDI
CZECH
  REPUBLIC

ESWATINI
HUNGARY
KOSOVO
KYRGYZSTAN
LESOTHO
MALAWI
MALI

MONGOLIA
NEPAL
NIGER
PARAGUAY
RWANDA
SAN MARINO
SERBIA

SOUTH SUDAN
SWITZERLAND
UGANDA
ZAMBIA

Circus

```
T L U A S R E M O S R M H S F
T S U D W A S A D U I U A E U
N N E Y U G M K R E D N O S E
S L D K N G X E D N E R J R D
E E A S J N F U G L R A M O D
Y I R H O E U P S N S B W H F
L R A W A L J F W S E T A F Y
A E P T P C R O M U T P R A U
F G S V A Y L A S D W O R C X
T A T T N C G A N M C M D E K
D N A M U I V W S C G I D P T
Q E E V C N K N L T M J R A M
P M S T A U T I C B A L E I B
T E K C I T H S D U Z R P N B
K Z F A A V O Z P S T S S T D
```

CANVAS	KIDS	RIDERS	TICKET
CLOWN	MAGIC	SAWDUST	TREAT
CROWD	MAKEUP	SEATS	UNICYCLE
FACE PAINT	MENAGERIE	SOMERSAULT	
FEATS	P T BARNUM	STARS	
FUNNY	PARADE	STUNTS	
HORSES	RED NOSE	TENT	

Setting a Table

```
P E T A L P R E N N I D R X P
E L D A L E F I N K K A E T S
U I H Q P L A C E M A T L S D
B D E P L Z J D O G H I O S V
E C E F L W G R A V Y B O A T
C P N S I N O M B I C B C L N
U N R O S N Y B U X F G E G K
A A A S O E K T T S M H N E E
S S G K S P R G U R T O I N T
R U E R R S S T N R E A W I C
A S N O E E Y A P I E S R W H
T Y I F W V N S E L V E S D U
R Z V D O I P F N T A R N E P
A A O K L N G U J R E T A W D
T L A S F K N I K P A N E C V
```

CARVING KNIFE	GRAVY BOAT	PEPPER	VINEGAR
DESSERT BOWL	KETCHUP	PLACE MAT	WATER JUG
DESSERT	KNIVES	SALT	WINE COOLER
PLATE	LADLE	STEAK KNIFE	WINE GLASS
DINNER PLATE	LAZY SUSAN	TARTAR SAUCE	
FLOWERS	MUSTARD	TEASPOON	
FORKS	NAPKIN	TUREEN	

Baseball Players

```
O M O N O E D I H S L A W D E
K D Y M O B I C K V D T O U E
D U S Y A M L R A C A H T V L
V K L E F E E K M I T D T W I
M E L O T T R L O U B R O C K
O S I B O B G I B S O N V Y L
I N R S E Y A V C O Z N Y Y Y
S I E A N B B I S G B Y E O R
E D V M I A G Z X R A W O U R
S E A R L Y W Y N N F G J N A
A R L I A L L O P E Z Y N G D
L N R C K J E F F K E N T E Q
O A A E L E F T Y G R O V E U
U N E G A H R E B A S T E R B
T D I M H C S D L O G L U A P
```

AL KALINE	CY YOUNG	HIDEO NOMO	PAUL GOLD-
AL LOPEZ	DARRYL KILE	JEFF KENT	SCHMIDT
BOB GIBSON	DUKE SNIDER	JOEY VOTTO	SAM RICE
BOB LEMON	EARL AVERILL	LEFTY GROVE	TIM KEEFE
BRET SABER-	EARLY WYNN	LOU BROCK	TONY GWYNN
HAGEN	ED WALSH	MEL OTT	
CARL MAYS	ERIC GAGNE	MOISES ALOU	

USA TODAY

Chocolate

```
S A G E F B E V E R A G E I P
S G G E R E T S A E O C O U W
S C C T S W E T H O L U D H N
A M A E R C E C I A A D I E M
R F J R J K Y A I B I T S E A
U A E T A G T R E N E R G U Y
E B E J Y M S N G M I E E D S
S R D N T E E W S A K V L N E
S O I I K R N L Z L O I P O L
U W K A S T N G T C O T O F F
O N C L M A O C O C C S W U F
M I N P I O U M U H X E D E U
R E S E Z G C C W I L G E P R
R S E C J F F H E P M I R L T
E E L B U O D E A S Y D N A C
```

BEVERAGE
BROWNIES
CAKES
CANDY
CARAMEL
CHIPS
COCOA

COOKIE
DIGESTIVE
DOUBLE
EASTER EGGS
ECLAIR
FONDUE
GATEAU

ICE CREAM
MOCHA
MOUSSE
PLAIN
POWDER
PUDDING
SAUCE

SWEET
TRUFFLES
WHITE

Nautical Terms

```
E L J P T S A F E K A M M E H
S W E M A W S O P I L O T N E
T A B N Y E T R O W R S O A L
R Y N W O L A E N R P C W L M
E D W C H L C C O B O S O A S
E F R A H W K A Z A Z I F E M
R E D N U O P S S A R B F S A
E P S B E Z R T V B E I I H N
G N V G Z A G L E L B F C P P
A I X P N U P E Z N H T E B I
V A Z U A I S T C S I F R V R
L T J R P K W Z I P T B O F R
A P D S C C H A N D L E R F I
S A O E E D I T B B E C R U S
C C D R A M I R E N I J E N T
```

ANCHOR
BRASS
 POUNDER
CAPTAIN
CHANDLER
COASTGUARD
DECKS

EBB TIDE
FORECASTLE
HELMSMAN
MAKE FAST
NEAP TIDE
OFFICER
PILOT

PITCH
PURSER
SALVAGE
SEA LANE
STACK
STERN
SWELL

TURBINE
WHARF
WINGS
YAWL

USA TODAY

Plan

```
R V T N I R P E U L B B T W U
E T Y F O R M U L A W G O S H
D U F R C K X I X Y K I G O P
R Q W A B P A T T E R N B A A
O N S M R P O L I C Y J M P T
J O T E A D S C C A E D D N T
M I R G T E M D W C A A E N N
A T A E D P P A T O D M S M E
P I T W E I E I R N E H I E V
O S E O M C V C E G I E G T N
U O G R E E H G N O A Z N S I
T P Y K H R A A I O Z I H Y Q
Q O A O C I R N J I C A D S O
B R R U S R B B S R P O P N K
H P O T A Q D W R E A J W X L
```

AGENDA	FORMULA	PATTERN	STRATEGY
ARRANGEMENT	FRAME	POLICY	SYSTEM
BLUEPRINT	INVENT	PROPOSITION	WORK OUT
CONCEPT	MAP OUT	RECIPE	
DESIGN	MEANS	ROAD MAP	
DIAGRAM	OBJECTIVE	SCHEME	
DRAFT	ORDER	SHAPE	

Points of a Horse

```
C P E M B R O T E N E H U D Y
N U F C A G E L E D W T Z H P
E O N O D B F E R U O U M R A
G R I C R I J A V N H O D U S
G C E A T E O G E C E M O U T
A A V S J J H N M E C C C O E
S R R N B J A E R J G R K F R
K N U O Q M T M A P R U K E N
I O P S T S J H E D E P C T Q
N S S T E A I W R Y D P S L H
Y N O R D N O W O B L E A O M
R I C I D K H R F K U R R C E
E O A L N E H O H O O F I K E
L L E E F L E W C T H A Y M T
D G E N O N N A C K S E K F B
```

CANNON	FOREARM	LOINS	SPUR VEIN
CREST	FOREHEAD	MANE	STIFLE
CROUP	GASKIN	MOUTH	THROAT
CRUPPER	HIND LEG	NECK	
DOCK	HOCK	NOSTRIL	
ELBOW	HOOF	PASTERN	
FETLOCK	KNEE	SHOULDER	

Diamonds

```
D C T U C T N I O P K Y R A K
H G U O R H A R D N E S S C L
E L D R I G N I N I M S C I Z
R R O O N I H O K L B C L R S
T D M N L E W E J R B I P F E
U T N E T W P I I R G N E A C
C C U T T E R L A F C T R F A
E C C N D L C Q G J I U O L
S S K D E I E C U S Y L Z R K
O D A V A L T H L L Z L Z A C
R N F N E N B B S A E A I T E
T Z C T V W E A M I R T C S N
G E V U G O A P T K L I U S M
E S I U Q R A M H V T O T U T
R N O I T C E L F E R N P Y I
```

BRACELET
BRILLIANCE
CLARITY
CROWN
CULET
CUTTER
GIRDLE

HARDNESS
JEWEL
KOH-I-NOOR
MARQUISE
MINING
NECKLACE
PENDANT

PERUZZI CUT
POINT CUT
POLISHED
REFLECTION
ROSE CUT
ROUGH
SCINTILLATION

STAR OF AFRICA
TABLE CUT
WEIGHT

Stormy Weather

```
T L X T S U O U T S E P M E T
N I M O P P R E S S I V E O Y
R G S R E W O H S T C Q J C M
K H R N U K Z V D J F D E J O
T T H A U G F O E I V H A E O
Y N Y D I R W T O R R E N T L
P I T O T N E M E L C N I Y G
H N Z W P Z D G N I A R R Y
O G W O I D A R K N E S S E L
O L U M O N S O O N H D N T L
N R V O Y G D V B P J E C S A
Y Z E E R B E Y W G S L P U U
S O Q J V S S E N L L U D L Q
Y D A R K C L O U D S G T B S
J B Z O E L Z Z I R D E S I Q
```

BLUSTERY	DULLNESS	RAGING	TORRENT
BREEZY	GLOOMY	RAINDROPS	TYPHOON
DARK CLOUDS	INCLEMENT	ROUGH	WINDY
DARKNESS	LIGHTNING	SHOWERS	
DELUGE	MONSOON	SQUALLY	
DOWNPOUR	OPPRESSIVE	TEMPESTUOUS	
DRIZZLE	OVERCAST	TORNADO	

USA TODAY

Animals

```
S E V L A C N G U C L C P N T
G A O T S B A W H I O I W J H
S E B Z G N B I M C G O A T S
L E O E D U C X K L A G Q E Y
A C A E L K V E E E X Z U G K
O R R L E K R T E T L Q A I F
F S S N H E S S C D S T T S B
A J S Z L E E F S A R T T G T
H C G S S E S Z M F E A L A O
O W S B G J P A V N L D K G C
R L H M W S L M S L M T J E L
S S B M A L A C I H D U C K S
E E J P Q R G O S L I N G S S
S U W U W L N Q S K C I H C F
N Z Z E X S E I N O P E E H S
```

BOARS
BULLS
CALVES
CATTLE
CHICKENS
CHICKS
COCKERELS

DRAKES
DUCKS
EWES
FOALS
GANDERS
GEESE
GOATS

GOSLINGS
HORSES
KITTENS
LAMBS
LLAMAS
PIGLETS
PONIES

RAMS
SHEEP
STALLIONS

A, E, I, O, U

```
S G O U T W E A R I N G A K N
O U L J L A M I C E D O U D V
L V O E F D I O T A M U E H R
M U E I V A R N A I G O L U E
S T F R M N C U O S A R N E H
A U R I H E O E E C E J O X Q
U P O Y C A T Q T G U A I U U
D N T I V N U S U I U L S D A
I E A F T O A L B D O O A A T
O U I V I A A F I A L U U T R
P M C A O T X O R N R S S I E
H O N S I I T E B E G I R O F
I N U O L A D B V B V E E N O
L I N S P O P E N Y H O P T I
E A E E U N O R D A I N E D L
```

ABSTEMIOUS
AUDIOPHILE
AUDIOTAPE
AUTOCRIME
DUODECIMAL
ENUNCIATOR
EULOGIA

EUNOIA
EXUDATION
FACETIOUS
INOCULATE
JALOUSIE
OUTWEARING

OVER-
FANCIFUL
OVERHAULING
PERSUASION
PNEUMONIA
QUATREFOIL
REGULATION

RHEUMATOID
SEQUOIA
UNAVOIDED
UNORDAINED
VEXATIOUS

USA TODAY

More or Less

```
T Y R A T N E M E L P P U S Z
P L U S G U X I E L R S Y P D
D B I T M M C N M O R R T O L
U D N O L E L U U O N D Q R A
M F S E S R U S N D F H U A N
P I U U A O D I V E R S E D O
T D F R P U I E S T E Y Z I I
E C F S T S N E S A S D Y C T
E X I E E H G R R E H T O T I
N Z C L X S E A V P L L G B D
R G I E C T S R Y E S D E N D
E A E A P H R A E R S P O K A
R R N P O T E A M W N M A O Q
U T T R B A A R N A E L Y R L
Y T T T U O H T I W E F N L E
```

ADDITIONAL	FURTHER	PLUS	SUPPLEMENTARY
DIVERSE	INSUFFICIENT	RARE	UMPTEEN
EXCEPT	MASSES	REPEATED	WITHOUT
EXCLUDING	MINUS	SCANTY	
EXTRA	NUMEROUS	SHORT	
FEWER	OODLES	SPARE	
FRESH	OTHER	SPORADIC	

Ready

```
T M F L B P M D E P P I U Q E
D I P A R E Z A T F I W S S W
E R P A R I G G E D O U T X S
D T H U B E C I Y E D D P N T
F S U T R T R E L A E E R M O
I I D T I W U Y Z R S T I O S
X Q I K S N V C Z E I E M W P
E H S B R A C E D D O L E A E
D F C T I M E L Y R P P D I E
M A E S L M H S I O B M X T D
L K R J M X R D K N T O O I Y
J D N F K C I U Q I E C Z N W
G N I L L I W U S J L D O G P
F I N I S H E D X R K E E N B
J U G J Y T P U D E R A E G T
```

ALERT	FINISHED	PRIMED	TIMELY
ASTUTE	FIXED	QUICK	WAITING
BRACED	GEARED UP	RAPID	WILLING
COMPLETED	IN ORDER	RIGGED OUT	
DISCERNING	INCLINED	SHARP	
EAGER	KEEN	SPEEDY	
EQUIPPED	POISED	SWIFT	

Aromatherapy

```
B E T H F W P E F X Y J O E A
Y D E N I I A M M E P N G G E
Q O P N T E I Y O L E N N N G
P O R U I M O H H E O U A A A
A W J E O R J T R M N T M R S
T E H S D O A G E I Y M D O Y
C S A D N N R T M L A E S R R
H O O Q Q E E M C L T G D C A
O R U T T J O V M E E S A A L
U I R N T R U O A Q N R I N C
L G I Y T K N N H L D A U M S
I W Z E M D Q V I A X C T A G
X L L E J U J U M P I A L K L
C L E Y A R R O W N E R O L I
E D R Y R A M E S O R R E L E
```

ALMOND	LAUREL	NEROLI	THYME
CARDAMOM	LAVENDER	NUTMEG	WINTERGREEN
CLARY SAGE	MANGO	ORANGE	YARROW
ELEMI	MIMOSA	PATCHOULI	
IMMORTELLE	MISTLETOE	PEONY	
JONQUIL	MYRRH	ROSEMARY	
JUNIPER	NECTARINE	ROSEWOOD	

IF and BUT

```
I F R E H C T U B E I C T U B
F F I R E H S T T B I T A W Y
B I Y M Y E F U F F F X D A R
B U F F W F B T I I I W R C A
J U T T I I G C H S R E I S T
E A T T R L A U S T H H F W U
U F N T I P P T E U A B T I B
F O I X E N E M K B L U P F I
P U N N W R G W A E I T F T R
I F W I K B R U M D B I K L T
E A F J E I U I B I U K J Y W
B E A T I F Y T F Q T U B U T
B U T U B U T A A I R L I F T
T U B K C A S Z V N E D I F U
B U T N O T T U B A E D T U B
```

ADRIFT
AIRLIFT
AMPLIFY
BEATIFY
BUTANE
BUTCHER
BUTTER

BUTTING
BUTTON
DEBUTS
HALIBUT
KNIFE
MAKESHIFT
PACIFIC

PONTIFF
QUIFF
SACKBUT
SHERIFF
SWIFTLY
TERRIFIED
THRIFT

TRIBUTARY
TRIBUTE
WIFE

Plays

```
S L X N X E E T E L M A H H T
E S I S O Y N R W Y F K L L H
I A T Y W N M O D X S B U L E
T H N E H E M E G E X T R A V
S R T N E L A E D I H F N K E
E I G K A L F T M E T P I X I
V E V Y N E M F R A A N N A L
A W Y E P P L A Y G G R A R E
R E R F N S X O G L Y A O C E
T H N X O D Y Z E N J O J A G
A T E E Q O G A G L O E T D M
N Z H B T G R A L S Q L N I O
G O V Y L F Q P M U M S I A N
O E L I L A G Q U E D I A A T
S R R E T N G S Z D E H S G S
```

AGAMEMNON	GODSPELL	OLEANNA	TANGO
ANTIGONE	GYPSY	PHEDRE	THE VEIL
ARCADIA	HAMLET	PROOF	THE WEIR
EGMONT	HENRY V	SAINT JOAN	TRAVESTIES
ENDGAME	KING LEAR	STEEL	
EQUUS	LUTHER	MAGNOLIAS	
GALILEO	MEDEA	SWEAT	

Peninsulas Around the World

```
G Z K I I J S S A P R A K J A
S M K I S E Y T E P L S A T I
E M Y S T E E N S B Y F I B R
B S A R M S P M O K F N A O T
I I O H U A A U N N G T D P E
B I H R I B H P A O S A A U B
A B E O W A S I C H R B J J G
C J E E O I E N E B E A U A E
A E C E A K I E A E S S E D L
H H U O N A P L L T T I W A I
A L R K T S A L F T S E T Y B
N K B E H S I A A E I D A A O
A F M E K P H S W U A M A C L
U R A A U R A S O C A C I H U
G D L A N I C N E L L E M E U
```

ALASKA	HICACOS	MAHIA	STEENSBY
AL-FAW	HOOK	META	TIWAI
BRUCE	HUON	INCOGNITA	TROIA
CA MAU	JAFFNA	PINELLAS	YAMAL
ENCINAL	KARPASS	PUJADA	
GELIBOLU	KITSAP	SHEEP'S HEAD	
GUANAHACABIBES	LABRADOR	STANSBURY	

Computing

```
S P A E O P P T W T E R W X N
S F Y X F I D I T Q T E Z A R
E O I D U T S S W S A H J R G
I M P Q P N T L D T E O P F U
Y S A J P Q I K A R R U X L P
R E L I A B I L I T Y A G J R
O U X S L T N I A M O D E R O
B D N S N T N E M G A R F E S
O G O E A O R L O O S O H V R
T J I C M E C A F R E T N I U
Y L O U U B D I C R H S A R C
C T E R E M Y I A K P T U D F
J X J I B W E T J I V A C O P
T T N T T D W N E U E C M O M
Q N A Y D X V N T S P K Q G V
```

BYTES	EMAIL	MENU	TRACK
CLIENT	FRAGMENT	MOUSE	TROJAN
CRASH	GUEST	RELIABILITY	TWIP
CURSOR	ICONS	ROBOT	
DOCUMENT	IDEAS	SECURITY	
DOMAIN	INTERFACE	STACK	
DRIVER	LINUX	STUDIO	

Engineering

```
A R G H U S C I L U A R D Y H
D U C T I L I T Y J P X W R S
I T H G I E W N W K A Q V E L
P N G N O I T C U R T S N O C
A S E E R O A D S V O A G N O
N S V R C A N D I G L H B S M
O E R T T G L B H P C E A I P
I R T S I I R S L E N N U T U
T T C S N A A U T S S V U E T
A S E A T E T O N Y E I S G I
L D J I N O N T H O M W O K N
U C O N I A R T S L I N E N G
G N R D N Z L Q P L E T G R G
E I P T K P A S U A E X O R S
R A L O Y S E C D E R T S M G
```

ADHESION

ALLOYS

CANALS

COMPUTING

CONSTRUCTION

DESIGN

DUCTILITY

HYDRAULICS

INERTIA

MOTION

NANOTECH

ON-SITE

PLANES

PROJECT

REGULATION

ROADS

SEWERS

STRAIN

STRENGTH

STRESS

TORQUE

TUNNELS

VIBRATION

WEIGHT

USA TODAY

Collection

```
R E T S U L C A R D I O E O E
J L V Y O E D G H M R Z G P K
Y P Z C T P L C F N C A X R E
G M O T L E Y B S D R O O B S
A A A N G X I D M R Z W D H D
L S N S O R N R A U H K D G N
L T X B S I O F A C J E M A E
I R O Y K O T U T V B R E B D
M A R L R G R A P A N U N D N
A E N A B D P T L E D T T E A
U Z D M G O N Z M I C X S X S
F R L L P B J U U E P I V I D
R G I W E J A L S W N M O M D
Y B M Z Y Y E G N A R T O H O
E L G N A M E L G N I M R C C
```

ASSORTMENT
CHOICE
CLUSTER
COMPILATION
FARRAGO
GALLIMAUFRY
GROUP

HOARD
JOB LOT
JUMBLE
KINDS
MEDLEY
MINGLE-
   MANGLE

MIXED BAG
MIXTURE
MOTLEY
ODDMENTS
ODDS AND
   ENDS
PATCHWORK

RAGBAG
RANGE
SAMPLE
SUNDRY
VARIETY

Motorcycle Companies

```
G R L M R W H I Z Z E R W R K
B V I C O C L A V E R D A O N
A E L O R Y S K X A G I G Y Q
J K Y E B R I T T E N T U A I
A O M G T W A S B H O C S L G
J D A W A V P L O S R A T E J
A I N R Q M S O L T T G A N I
U A P O U S B M P E O I L F T
T K G H H U F L O L N V V I N
O L T F U Z A U E T O A D E E
B U E L L U W V J R O N Z L C
P G O F C K A N Z E N R C D O
D A D P O I G G A I P H S I N
A H A R L E Y D A V I D S O N
H T I T A N M L A T O M I B I
```

AGUSTA
BAJAJ AUTO
BIMOTA
BRITTEN
BUELL
CAGIVA
GAMBLER

HARLEY-
    DAVIDSON
HONDA
INNOCENTI
KANZEN
KODIAK
LAVERDA

LONCIN
MERCH
NORTON
PIAGGIO
ROYAL ENFIELD
SUZUKI
THUMPSTAR

TITAN
TVS MOTORS
WHIZZER
ZANELLA

Sushi

```
C S Y S T E U L A R A N S E P
A R E G N I G K E M H T S D S
P W B S O O N K O R O Y W I U
P W P H A Z R A T R E B Z U T
A E C O T M E P R O E K M Q O
K O C S L Z E A I I B K C S F
H X L I E L C S J G Z I U A U
F O N F R A A D E P A U K S M
E Y G O D I U C X E R N S O P
D K X A M B M R S S D O U H W
E E H A M L L A C M P S L A I
R T N N A A A B P H I K S L G
A U K W F Y T S S K I A E L S
T I O D A C O V A V B N W N J
K H I K U R A M R I N K S P E
```

AVOCADO	KAPPA	SEA URCHIN	TUNA
CARROTS	MACKEREL	SESAME SEEDS	UNAGI
CRAB	MAKISU	SQUID	WASABI
GINGER	RICE	SUKEROKU	
HOCHO	ROLLS	TAMAGO	
IKURA	SALMON	TOBIKO	
INARIZUSHI	SCALLOP	TOFU	

Customer Service

```
P E D E S B S Y O L G T M Q R
L R C E M U A E I M S P F D E
L I O N L P C U U U R V A B L
I V K C E I A O R L V T H Q A
W X C Y E D V T F S A N C N T
D U A T N S N E H P K V O N I
O W L S O C S O R Y X I E L O
O E M P H Z L O P Y T M L O N
G L N A P T T I R S T S N L S
T C E P S E R I E I E E O U H
L O S H C I U U M N T R W H I
B M S T G Q Q M T O T V R Q P
L E I H N T O C O S F I N O O
N O T I M C C N N R E C N O C
N S E L P O E P A L E E X S K
```

CALMNESS

CLIENT

COMMITMENT

CONCERN

CORRESPONDENCE

DATA
 PROTECTION

DELIVERY

EMPATHY

FOCUS

GOODWILL

INQUIRY

ONE-TO-ONE

PEOPLE

PHONE

PROCESS

QUESTION

RELATIONSHIP

RESPECT

RIGHTS

SERVICE

SKILL

TRUST

VALUES

WELCOME

Places in Italy

```
I F A S A Y H D N S E L P A N
A Z Z I P R D E R I R I Q R T
H N Z R R D R R T R R E C C R
A W N T G B E E A I I U B H E
N U U E R S M T S B Q M T I N
T A A O V E E U P G M P I A T
E I P G V A S N F A I O R N O
T R A A E Q R E I E D P L T I
N U S M L N S H D N C U P I T
U G T V I I O M X A E B A X A
O I A Q L L O A W P N P D U N
M L Q O J N A M R A P O P C O
J A M C T V E N I C E D C A C
T B R T N E B J N Y N K I C N
V R J A S O R E T N O M G T A
```

ACCONA DESERT
ANCONA
APPENINES
CHIANTI
GENOA
LIGURIA

LOMBARDY
MILAN
MOLISE
MONTE ROSA
MOUNT ETNA
NAPLES
PADUA

PARMA
PASTA
PIEDMONT
PIZZA
RAVENNA
RIMINI
TIBER

TRENTO
TURIN
UMBRIA
VENICE

Deserts Around the World

```
W E N X O Q U V H R A G H N O
Q V A M N O S B I G D R P R N
K A I U U A R E O P I G N A R
Y J L K H D D D J B R V R T M
Z O A A T X H W O E H O N A J
Y M R R L U A V A S N I C N U
L A T A A M L T P O Y H G A D
K O S K A K I E S A I R R M E
U E U C S N S R T H I A I I A
M Q A V D E C W U H B N T A N
M T V I C M C A O I S Y T A N
A O A B W X H H A D S A I E A
B N N G B U D N U O E B D K D
I V C T A X Z P X R U L M N K
E I D N E L A H G N A Y B I L
```

ARABIAN

ATACAMA

AUSTRALIAN

BLEDOWSKA

CHIHUAHUAN

DASHT-E LUT

GIBSON

GREAT INDIAN

HALENDI

JUDEAN

KARAKUM

KYZYLKUM

LIBYAN

MOJAVE

MONTE

NUBIAN

ORDOS

PAINTED

RANGIPO

SAHARA

SECHURA

SONORAN

SYRIAN

TANAMI

USA TODAY

Bond Girls

```
R S E L O O T O Y T N E L P P
E L E K T R A K I N G B H C U
I M O A N A S S E N A V A H S
V S A L E U N A M H Y R D P S
U O O G M C Q P L S V E I R Y
O L B L D I E E S W O D B E G
B A L J I A S U T V L Y I P A
M N K X C T P S A A I R B M L
A G T E R O A L T X M Y J U O
P E F E T B E I S A A E V H R
R U L C P N O N R D R N I T E
L L O V K X S N Y E A O B B E
A V F A K A N A I O K H L A V
W A I L I N M R G T N A N C Y
L U P E L A M O R A A T O N F
```

BIBI DAHL	MAGDA	PAM BOUVIER	THUMPER
BONITA	MANUELA	PEACEFUL	VALENKA
ELEKTRA KING	MAY DAY	PLENTY	VANESSA
ESTRELLA	MISS TARO	O'TOOLE	WAI LIN
HONEY RYDER	NANCY	PUSSY GALORE	
KARA MILOVY	NAOMI	SOLANGE	
LUPE LAMORA	OCTOPUSSY	SOLITAIRE	

Archery Terms

```
N E T N I O P R O H C N A M S
G G N I R T S J B K E B W W A
A S B T S D J M G S C O O O I
T F A H S P I L K N E W R R W
A E U G M L T C U L I A R R W
T S N I R O O T E U S R A A O
H T C E C N A E J V O M D D B
G A W W P C T D L D R E E E E
I O T J K A L S A D W P T T R
L C S L I N G R D O N V S O A
F I E U J Z O G B L T A E O B
Q T Q U I V E R S N R O H F U
F T W H I P E N D E D G C T T
H E L N N V A H C T O N E O T
C P G L O S W O R R A H M O S
```

ANCHOR POINT	FLIGHT	NOTCH	SLING
ARROWS	FOOTED	OVERBOWED	STRING
BARE BOW	ARROW	PETTICOAT	TACKLE
BOW ARM	HANDLE	QUIVER	WEIGHT
BUTTS	HORNS	RED RING	WHIP ENDED
CHESTED	LOWER LIMB	ROVING	
ARROW	NOCKS	SHAFT	

USA TODAY

Spring Bouquet

```
S F E V O L G X O F H Q D J A
U R F T P I L S W O C T R A I
C I J O J H E L L E B O R E S
O T R N S G K Z J R G O E S E
R I A E M U S C A R I F Y N E
C L M M D B S L Y F Q S Z O R
E L S T P C U S I R N T H W F
N A O E R C A Y I A N L Y D L
O R N G I H C M P C L O A R I
M Y S R M S V M P E R C C O D
E F U O R C H I B I T A I P O
N A U F O I F E O U O X N E F
A O Y R S L U J L L G N T M F
M C A M E L L I A A E Z H A A
S A M S B A P Q U I J T M C D
```

ANEMONE	DAFFODIL	HYACINTH	SCILLA
AURICULA	FORGET-ME-	MUSCARI	SNOWDROP
BLUEBELL	NOT	NARCISSUS	TULIP
CAMELLIA	FOXGLOVE	PANSY	VIOLET
COLTSFOOT	FREESIA	PRIMROSE	
COWSLIP	FRITILLARY	RAMSONS	
CROCUS	HELLEBORE	RED CAMPION	

F Words

```
F E G B D T F F H F O P A I F
P L N F L I O T D F R E S G D
F R I E F X F F I N C H E S E
L F M G T I L F I K O F H U Y
O E A R F O R R C P R S K G A
P R O H T H F A L A E O G X L
P T F I F E L S T R E O N L F
Y I L S E F U E F L F U I E O
R L F F A O R A Y T L S T G N
A E U U R N D K N Z S Y N N D
I S N R I Y I I M O Z A E I E
R U E T N X L H F T D I M R R
F F Y H G F I N A N C E R F I
L A P E J F V L A E E T E F R
F T S R I F P F T F E O F A F
```

FANDANGO	FINCHES	FOAMING	FRINGE
FEARING	FIRST	FOGGY	FRIZZY
FERMENTING	FLACK	FOSSIL	FURTHER
FERROUS	FLAYED	FOXTROT	
FERTILE	FLINT	FRATERNITY	
FIFTH	FLOPPY	FRESH	
FINANCE	FLOTILLA	FRIARY	

USA TODAY

Shades of Brown

```
I H B N G U F F T B X Y X P C
N K V E A L H U H U M T Y T V
F M C M M C E M O R N U E R A
U X I A R W E Q N N Y L D E N
S L N H L U C P E T T Z A D D
C G N C X H S G Y U F Q D W Y
A F A O A U B T V M F X Q O K
T N M M J O W R Y B R I W O E
E V O H S X C T H E Q O K D B
J I N R Q T L O P R O U Y G Z
S U T A E H W P C D H X N Y H
J I T S N V O K Y L H O W J V
U I S I I C A F E A U L A I T
F U S C O U S E P U A T T H I
R A W U M B E R B G I N G E R
```

BEAVER	FUSCOUS	RAW UMBER	WALNUT
BURNT UMBER	GINGER	REDWOOD	WHEAT
CAFE AU LAIT	HONEY	RUSSET	WOODY
CHAMOIS	INFUSCATE	RUSTY	
CINNAMON	MOCHA	TAUPE	
COCOA	MUDDY	TAWNY	
COPPER	PECAN	VANDYKE	

Ballets

```
K Z E R E D A Y A B A L C S C
L U T E X S W A N L A K E I X
E A J D Q N S A C H O U T R Z
S T Q X P A I U A T I U Q A P
N C O J J L N G E R B H B P W
O W E X E A N A E H H X C F X
C C L P I E L N T N P R G O G
E A P V M U A A M N O R B S I
S O L R N T Q I O N E Y O E S
C Y A F U Z Y N D R O V N M E
S C A Y S Z A I O T E A A A L
L U N M R M N P H D Y L W L L
F A C A D E Q O Y A V Q O F E
O L L O P A U H G P X M W B P
C Y D F N U T C R A C K E R V
```

ANYUTA	DON QUIXOTE	LA VENTANA	PAQUITA
APOLLO	FACADE	LES NOCES	SWAN LAKE
BOLERO	FLAMES OF	MANON	SYLVIA
CARMEN	PARIS	NUTCRACKER	TOY BOX
CHOPINIANA	GAYANE	ONDINE	
CHOUT	GISELLE	ONEGIN	
COPPELIA	LA BAYADERE	ORPHEUS	

Reduplication

```
Y R S C O U S C U O S A A P P
N E D A B N E D A B U A P R I
O B B S P I R I R I P I A F T
B R A V A L A V A L B H P H P
N E A R O B A R O B I D W O B
O B I Z W F I F T Y F I F T Y
B P Z R I M T H B T S E T S E
P H E V I S U O C S U O C H B
O S N O C P F D T I B S Q O Y
H U Z S F A I N M O H Y O T E
C H T L V K N R Y U M C O S M
P H G U D E T C I F D T W Y O
O S R I T E L K A P O P O L O
H U K G N A L Y G N A L Y M C
C H Z L B C R A T R A T S V N
```

BADEN-BADEN
BERBER
BONBON
BORA BORA
BYE-BYE
CANCAN
CHI-CHI

CHOP-CHOP
COUSCOUS
DIK-DIK
DUMDUM
FIFTY-FIFTY
HOTSHOTS
HUSH-HUSH

LAVA-LAVA
PAPA
PIRI-PIRI
SO-SO
TARTAR
TOM-TOM
TSETSE

TUTU
YLANG-YLANG
YO-YO

Sculptors

```
A M U P U A N N I E T S P E Y
F U O N A N N N Y O E D E Y V
I T T O C S O F O H O N T G E
S T R A R G D S N C W E L N C
G O R M L E Y M L I A H F O L
R E K U L V K N N E A B F L B
E S O P G Y T I I I V P I E V
D E J N P R L K D E M E R Y U
L G E E A L U R M E W G N A L
A A H U E S A B K R I S A N O
C L T C Q G I J N E B L O Y E
A S D E L H A P R E H F T K S
W C R A G G D P H I D I A S D
I S Q G Y T S G N I D L I W A
O N O G U C H I C Y S C O R T
```

ALGARDI	DAY	NOGUCHI	STUART
BACON	EPSTEIN	OLDENBURG	WEIN
BERGIER	GORMLEY	PHIDIAS	WILDING
BLOYE	KEMPF	PISANO	
CALDER	LONG	PYE	
CELLINI	MOORE	SCOTT	
CRAGG	NEVELSON	SEGAL	

Underground

```
W C T C N W S T O O R X G R V
P M O D R O W F O U X C A Q P
T R R N E R R A W N C L M L Y
M Y R U K R R H Q D L J S A O
M G A D N U E S X E P M W Z H
R A C W U B V E C R T P Y E H
A G G M B D L N J P P U C N I
B L J M U U I I G A O S B M R
B E N S A I S M C S U P R E M
I N S N P B L V D S S E W E R
T N E L L O V E V I F C V C W
J U L U H Z T N C I O A I R S
P T B Q K L S A U Y R G U Y H
D R A I N E I Q T G M H H P O
E R C T J B A M U O R M P T Z
```

AQUIFER	CORM	POTATO	TUNNEL
BULBS	CRYPT	RABBIT	UNDERPASS
BUNKER	DRAIN	ROOTS	WARREN
BURROW	GRAVE	SEWER	
CABLES	MAGMA	SILVER	
CARROT	MINESHAFT	SUBWAY	
CELLAR	MYCELIUM	TUBER	

Languages

```
A U R K H S I K R U T A K G I
L I T A R A J U G E A Y E C W
N A I G E W R O N K O R E A N
A H E L L E N I H O X L R B B
I S K N A L A T A C A V G E U
R I A F S E Q X E N R I V N R
A L D E W U W D D S J E W G M
G O T E A B N I K H E T O A E
N P L U A E C D S Q G N L L S
U S H F U V E I A H D A I I E
H V N O R N M T E V Y M A H K
G N A I X E H V L G A E L I C
N I T P L S N R R U S S I A N
C O G F D N O C A O P E F N F
I R U P J O H B H S I N A D W
```

BENGALI
BHOJPURI
BURMESE
CATALAN
CHINESE
CREOLE
DANISH

FLEMISH
FRENCH
GAELIC
GREEK
GUJARATI
HUNGARIAN
ICELANDIC

KOREAN
MALAY
NORWEGIAN
POLISH
RUSSIAN
SUNDA
TURKISH

VIETNAMESE
WELSH
XIANG

USA TODAY

Scary

```
S X W H G H O U L I S H D Y H
V P N B N N P B C Z O H R M O
P R O L N Z I R S R X E E E R
E I D O T K E M R R D P A M R
T Y I O K E R I R D I S D O I
R D B D P Y D E U A H K F S F
I E R Y R Y X H T O L E U E I
F P O I L A S M C S I A L U C
Y L M S E U E K S H I V E R Y
I V I D U W I O X N W N R G V
N R Z O E N S T A R T L I N G
G X X I G C I N O M E D Y S L
T E R R I F Y I N G G R E S I
H E G N I N E T A E R H T G V
E L S U O D N E R R O H U T E
```

ALARMING
BLOODY
CREEPY
DEMONIC
DREADFUL
EERIE
EVIL

GHOULISH
GRISLY
GRUESOME
HORRENDOUS
HORRID
HORRIFIC
MORBID

PETRIFYING
SHIVERY
SHOCKING
SHUDDERY
SINISTER
SPOOKY
STARTLING

TERRIFYING
THREATENING
WEIRD

Day Words

```
L L O O H C S L I L Q B S U T
D A R B L E B S W R E T U R N
T T E E N I H C T A W G T O E
R I M Y W U G N T S E R F O M
I P A Y I O R H K A B R I F G
P S E Y D T L S T C E R H T D
P O R R S R M F E M J P S H U
E H D E I A T B E R A I Y E J
R Q K G S D E M R T Y X M W F
A W O R K E B B I E A T N E O
E M C U R A E B O A R D E R R
M E Y S A W N B D K G K T K K
I M Y N O T O E S A E L E R G
T F C M K O H L E V E L E T S
S E E T K S S E N D N I L B A
```

BLINDNESS	LIGHT	PATIENT	TRADER
BOARDER	NURSERY	RELEASE	TRIPPER
BOOK	OF JUDGMENT	RETURN	WATCH
BREAK	OF	SCHOOL	WORK
DREAMER	REMEMBRANCE	SHIFT	
FLOWER	OF REST	SURGERY	
HOSPITAL	OF THE WEEK	TIME	

Internet

```
K A N O I T A R T S I G E R S
R E W F A V O R I T E S V P D
O N L I N E T F B S K N I L R
W T E L N E T O F O T D R O O
T R S E I E O Z U L E J U S W
E G G T A L S O O R I T S O Y
N E V R E P S I R I E N R U E
K S O A O A A I B R I A E R K
O P N N A G I L I Z K Q O C V
Q U S S F E L F C Q P Y M E P
G O C F B S O L D A D O N B H
R R T E C L I C K I C O N S R
A G K R D J O Q S T Q H E P A
E S T E M E W G O T P H E T S
D P R H G W R D S V P L C Y E
```

BLOGS	FOLDER	ONLINE	SPONSOR
BOOLEAN	GROUPS	PAGES	TELNET
CACHE	ICONS	PHRASE	VIRUS
CLICK	KEYWORD	REGISTRATION	
DOT-COM	LINKS	ROUTER	
FAVORITES	NETWORK	SOURCE	
FILE TRANSFER	OFFLINE	SPIDER	

States

```
C D H M K D P G L N E R E A B
B O A B D Q A N P O F M J N L
X I L W S T B I D G M M F A E
A H Z O O M A M G E H T A I F
I O B O R I K O E R T A A S X
N R S H H A V Y A O O K T I A
I A I A K A D W A M S E O U N
G N O W R Z D O T A A L G O O
R T N A O B I I R I G B P L Z
I E I I Y K A B N N J Y A U I
V X L I W A E P Y E M K O L R
T A L P E N N S Y L V A N I A
S S I T N S M A R Y L A N D D
E A M O H A L K O W A D D O G
W V M G Z S A N A T N O M A U
```

ALABAMA	IOWA	NEVADA	UTAH
ARIZONA	KANSAS	NEW YORK	WEST VIRGINIA
COLORADO	LOUISIANA	OHIO	WYOMING
GEORGIA	MAINE	OKLAHOMA	
HAWAII	MARYLAND	OREGON	
IDAHO	MONTANA	PENNSYLVANIA	
ILLINOIS	NEBRASKA	TEXAS	

European Capitals

```
O S E K B Y T N V V H W J H N
O V E R I K O M O N A C O R N
O B H E H V Y N B D L G M M I
N A B E R G A Z I J N O N I L
I L I S B O N J U V S O K B L
R P R A G U E B K C V N L S A
A D T B J S L U O Y I Y D L T
M O U E V J W W N S E T A G P
N T I R A N A Z L V N R I F S
A B Q N D D G E C Y N S S K W
S P A E U M H K A W A N O H A
Y O H C Z M I N S K E P C X S
E R F D I R D A M H J L I U R
C V S I R A P J T E P U N Q A
U W I S A P V A L L E T T A W
```

ATHENS	MINSK	SAN MARINO	VIENNA
BERN	MONACO	SKOPJE	WARSAW
HELSINKI	MOSCOW	SOFIA	ZAGREB
LISBON	NICOSIA	TALLINN	
LJUBLJANA	PARIS	TIRANA	
LONDON	PRAGUE	VADUZ	
MADRID	REYKJAVIK	VALLETTA	

E Before I

```
T L E I Y T I E N A T N O P S
C W O E I M N V D R J S S N J
E E L R Q I C A A D E I T Y A
I I S O E I S E N H O W E R H
L P G S B L I E K K I N I A E
I S O N N I E T S N I E T W I
N S E L K E H I C I M S I E S
G I I W T A I D B L S B S G T
S E L L I E S R A M I E H J S
X N N I N U R P A I E F N K D
R G B G V N A G H O W B E I T
Q E E E I V W N E S S I E M H
N A I E B E L P N I N Z C R W
T N G N S I R I E F S O A Z Z
S T E K S L H E I R K T I E G
```

BEIGE	HOWBEIT	PLEBEIAN	SPONTANEITY
CEILING	LORELEI	POLTERGEIST	UNVEIL
DEITY	MARSEILLES	REIGN	VEINS
EINSTEIN	MEISSEN	REINS	
EISENHOWER	NIKKEI	SEINE	
GNEISS	OSTEITIS	SEISMIC	
HEIST	PALMEIRA	SKEIN	

Fabrics

```
E N I L P O P R I N X Q D F I
N K E L V T N E E T A S L T K
E C R E R W G D P O H E H P A
E I A J A X R D S L E B E I H
D W R L O A A Y E C U H S K K
L E O I L R O P E N Z M S Q E
E L G O D E L S I L I A I D E
C D N S C E L C S A I M A U M
O N A A Z H T L I G H P N V S
R A R U N L A L I N E N X I W
D C A T M E R M I N E X L U H
W G R B S T L F O L E K L M M
O O U E L J F I I I G H A D M
N S O E P M F T O K S D C M C
P P F L U E F Z F T Q T E C V
```

ANGORA	ERMINE	LAWN	SILK
CANDLEWICK	FELT	LINEN	TOILE
CHAMOIS	FLEECE	LISLE	WOOL
CHENILLE	GAUZE	NEEDLECORD	
CREPE	HESSIAN	PEPLUM	
DENIM	KHAKI	POPLIN	
DRALON	LACE	SATEEN	

Gardening

```
S I J T C T Y R A I P O T E H
O Y N E S R R Y U H B L M E V
W L N C E O N I N Q E I N G E
R E L L I D R X M Z L E L N R
E V P S R N O F A M L A B I V
O A B E H Q E H I V I E I G A
M R Z S D E E R H G S N P A I
W G G N O M E A A E S E G T N
N R Y N L Y C L B T A E U S H
E R F O B Y F O B W O L Q N W
C A C I W R S I W O R R A M I
T K F E Z E F V S E S S A R G
R E F O S J J S A L J W A B E
A S I O R G F O L I A G E M H
N A R H C K P G P I L S W O C
```

BELLIS	GNOME	MAPLE	TRIMMING
COWSLIP	GRASSES	RAKES	VERVAIN
DILL	GRAVEL	REEDS	VIOLA
FIGS	HAZEL	ROSES	
FOLIAGE	HEMLOCK	SALSIFY	
FORK	INCINERATOR	STAGING	
FROST	LIME	TOPIARY	

Things We Love

```
S S S L O R A C Y Q S E R S S
E G S L R Y T N I U D S A E Z
I O D N R T N C N S A D I I S
L D G Y O A E S P N U P N V A
F T N N R I H D D E P M D O M
R O I G I I N C D U L J R M T
E H K M N M A O P Y R R O D S
T Q L E G S M Y D C B R P L I
T T A F T H Y I L E S E S O R
U I W L S W P C W L I D A W H
B U E O Z S T N E S E R P R C
S S L W T I U R F C X J F D S
V C S E S R O H S T O R I E S
O N E R D L I H C I Y F Y Q I
K H R S G N I D D E W U Y Q N
```

BUTTERFLIES
CAROLS
CHILDREN
CHRISTMAS
FLOWERS
FRIED ONIONS
FRUIT

GRANNY
HORSES
HOT DOGS
JELLY
MUSIC
OLD MOVIES
PRESENTS

PUPPIES
RAINDROPS
ROSES
SANDCASTLES
STORIES
SUNSHINE
SWIMMING

TEDDY BEARS
WALKING
WEDDINGS

Seven-Letter Words

```
L A C I S U M O Y I S O A Y U
Y K X J M G P U V N E N T J H
V A N R F U L Z S F V O T E E
Z D D U R N R R I E X W E Y R
Z Y A S R A E H L R N H M T O
V T U T E T G C O N C E P T S
I I K L T U E H U O P R T A I
T C L E X T T O I I T E B A C
D K L R A R N O T R I B Y M N
E L M C I O I H C A A A L T I
E E U B R T E Q R T C V I A C
O D E P H T W K H N O D V H E
E R V S O P R A N O Z B A A A
B R E P C N A B B L H D E M G
M K B L N A I L A T I U H R P
```

ATTEMPT	INFERNO	OCTOBER	SOPRANO
CONCEPT	INTEGER	ONTARIO	TICKLED
EDUCATE	ITALIAN	PRONOUN	TUESDAY
EPITHET	LETTERS	PURSUIT	
HEARSAY	MAHATMA	REBIRTH	
HEAVILY	MUSICAL	RUSTLER	
INCISOR	NOWHERE	SABBATH	

Antonyms

```
N T N E N A M R E P I R E S E
C C E B E C R A C S L S E A T
M A Z I S F G Y T L I U G N S
B E P V U M D W A W B I E T S
R S H L T Q O C I V M C A H E
A W S L E E K O Y D O M C H N
V V L M X N M S T N E E O I K
E W O R P T T P N H O K W H C
J R W S A T C I O P H A A S I
H A E K N R X A F R H Q R I S
I E R T D A O N R U A D D L E
R Z A L S P L U O T L R L O N
E A I L D A Z N G I N L Y O A
R W G S T E F O D H S O P F R
T O G E T H E R Q K V Y C P V
```

APART	FASTER	HEALTH	PERMANENT
TOGETHER	SLOWER	SICKNESS	TEMPORARY
BRAVE	FOOLISH	PLENTIFUL	ROUGH
COWARDLY	WISE	SCARCE	SMOOTH
CONTRACT	GUILTY	NOISY	TAME
EXPAND	INNOCENT	QUIET	WILD

Supermarket Shopping

```
S E C Y A V G T E L I S U F Y
L A A A S R E F F O E S J B R
E U Y G S K S R U L E S Q M I
B L Z I S H E J B V T S R M A
A E G A K C I A L N L H A P D
L N B A E P T E E R M O I R G
S E L I T E H G R Z R P S O N
B M P T G S R S C E R P L D I
A T U E N E S L W I H I E U K
K L V A T E S A C P R N S C C
E G U E L Y R E C O R G D E A
R Z D P Q D T R N I N L N A P
Y K M P S A T E L I O I A L I
M A N A G E R C A M W S R P M
S S R E W O L F R A C T B E L
```

AISLES	DETERGENTS	PRICE TAG	SIGNS
BAKERY	FLOWERS	PRODUCE	VEGETABLES
BASKET	GROCERY	RECEIPT	WINES
BRANDS	LABELS	REWARDS	
CASHIER	MANAGER	SAMPLES	
CEREALS	OFFERS	SHELVES	
DAIRY	PACKING	SHOPPING LIST	

USA TODAY

Spying

```
J E A S H W C U H O T I L E A
E S B D N O I T C E F E D R C
I E E I V V U S L E E P E R F
C W T E E E T E O U T M D S E
R A R O L G R F R R A T O N I
M T A S I N F A O C V R C O R
L C Y U L I E S T U I E N I B
I H A N C G H G I D R A E S E
F I L E W G R R A L P S N S D
O N R M M U S N R T E O S I E
R G Y S S B G E T S O N R M F
C A N S F E U R E P E B C W O
I T I S R E T R A U Q D A E H
M A X U S T N E M U C O D S V
E C N A S S I A N N O C E R E
```

BETRAYAL	DOCUMENTS	RECONNAISSANCE	TRAITOR
BUGGING	ENCODED	RUSSIA	TREASON
CAMERA	HEADQUARTERS	SABOTAGE	WATCHING
COVERT	MICROFILM	SILENCE	
DANGER	MISSIONS	SLEEPER	
DEBRIEF	OFFICER	SLEUTH	
DEFECTION	PRIVATE	SNOOP	

Sailing

```
C G O O D W I N E R S U A U S
S T A O B E R T H U L L O J F
V C A T A M A R A N K E E L S
R Q E B V N P S I G Z J A B D
I E A Y A P O E A N A G E Q M
F C D P A F R I C I I L N P U
Z A V D Z C T F T R S Q L D M
M J R W U Z H P D A K M U E R
Y O L L O R O T F F G A X V Y
I O O N E L L W H A F I G S H
P W L B V H E K E E T Y V Z Z
H M A O C D N B L S Z S Y A M
R W C T F J W X M P B E A M N
B L I F E J A C K E T Y U M N
F P V T G R Q S L I A S Q V S
```

ABAFT	FLAG	NAVIGATION	SEAFARING
BEAM	GALLEY	PITCH	WATER
BELOW	HELM	PORTHOLE	YACHT
BERTH	HULL	QUAY	
BOATS	KEEL	ROLL	
BOOM	LIFE JACKET	RUDDER	
CATAMARAN	MAST	SAILS	

Fruits and Nuts

```
Z T R E Y R R E B W A R T S A
T N A R R U C K C A L B J P D
S H R E M E C N I U Q D A A Z
H C A E P D D P X A C E N P E
E V I L O X J C P Z L E A A C
P U M P K I N G U D E I N Y O
W H O R T L E B E R R Y A A B
Z T A N S M B R T A R C B Y N
E U G Z T F B P S P O A R S U
Q N U U E E A P G R L R N E T
K L N M R L B P A Q E E M T P
C A I R E E N N E H G A M G R
J W Y W R L G U C C N S P O U
C Y S R Q E O X T G A Z E U N
F L Y F M D O N O C T N Z P E
```

BANANA	LEMON	PEACH	STRAWBERRY
BLACK	MANGO	PECAN	TANGELO
CURRANT	MELON	PRUNE	WALNUT
CHERRY	NUTMEG	PUMPKIN	WHORTLEBERRY
COBNUT	OLIVE	QUINCE	
ELDERBERRY	ORANGE	RASPBERRY	
HAZELNUT	PAPAYA	RED CURRANT	

Short

```
P E D E T A I V E R B B A N T
N Y P P A N S B C A E H D L C
R Y V G R L T O T C E R I D A
U S U D D E N H P R Y C S Z P
T C J J R D C Y G J T E C T M
I X I Z E C A I Q I N Q O Y O
C A X N G S J B S N A L U Y C
A E S H O F I D R E C R R R U
T E H P F C E C I U S B T O R
D X A U T P A Y N E P F E S T
I S R J P E I L C O K T O R A
T G P I M C R T D R C U U U I
I N L I T C X S H W I D S C L
W C B R U S Q U E Y E S J B E
T O T H E P O I N T B J P N D
```

ABBREVIATED
ABRUPT
BRUSQUE
CLIPPED
COMPACT
CONCISE
CONDENSED

CRISP
CURSORY
CURTAILED
DIRECT
DISCOURTEOUS
GRUFF
LACONIC

PITHY
PRECISE
SCANTY
SHARP
SNAPPY
STRAIGHT
SUDDEN

TACITURN
TERSE
TO THE POINT

Garden Creatures

```
P A S E M Y G Y S U E L L O E
A N T E B I L T N S E F M C O
I G N C W P M F U Y R N R W B
R G U R R O N O L O O E B Z O
E E A L U A L F G L D M T M N
D E L S S D N H A A A E D O X
A D E T O E O E N E K G E S R
D E B O E P U T F C B G S Q Y
M P W R P E E L I L I M T U H
I I G E O N B R B P Y H B I T
R L R U R B C K E G R N K T O
A L I O K J I W C I D E N O M
L I H A E A A N P A E D G E A
K M A O N S B U M B L E B E E
R E D I P S S K R A B B I T P
```

BLACK BEETLE	GREENFLY	RABBIT	THRIP
BUMBLEBEE	HORNET	RED ADMIRAL	WASP
CRANE FLY	MILLIPEDE	RED ANT	WOODLOUSE
CRICKET	MOSQUITO	ROBIN	
EARWIG	MOUSE	SLUG	
FROG-HOPPER	PEA MOTH	SNAIL	
GALLFLY	PIGEON	SPIDER	

Palindromes

```
S I R E S D I K C T E N E T R
N G O P G E O A D I Z O F J A
P U T U P O E Y Q W V W G O D
B Y A M K A G R L B R I T C A
I O T E R A X E E E U W C R R
R A O G R C V T D F U O E U T
D M R A X E E D D H E N V O T
R C S G L Q E G V L B R P F Z
I S T E W R A S O L O S E R J
B L A M E D R L R E P A P E R
T W T U J N O O N O U N M V S
R I S E T O V O T E S I R I D
W A R T H O G S O O N H R V E
L I V E E V I L E I R A U E E
D A M M A D A M M A O O I R D
```

BIRD RIB	MEGA GEM	REPAPER	SOLOS
CIVIC	MINIM	REVIVER	STATS
DEED	NOON	RISE TO VOTE	TENET
KOOK	NOW I WON	SIR	TOP SPOT
LEVEL	PUT UP	ROTATOR	
LIVE EVIL	RADAR	ROTOR	
MADAM	REDDER	SEE REFEREES	

USA TODAY

Art Terms

```
C E N T A M S E R U G I F L T
R N V N R T A Z W M C U E L N
E E L I R R O C O C O D O P E
S J D O E D S R D A O O R E M
I G K P T T E E A M H O H N G
N E M G C S N H H C F M C C I
S E J N H I I S S I Q A F I P
T S A I I L L C L V M E S L H
E C E H N A F E Y W I W E P C
Z I I S G E K A S L M H A R T
A A O I B R L L E A H L S R E
L S F N W R I R F R E S C O K
G O J A E U D R O T O W A E S
G M B V R S B Q T H F U P J A
K K O N B E A E R A T E E Y O
```

EASEL	MOSAIC	RESIN	SURREALIST
ETCHING	OVERLAY	ROCOCO	TEMPERA
FIGURE	PALETTE	SCHOOL	VANISHING
FRESCO	PENCIL	SEASCAPE	POINT
GLAZE	PIGMENT	SHADOW	
LINES	PROFILE	SKETCH	
MODEL	RELIEF	STROKES	

Narrow Things

```
H C J K A I E T G I E I I G W
B J E P A G D L E Y O N E T E
F E A A U Y E T A B L B I A Z
L T S A E P A C S E K S I L L
H A G D R N Q K N C A S C S G
S E N K T U V N E W T A P E R
A S S E K B U N Y M V T E A M
W Q N S L T E A H E R A O R P
G N E U A L E D G E R F W E T
A C Z S T V H G N T F F Y M T
D G R T X C E C E G L R C U S
L M O E L G H R D B E E R L Y
Y B P J A N Y D C I H R A F S
E P I R T S N I P G S I C H T
A R I S A G E T R J A W K S A
```

ANTENNA	FLUME	PIER	TRENCH
ARTERY	GAUGE	PINSTRIPE	TUNNEL
BOTTLENECK	KAYAK	RUT	WIRE
CRACK	LANE	SHELF	
CREASE	LEDGE	SILL	
CREVASSE	LINE	SLAT	
ESCAPE	PATH	TAPER	

Goodbyes

```
U D E D E E P S D O G E G N R
F E B O E G A Y O V N O B E C
F A I I T O O D L E O O U S D
O U D D C P E G T D I O L A E
D R Y E A R N L B C Y I L Y S
N E C R P O E Y U G O R E O P
E V Y X L A E D N Z A E W N A
S O E O V E R I E G I E E A T
L I S I Y P E T O V C H R R C
M R N B M E A O U E I C A A H
O G E F S T D R W R V R F G B
A Y A E Y D D H T Y E A R S J
B T B Y A W A G N I O G W A H
E A A Y G S E T T I N G O F F
E S L T E S A T A E M G T T H
```

ADIEU	CIAO	GOODBYE	TA-TA
ARRIVEDERCI	DEPARTURE	LEAVING	TOODLE-OO
AU REVOIR	DESPATCH	PARTING	WAVE
BE SEEING YOU	FAREWELL	SAYONARA	
BON VOYAGE	GODSPEED	SEND-OFF	
BYE-BYE	GOING AWAY	SETTING OFF	
CHEERIO	GOOD DAY	SO LONG	

Vegetables

```
D B G Y N A E B R E N N U R P
T R A S F E S C H A L O T B O
F O A M A I S P I N A C H C R
Z L R H B S S K R S U L S A A
S U K R C O C L P O N E A U E
R B C J A E O A A T U N S L N
P A B C N C R S L S C T K I R
E L D D H A Z C H L K I S F O
P Z I I G I O L E O I L L L C
P V I U S R N I B L O O Q O T
E O S A Q H E I U L E T N W E
R O T B M N R E H Z C R S E E
V C R A N I A T N A L P I R W
D U R J T S J W M S J W S A S
A S P E N O K N I K P M U P C
```

ASPARAGUS

BAMBOO SHOOTS

CARROT

CAULIFLOWER

CELERIAC

CHARD

ENDIVE

ESCHALOT

GREENS

LENTIL

MAIZE

PEPPER

PLANTAIN

POTATO

PUMPKIN

RADISH

RUNNER BEAN

SALSIFY

SCALLION

SCORZONERA

SPINACH

SPROUTS

SWEETCORN

ZUCCHINI

USA TODAY

Hands

```
S  S  T  N  I  R  P  K  G  W  W  J  W  S  U
L  N  L  M  F  O  N  N  A  R  R  R  E  B  G
I  A  E  S  R  U  I  S  I  Z  I  H  U  M  I
A  A  N  H  C  L  H  T  D  S  N  A  H  U  P
N  H  X  K  E  I  I  O  T  V  G  O  R  H  R
G  G  L  E  N  N  J  S  Q  D  I  G  I  T  S
D  E  F  G  G  O  C  I  S  P  N  T  F  E  L
S  X  C  U  T  I  C  L  E  S  G  M  F  T  G
P  J  O  I  N  T  S  K  L  N  A  C  H  D  N
T  Y  S  T  S  I  F  F  I  N  G  E  R  S  I
H  T  S  P  Y  P  K  H  U  N  N  D  A  C  V
G  W  E  X  A  Y  C  A  A  A  G  B  S  E  A
I  R  J  L  J  N  L  K  R  V  P  R  T  O  W
R  F  M  S  U  O  R  T  X  E  D  I  B  M  A
A  S  P  P  H  P  O  L  L  E  X  V  L  M  S
```

AMBIDEXTROUS	KNOCKING	PRINTS	WRINGING
CUTICLES	KNUCKLES	PUNCHING	WRISTS
DIGITS	LEFT	RIGHT	WRITING
FEELING	MANUAL	THENAR	
FINGERS	NAILS	THUMBS	
FISTS	PALMS	WASHING	
JOINTS	POLLEX	WAVING	

Brisk

```
S G S G K K S U O R O G I V W
L S H N N E C M Y J L N H E N
H C V I Z I S I A P F I A K E
N I C T E R H X U R P C V I S
D M I A L R A S E Q T A B L N
P A T L B L R X E I S R N S E
B N E U M I P A V R U B E S S
U Y G M I Y D E U S F F G E N
S D R I N R S E Q C F E L N O
T Q E T D L D U T I O A R I N
L E N S I I E L C I T C Z S O
I N E V P U P I T I R T I U N
N A E A B X E D V I T I P B R
G L R P J N F D S L H D P V U
Y A O R T Z A P H A S T Y S U
```

ACTIVE
BRACING
BRUSQUE
BUSINESSLIKE
BUSTLING
CRISP
DYNAMIC

EFFICIENT
ENERGETIC
HASTY
LIVELY
NIMBLE
NO-NONSENSE
QUICK

RAPID
REFRESHING
SHARP
SMART
SNAPPY
SPIRITED
STIMULATING

VIGOROUS
VITAL
ZIPPY

USA TODAY

Confused

```
B M P R E M B D Y N O U I N N
Y G G O R G A E F E L F T G V
I H T S E N Y L M I P Y X D D
E I O D U F B D H U A O E K E
P E C R E V X D I D S D D M L
B U N I B L P A E T N E I D F
D A Z Z L E D L M I N X D E F
Y Y Z Z I D F D M P E U J L A
D S Y M L F S T U D E Z A D B
D T E G U E N J U M B L E D V
I U Y R G E D P W A I Y O U U
G M E A S O Y T H G I L F F T
U P L B K P F A Z E D O W E Q
K E A E T G W I T L E S S B H
Y D E L B R A G A S E T T A X
```

ABSENT-
  MINDED
ADDLED
BAFFLED
BEFUDDLED
BEMUSED
DAZED

DAZZLED
DIZZY
DOPEY
FAZED
FLIGHTY
FOGGY
GARBLED

GIDDY
GROGGY
JUMBLED
LOST
MIXED UP
MUDDLED
PUZZLED

RUFFLED
STUMPED
UNTIDY
WITLESS

Words with SUN

```
S U N S H T W O B N U S N U S
N U N E E S U N E Y S T U U G
S U N S H C R O P N U S N O S
S U N S U I T S U N U U D M U
C U S A S N C P U N G N L O N
S V U L U S B E B N U D A O Y
U S N G N U J U K S K R I R S
N U H N D N R S R K K E D N U
H N A U G S I U U N B N N U N
S S T S T H B N S N U C U S F
U H I D R A W N U S D H S U L
N I S F L D I I N I W E J N O
D N U S N E W E D U N D W D W
A E S U N U G S U N S K M A E
E N U S U N S T R O K E Z Y R
```

SUN DOG
SUN HAT
SUN PORCH
SUNBOW
SUNBURN
SUNBURST
SUNDAE

SUNDAY
SUNDEW
SUNDIAL
SUN-
   DRENCHED
SUNDRY
SUNFISH

SUNFLOWER
SUNGLASSES
SUNKEN
SUNNIEST
SUNROOM
SUNSET
SUNSHADE

SUNSHINE
SUNSTROKE
SUNSUIT
SUNWARD

Anti Words

```
N O R T U E N S A R T U E N S
U O W C H R I S T M H M T I U
N A P E N O L C Y C E C S X R
R O N E D H L A Z T S I U O I
Y H T R R I F B I V I T R T V
A T M O M S I C R R S E T G N
N N I A R O O K Y Q E H U E N
T A X V T P K N N J T T T A S
I S X I A T O V N O N A C N I
D S C Z R R E R V E C P V A M
I E C L U N G R E A L K U U B
L R F L O J O L H M E Z R U X
I P J M J E I W F E Z E E R F
L E A I R C R A F T S Q N T M
U D M B R E S I W K C O L C L
```

AIRCRAFT	DEPRESSANT	PATHETIC	VENOM
BACTERIAL	EMETIC	PERSONNEL	VIRUS
BIOTIC	FREEZE	PROTON	WAR
CHRIST	GRAVITY	SERUM	
CLIMAX	KNOCK	THESIS	
CLOCKWISE	MATTER	TOXIN	
CYCLONE	NEUTRON	TRUST	

Moons

```
S U T E P A I O X Y G E N A H
S O B O H P T B E D D R K H E
M K L K O S E E V S O M I E D
I D O M I V G R D A K N G G T
M I H L I O E O C Q G A M E A
A H L C L R Z N F D N J T A G
S A A R K E A M S Y A H U H P
C M I E T I M N M U Y D Q P I
V A L S B G T E D S N H I I K
V L E S G S D T N A E A H S A
A T D I F E R H I M L I J A L
D H R D E I S O H T R O Y P Y
E E O A T T E P K W A S A I K
H A C O S U D A L E C N E K E
H Y N P U Y A F M J U L I E T
```

AMALTHEA	GANYMEDE	MNEME	TETHYS
BIANCA	IAPETUS	OBERON	TITAN
CALLISTO	JANUS	ORTHOSIE	TRITON
CORDELIA	JULIET	PASIPHAE	
CRESSIDA	KALYKE	PHOBOS	
DEIMOS	MIMAS	SKATHI	
ENCELADUS	MIRANDA	SKOLL	

USA TODAY

G Words

```
E U G R K R O W S S E U G A G
E M N O E L L A G E R G L P O
A D O G A L Y A G R E W A T P
G L I N E G E L U K A N N N H
A J U C G R G U I D A N C E E
G O L F I N G P G U A G E I R
A E D G E M T E T G Y R Z D H
L P E W N C R N G A A Z G A C
L S T T C I A E T Y D E E R G
A G N H N G W R G A U U U G S
N A U G R A A A G A E L E O N
T Z R A O G R A N U L A T E D
R I G E N E R A L G U N N E R
Y N O M M A G H U B E Z U A G
O G G N I D N I R G S E E R G
```

GALLANTRY	GERMICIDE	GRADIENT	GUESSWORK
GALLEON	GLANCE	GRADUAL	GUIDANCE
GAMMON	GNAWING	GRANULATED	GUNNER
GARGANTUAN	GNOME	GREEDY	
GAUZE	GOLFING	GRINDING	
GAZING	GOPHER	GRUNTED	
GENERAL	GRACEFUL	GUARANTEE	

Johns

```
R T E F B H S H Y L A V N S G
O E U H U R T A D A M S O V D
J S I W R H S W N D C P W O U
A B G P A O I M A E M A N Y H
M U N W A A C L C A Y N B S C
A C I B E N T K H N E R E O L
S H M R N O N N E E G S M E T
E A E E N F O U D F S B G M R
F N L W V B B A U I E E Y B O
I G F H E V E A O E N L D I N
E Y B T U B I N R D Y E L I E
L I R L V E S H N N N B K E W
D C L E E S E T G V E S I L R
B P Y V R P I B E L U S H I I
R M M N N L I R G R V P O N Y
```

ADAMS	CLEESE	LEGEND	THAW
BARNES	DALTON	MAJOR	WAYNE
BELUSHI	DENVER	MASEFIELD	WEBSTER
BONHAM	DONNE	NAPIER	
BUCHAN	FLEMING	ROCKEFELLER	
CABOT	GLENN	RUSKIN	
CANDY	HURT	SESSIONS	

USA TODAY

Dams

```
T A S A N N Z J A L F R E N U
S F J R I B A K R I M A E F D
I F I C I D W T E G L M T O T
L L X W T S C V G I K T R R A
V A I G S N H I E N F A I T B
A M L N U G O R P E O W N P Q
N I U M V A V J L A A L I E A
A N O L E R N M A C S B T C V
W G D S E N M G B V S A Y K F
I G U Z Y O D E Z G A T N U A
J O X P H E N R J H R F E G Z
A R D A B N A R A M A T A M R
K G L U E H D J E Y T O E L D
U E Y T M E T B P K O R J O H
I A T S A H S O R O V I L L E
```

ALMENDRA	GUANGZHAO	ROGUN	VAJONT
ALPE GERA	KAJIWA	SARATOV	WAC BENNETT
AMIR KABIR	KANEV	SHASTA	XILUODU
CIPASANG	LONGTAN	SILVAN	ZERVREILA
FLAMING	MOHALE	SWIFT	
GORGE	NARAMATA	TABQA	
FORT PECK	OROVILLE	TRINITY	

Things That Can Be Lost

```
T R I M F G E S O P R U P H T
F E S A E N A V E M R J A G H
G L O V E E L I V E S I Z X G
Y R R O E N U O F K E K D E I
O E P S R B E A R I N G S E E
N P V E W A I X U O R U D D W
O T P P K T H H G O A I E E H
I C I O H G A W U C R C P N I
T A P H R C E N P E V E O C L
C T V L C T D N C E X O S I I
E N R L A V U T U B R Y I L C
N O A A S C I N H T E E T C N
N C K S E O E G I K R T N L E
O N C H N H O E U T F O S Q P
C I M I S L A Y R Y Y U F L T
```

ALL HOPE	DIRECTION	LIVES	TEETH
BEARINGS	FAITH	NERVE	VOICE
BETS	FORTUNE	OPPORTUNITY	WEIGHT
CAUSE	GLOVE	PENCIL	
CONNECTION	GROUND	PLACE	
CONTACT	HEART	PRIDE	
DEPOSIT	KEYS	PURPOSE	

USA TODAY

Self Words

```
A T T R I B R G N I S I A R G
H A I T Y S A C R I F I C E E
J D D E D I U G D N M E C T S
D G E I S T E O D D E Z U R T
D E C Y A E B C I U Z I S A E
E A C U O M E U F C F Z A T E
L M G E T L B K O E S K T S M
Y H P J I F P F E D Y N I R T
T J O R T T P M D R N A O I C
S G R E L A P A E D R V N C O
C O T S E N N L E P I W R W N
E A R P D A I R L O R T N O C
D X A E H A T R E S E N L R E
G N I C N A L A B E C L W T I
A I T T H D A Y L J E I V H T
```

ACCUSATION
BALANCING
CONCEIT
CONSCIOUS
CONTROL
DECEIT
DOUBT

EMPLOYED
ESTEEM
GUIDED
HATRED
INDUCED
PORTRAIT
PRAISE

RAISING
RELIANT
RESPECT
SACRIFICE
SEEKER
STARTER
STYLED

TAUGHT
TITLED
WORTH

Waterfalls

```
G I O I W A I H I L A U Y L D
N O S T A W Q A M O T N A H P
H A L O K U K U S S A U G I U
Z S V S L N I C D E E E D E G
K I N D I A N C H I M N E Y L
Q R H R D R V L M P P O B N E
E E V O D B E B A S E H A L O
C M K Y P E L V I D R S R K H
R L I N T E T B I E O O A C S
O O S R N U T T B R R H G M E
F T I C H V G O I O S S A B S
H S O P P G E E U F E N I H R
G E N W O R B O L N O X N X O
I K R I M M L X D A E S Q U H
H A V A S U T I G O R D S W D
```

ANGEL
BLENCOE
BROWNE
DETTIFOSS
DUNN'S RIVER
EMPEROR
HALOKU

HAVASU
HIGH FORCE
HOPETOUN
HORSESHOE
IGUASSU
INDIAN
  CHIMNEY

KRIMML
NIAGARA
PHANTOM
RHINE
RINKA
SHOSHONE
TOLMER

TUGELA
UTIGORD
WAIHILAU
WATSON

Good Words

```
A E K N A T I R A M A S O I J
H G U O N E S T T W O L L E F
E G N I N E V E M A N N E R S
T F Z H E A R T E D F I B I V
S V G N I H T O N R O F G C I
A T N Y N X P V I W R Q H H I
T T A U R W S D I F T P F E T
G D I F O E A S H E U R A E G
M G X R T Y H C V I N I I R E
W O K D I E Y T F R E D H H U
Z S Z L S P R K A G Q D T T L
G I E C C E S N J E Y A A L A
D E R U T A N M O O W N D A V
S E C N E I C S N O C C I E E
L H H N D Z L Y E Q N E I H K
```

AFTERNOON	FORTUNE	NIGHT	WEATHER
CHEER	FRIDAY	RIDDANCE	WISHES
CONSCIENCE	GRIEF	SAMARITAN	WORKS
ENOUGH	HEALTH	SENSE	
EVENING	HEARTED	SPIRIT	
FELLOW	MANNERS	TASTE	
FOR NOTHING	NATURED	VALUE	

Currencies of the World

```
A M I T R A N S I O A N W Q F
E G O F R V S E V I S A L A D
D D U U R O T E N G E E I A E
A R I P M E L E O N E L P M W
M G T O F N D G N I L L I H S
B A N K S O V L B E N S E C S
R I N I Q R U R I A E H Z A V
I B J A L K R N U U R P G R W
F A A A T R A I F F G I U D N
H G E O I H E Y C Y I X A R E
E N F N G U L T R U M Y R N A
C A U F G E D R S A C N A R F
A A A M N A K F A C I F N A S
E P C E I P E A I C M R I T B
S O L X R W L A R T S U A N O
```

AFGHANI	GUILDER	NGULTRUM	SOMONI
ARIARY	KRONE	PA'ANGA	STERLING
AUSTRAL	LEMPIRA	PESO	TENGE
DALASI	LEONE	RINGGIT	
DRACHMA	MANAT	RUFIYAA	
FRANC	NAIRA	RUPEE	
GUARANI	NAKFA	SHILLING	

Star Trek

```
E H O E N M N R A H T A U U Q
J N U L L E T H A R E H R S E
W P T B T S S U I C E D V H L
M F P D R T I K S C N M S F E
W R O N I M O O A A U P F S P
B X S F B R V P L I O P I T A
W E T U B A S B G C H C C D H
S I K I L R D R K A K J O N C
D L T E E U E N S B A H M A E
I R A P Y P S E A I T U P C S
O A Y C E C R Y Y M L E U L R
R H O N O H C R A H A H T U U
D C C T M L R I E K U I E V N
N E T Z A J U L S R E Y R O W
A Y Q S N A N T A R E A N N O
```

AMANDA	HYPERSPACE	PHASER	UHURA
ANDROIDS	LANDRU	SCOTTY	VULCAN
ANTAREAN	MR SULU	SICK BAY	YEOMAN
ARCHON	NURSE CHAPEL	SPOCK	
CHARLIE X	ORBIT	TELLUN	
COMPUTER	OUTPOST	THARN	
DECIUS	PERGIUM	TRIBBLE	

Large

```
S C E D C O L O S S A L E T K
U S S U O D N E P U T S H N W
O C U U Y F G L T O N E Y A I
G T O O O L Y C W T A U C I X
N A N N N M A E K V B M C G S
O I K E S I R T Y N S I H C U
M G G I N I M O N U P O U A O
U A I M N I D U N E X B L V R
H G Y G E G M E L E M M K E T
Q R R T A S S O R O O U I R S
W O B E F N N I R A V J N N N
V N H E A E T E Z P B G G O O
R A G C N T H I M E P L A U M
F U S Y U S A C C M C E E S Z
H G O T G V C O S M I C N K A
```

CAVERNOUS
COLOSSAL
CONSIDERABLE
COSMIC
ENORMOUS
EPIC
GIANT

GIGANTIC
GREAT
HEAVY
HEFTY
HUGE
HULKING
HUMONGOUS

IMMENSE
JUMBO
KING-SIZE
MONSTROUS
MONUMENTAL
PROMINENT
STUPENDOUS

TOWERING
VAST
VOLUMINOUS

USA TODAY

I Words

```
T I I E T A R E T I U I L I I
E J M Y E H I I I O C V A R I
L G P S I B I A S C I N I I B
S N E N U I I V I N V E R S E
I E R V Y I M M E R S E T H R
Y S T F I T T P M I I V S V I
N I I A E T I A U D J T U I A
O H N C L R I N N R O I D R A
R P E C A F I S U G I F N I N
I O N I E R N I N M I T I D A
I D T N I R U I N E M Q Y C B
S W A O N I N S E N S I B L E
I N J C C M I I O D I N E U K
I N O I T A R T S U L L I E I
M O I D I I Z I R A N I A N I
```

IBERIA
ICARUS
ICONIC
IDIOM
IGNATIUS
IKEBANA
ILLUSTRATION

IMMERSE
IMMUNITY
IMPERTINENT
IMPURITY
INANE
INDUSTRIAL
INFLATE

INGOTS
INSENSIBLE
INSENSITIVE
INVERSE
IODINE
IRANIAN
IRISH

IRONY
ISLET
ITERATE

Creepy-Crawlies

```
U J S W E X A G P T L A R V A
E J G R L N A E H S G T K N O
R O E L U D O O L E L P R O G
M S L I F V R R L F G E E S A
R J B L G A K T D T P V U I M
O L Y N X J T N E P G F J O I
W U A M R O W D O O L B M P S
W T Y J B N L H K C Q G U N E
O M B E W E S L O C U S T J B
L N U G G S W D W B S A V O U
G L C G A T O U D M R Y T C N
B C S R T G Y E O S I F V T O
L E G D I M B T U C L T P R P
M A Y F L Y H S X Y T J E E E
M L O C A S T E U E L Y T R A
```

BEDBUG	FLEA	LEGS	PUSS MOTH
BLOODWORM	GADFLY	LOCUST	TARSUS
BLUEBOTTLE	GLOW-WORM	MAYFLY	THORAX
BOTFLY	GNAT	MIDGE	
DRONE	GRASSHOPPER	MITE	
EGGS	IMAGO	NEST	
ELYTRA	LARVA	POISON	

Green Things

```
C J G O S L X E R H E E G M V
R D L E P J L F E E L V A U A
E L P J E T I C I T Y P I G C
W A E L R E G K T N P I E L L
O R D U L R L O O A H N V Q O
L E T D A I B I R G R E E L V
F M S S Y G T T Z K B N R E E
I E S C J U Y E H A U E G A R
L A W N L A S E A G R E R V Y
U B R O M N R S T A I D E E Z
A C V U N A I T R A M L E S T
C E S W S D R A G O N E N W Z
R U M Z S H A M R O C K T H A
L E T T U C E G A G N E E R G
J D E R E L T S C E L E A T L
```

BERET	FIELDS	LIGHT	SHAMROCK
BOTTLE	GRASS	LIZARD	TURTLE
CAULIFLOWER	GREENGAGE	MARTIAN	
CLOVER	IGUANA	OLIVE	
DRAGON	LAWN	PARTY	
EMERALD	LEAVES	PINE NEEDLE	
EVERGREEN	LETTUCE	REVOLUTION	

Occupations

```
A R I S A M J E F R P R R O R
R E F E A F K R E R E E E F R
T A M T F A E N E N B Y L S E
P O R T E R I A E R F E L W E
P O D P M M C D A E O C I H N
N E E A Y H R B T L R T M C I
O Y S S E A Q A C T E E E A G
J O I R G N T R S U M N F T N
N A G W S D N I W B A L R E E
R R N N E A P S S R N O D R R
N V E I M Y F T B L E R A E F
U R R A T Y P A X B A G K R E
R C E K A O E E F W U N N O M
S S E D U T R W S L I J W A D
E E U T S I N O I T P E C E R
```

BARBER	FOREMAN	NURSE	TINKER
BARISTA	GARDENER	PORTER	TYPIST
BUTLER	JANITOR	PREACHER	WARDEN
CATERER	MASON	RANGER	
DESIGNER	MATRON	RECEPTIONIST	
ENGINEER	MILLER	REFEREE	
FARMHAND	MINER	SEAMAN	

USA TODAY

Animal Words and Phrases

```
K F D E G E L O H M R O W E R
H C W A A T O A D S T O O L E
D Y I G L A M E D U C K S O H
R Q F L U L W O T H G I N H Q
A C D E T C O T S P X J K X Z
Z P O E D A R A T R A C E O K
I O G Y F T C O J T G U I F C
L N D E R A E G O D O J W A A
E Y A D L N R E K F H P T O B
G T Y M Y D A P X Y D C D L Y
N A S N G M C A E E A W J O G
U I X D M O S C G L O R A X G
O L B J N U R S L U R F L R I
L C A P H S I F D L O C T R P
K C E P N E H K B U L L I S H
```

BULLISH
CASH COW
CAT AND
  MOUSE
CAT LICK
CATCALL
COLD FISH

DOG DAYS
DOG-EARED
EAGLE EYED
FOXHOLE
FROGMAN
HENPECK
LAME DUCK

LOUNGE LIZARD
NIGHT OWL
PIGGYBACK
PONYTAIL
RAT RACE
ROAD HOG
SCAPEGOAT

SCARECROW
TOADSTOOL
TOP DOG
WORMHOLE

Make Words

```
E G F S S U F A H E Y E L R Y
S N O V R E P E T W E F Q Y S
N J N A E L S E H C E E P S E
E F U H A S T E N P R Y Z J Y
S R F M D M G A T P O T A N E
Y Y U O Y Z R W P S F E Q W S
K D P S R T Y B K F M Y O K A
A S T A N D G C P P O S A R T
F M E E T P A M D U O E C N Y
S L N F E R V E Y O R L I E T
C A I A T M O G A B F O A P E
X H C E X O S O R Y P F U L V
S E S E V A W O A A A N R H J
Y R R E M T T D C C S F E R A
R E R I V S D N E M A E R Y D
```

A FACE	EYES AT	PEACE	TRACKS
A FUSS	FUN OF	READY	WAVES
A POINT	GOOD	ROOM FOR	WAY
A STAND	HASTE	SENSE	
AMENDS	MERRY	SHIFT	
AN ENTRANCE	OR BREAK	SPEECHES	
CLEAR	OVER	SURE	

Discreet

```
L U F T C A T E L U F D E E H
D A R G D I P L O M A T I C C
E S T C E P S M U C R I C I Y
D W F E H E C V D F C U T B G
R C I W A A T E S D D I G N S
A A A S R N V U I D L N I S M
U V U E E R O S E O E R I M O
G L F D E I C R P T I H D M D
Y U U S T E G E N T L E I G E
L R E U R K C Y E V M Y H S S
P R A N E W A R Y U K G S L T
E C I U R E S T R A I N E D D
K N N S E C R E T I V E R D E
G P E V I S U R T B O N U A N
S E N S I B L E T A C I L E D
```

CAREFUL	GENTLE	RESERVED	UNOBTRUSIVE
CAUTIOUS	GUARDED	RESTRAINED	WARY
CIRCUMSPECT	HEEDFUL	RETIRING	WISE
DELICATE	MINDFUL	SECRETIVE	
DEMURE	MODEST	SENSIBLE	
DIPLOMATIC	POLITIC	SHY	
DISCERNING	PRUDENT	TACTFUL	

Harry Potter

```
W E A U H S N D I D O O A S H
L E P R T M I K U R K K I K J
N S D O L R L M W O H A Z N M
F S N N G B B G I W D E H O R
I E L A O L O O T Y I B Z T B
R S H Y E O G I Y R N K V A O
E T J D T Q M E D E P C R C R
N E O Z H H L H R V K U D M G
Z R R O C D E Z A A F B E U I
E C K N A B D R Z F H W R G N
O E P R R O D N I F F Y R G F
Y S B K C G W O W N P W I L Z
H O G W A R T S H W H F C E A
S P U D M O R E H J R U K R H
B L H M L D A R K A R T S J X
```

AVERY	DUMBLEDORE	HOKEY	STONE
BARUFFIO	FIRENZE	MOONDEW	TONKS
BOGROD	GOBLIN	MR BORGIN	WIZARD
BRADLEY	GRYFFINDOR	MUGGLE	
BUCKBEAK	HAGRID	SECRETS	
DARK ARTS	HEDWIG	SLYTHERIN	
DERRICK	HOGWARTS	SPUDMORE	

Bits and Pieces

```
O V E R T N E M G E S A T E B
A B D H C Z T N O I S I V I D
M L T J U T I L E S R O M D R
U X L S P W E S A R H P U Q A
V X T O C I P K T E C P Z O H
M P V N T R T N E M G A R F S
R E B M E M A R C M G I O L A
H G N K L M E P A M T A G A J
U P N E W T E N F V I S K K K
A R T I C L E L T U A K E E Q
F Y H K T S V P E M J E S A Y
A T N E M T R A P E D R U B A
H M K U D U U L J I E A A D P
R A T I O N E C F V N H L B Q
Y U H P A R G A R A P S C R P
```

ALLOTMENT	FACET	RATION	SNIPPET
ARTICLE	FLAKE	SAMPLE	VERSE
CLAUSE	FRAGMENT	SCENE	WING
CUTTING	MEMBER	SCRAP	
DEPARTMENT	MORSEL	SEGMENT	
DIVISION	PARAGRAPH	SHARD	
ELEMENT	PHRASE	SHARE	

Native American Tribes

```
O U D C H O C T A W M Q G E P
N X U K P Y Q B G P O T C E O
A D V F U A R A P A H O A K B
S P K M N L R R W W I N R O X
H I A M I K A Y Y N C Q A R T
U E O C B M U J A E A D W E O
R E W U H L T E N E N E A H O
O N A A X E E A D O H N K C F
N W T S Q S S I O U Q O R I K
L A I E P F E B T M I H P P C
N H H S E M I N O L E S T H A
R S C X K E R H E X N O E H L
L Y I B E J A V L C M H T A B
F M W R Y W C R O W A S O X S
N D C D K W J A M M R L N M C
```

APACHE	CROW	SENECA	WYANDOT
ARAPAHO	HURON	SHAWNEE	YAKIMA
ARAWAK	IROQUOIS	SHOSHONE	YUMA
BLACKFOOT	MOHAWK	SIOUX	
CHEROKEE	MOHICAN	TETON	
CHOCTAW	PAWNEE	UTE	
CREE	SEMINOLE	WICHITA	

Cross Words

```
N O I T C E F N I O N M W L M
E U R H O G R E C E J E M K P
M J O I N D R W O M T M R H U
A I T I H O S Y U A T B D C Q
E A T Y A W F M N E A E Z T F
R A C D O A J I T E T R S A I
D K S R J I L E R L L O S P H
I N D E X L S T Y Q U G W C D
O S F H O K N Q O U A N T N H
E V Q P N E C H W E V A I Y E
F K E I R K A L Y S M W H C B
S A L R W T O G G T S V E O R
W K U C C I W G N I R I F R E
Y C G H A I R S U O P S E B E
D I N E M Z Y E F N R K A W D
```

BREED	INDEX	PIECE	VAULT
COUNTRY	INFECTION	POLLINATE	WIND
CURRENT	LINKS	QUESTION	WIRE
DATING	MATCH	RATIO	
FIRING	MEMBER	ROADS	
HAIRS	OVER	SWORDS	
HATCH	PATCH	TOWN	

SET

```
O S E T E S U A S E T I A U E
J T S E E Q W E S T E S T S S
E R A U Q S T E S A E T E N E
S E T O F F S E T S A T S D T
P R E T T E S E P Y T E E I I
D R E T D E A E N J T S P N S
E O H M E R R V T K E U W N U
A E R T E S O I D A R H S E N
D V U S M A S S F B P C E R S
S J S S E U E U E T A A T S E
E E E E T T T G G T E S R E T
T E T T E A O N A S T S S T L
S A T T S O U T U O B A T E S
C T E L J E T E S T H M E Q T
A U E E S E T U S E T N A R I
```

BASSET	MASSACHUSETTS	SET FIRE TO	TEA SETS
DEAD SET	OFFSETS	SET OFF	TSETSE
DINNER SET	PESETA	SET OUT	TYPESETTER
DORSET	RADIO SET	SET SQUARE	
GUSSET	ROSETTA	SETTEE	
JET SET	SET ABOUT	SETTLE	
KNESSET	SET APART	SUNSET	

Exploration and Discovery

```
A L E V A R A C G S A M B L E
T L A F R I J M A D K I K O R
R A D N A L S I R E T S A E S
A K T O N H L S L I A R T Q P
V E G Q O O A N H L Y W A Q M
E T N T R T O A N S T A F M N
L A I S T Z T I N T E R I O R
W N P S A V H A J E K R A D O
J G P M P A T J S H D I E D H
A A A Z W I V B U S D O D A E
M N M A V R C C S N A R E F P
A Y I E C A M E L S G P V X A
I I S T R A V R S E L L M W C
C K A M C H A T K A E Y E O P
A A S E I N O L O C O N G O C
```

AMAZON	EASTER ISLAND	LAKE	TAHITI
CAMELS	HAWAII	TANGANYIKA	TRADE
CAPE HORN	INTERIOR	MAPPING	TRAILS
CARAVEL	JAMAICA	NATIVES	TRAVEL
COLONIES	JUNGLE	PATRON	WARRIOR
COMPASS	KAMCHATKA	SAILORS	
CONGO		SPICES	

IN and OUT

```
T N E L O S N I N T E R E S T
L E O D U U I I N H U M A N O
I E E E T U T K Y A T U O W U
G N T T L N E S N E C N I I T
N I O A A T E G T A U T I N T
I C V D N D N D L R R C I E A
V K T T D R R A N U I T G V K
I U U U I R A A R E D P U P E
G N O O S V A C W E P N V O T
T N Q I H O U W N N L E I E U
U N U U O U T Y T I I O D G O
O U T R I G H T O U N I T N U
O U T S T R E T C H O H O N I
M R O F N I E Y O U T W I T I
I N R E T T I F T U O L T U O
```

INACTIVE
INCARNATE
INCENSE
INDEPENDENT
INDULGE
INFORM
INHUMAN

INQUIRE
INSOLENT
INTEREST
INTOLERANT
INWARD
OUTDATED
OUTFITTER

OUTGIVING
OUTLANDISH
OUTRANK
OUTRIGHT
OUTSTRETCH
OUTSTRIP
OUTTAKE

OUTVOTE
OUTWARD
OUTWIT

Animals' Homes

```
A E G D O L A Q U A R I U M L
R G U B M M B W A T G P B L L
E T R V U Y U P P A S T U R E
S S U L R R D H I V N O C B H
A H I E U I R Y H Y E K O R S
D Z A S T A E O E Y T H O R E
N E B E N V Y O W E A S G F N
O T V J K K G S T A L L G O V
P V F A H T C S W A S H G I V
T L R O C H O O R E M G V D P
S E S I L I N L D E L A H T H
E N A I A L C K B D R A B T I
N N A G Q L W M Y I A Q S E V
L E I R Y E I K U U B P S S E
P K C E B W A M I D R E T D D
```

AQUARIUM	HIVE	PASTURE	STUD
BURROW	KENNEL	PIGSTY	VIVARIUM
BYRE	LAIR	POND	WEB
CAVE	LODGE	ROOST	
DREY	LOFT	SETT	
EYRIE	NEST	SHELL	
HILL	PADDOCK	STALL	

Plumbing

```
M K N I S P E I A T O R A S E
S Z Y A W A K A O S K A E L I
I R E D L O S I R K D H R J A E
G Y G N I R O N V E U O P W E
D U R A L T A H I T I C W K D
I N R O A F I W X S V P C E G
P H C I V W L I E O A Y T K R
R K D D A N F U T B L B E U V
E A D S K N A T X P Q O D N U
R P T A R T Z H P L P C I Q C
K E H T E Y B U R U E L B O A
O D E E R R S E M G L L O W O
F A D Q A A H P N S E K B T W
V V A L V E P T E D E K D O C
T A O L F I L T E R S A N K W
```

AIRLOCK	FLOAT	SHOWER	TRAP
BASIN	FLUX	SINK	VALVE
BEND	LEAKS	SOAKAWAY	WASTE
BIDET	O-RING	SOLDER	
ELBOW	PLUG	SUPPLY	
FILTER	PUMP	TANK	
FIXTURES	RADIATOR	THREAD	

USA TODAY

Zeal

```
A M I T E Y N S S E N N E E K
T S E Z H O Z A V A R E S S J
M S I C I T A N A F C N P I O
I S A S E D N X E O W I N W A
W L S E R I F E M R R S E M M
E A N I Y Z Y M M I F A B I M
P N V D Y R I Y T E R I L S Y
G E U W T T T R N N T I A G D
H T J O M I I O E I T I R X E
S U G E D W I S O A S E C D V
Q I N I A T T N N U N O T X R
B T V R O N V C H E T O H C E
T A M V E J Y T F S T W I V
D T E S F V N G U I U N M N W
H D S S S E N G N I L L I W A
```

AMBITION
AVIDITY
BIGOTRY
COMMITMENT
DEVOTION
DRIVE
EARNESTNESS

ENERGY
ENTHUSIASM
EXCITEMENT
FANATICISM
FIRE
FRENZY
GUSTO

INTENSITY
KEENNESS
MILITANCY
PASSION
SPIRIT
STUDY
VERVE

WARMTH
WILLINGNESS
ZEST

Sheep Breeds

```
C N I L T A E M I L Z N T U M
T T O C R A A Y F S E H L F Y
B W E L S H M U L E S Q J L M
A D A N S R Y T D K I A I S L
L O R A O G O N M B U N W I K
W R M M P R E M J K C S C A N
E S N B D V E S A O L D O L I
N E U O D N T P L N A R R L T
Y T C C L S A N R T O Y R O N
D H D A L T W L S O G V I R E
T O G J E E S E T J D V E A T
E R W V Y I L V A O E C D H O
X N B R N G A L G H G N A C C
E H Q U U A P U C M R M L P Q
L P T F F R A J W V A U E M O
```

ARCOTT	DORPER	MASHAM	TUNIS
AWASSI	DORSET HORN	MEATLINC	VENDEEN
BALWEN	FUGLESTAD	ROMANOV	WELSH MULE
CHAROLLAIS	GOTLAND	ROMNEY	
CHEVIOT	JACOB	RYGJA	
CORRIEDALE	LINCOLN	STEIGAR	
COTENTIN	LLEYN	TEXEL	

Bible Characters

```
M S U E A D D A H T E P N Q S
C B M V S K G G I N M D O F C
N K M O M O M O A T T Q R A H
T H P I L A T E Z Y M D A L J
S B O I B A S W E H T T A M L
R U A J A R S O S I T J A E L
E T E E R T C B W J T L L N H
H A Y A H A I R A H C E Z A W
T L G W H S H M E R J I E B H
S H D E A C E A J E A R R A G
E E C R G S C Y O D M B R L C
B J V D A K Z A O B B A B U A
D U E N R A I R Z O S G R A A
I M O A N U E V J V N L H Y S
K O V I T H A D T R E U S J I
```

AARON	GOLIATH	JOHN	THADDAEUS
ABSALOM	HAGAR	LABAN	ZACCHAEUS
ANDREW	HEROD	MARY	ZECHARIAH
BARABBAS	ISAAC	MATTHEW	
BOAZ	JAEL	NAOMI	
ESTHER	JAMES	PILATE	
GABRIEL	JOB	SARAH	

Types of Music

```
H B U A R A Z Y A A Z X B F G
A W O V U J O T W Z D X T N S
I E V O U N A L A A R H I W K
H A P N G T L J N W Y N I S I
E R G O N I E C E T E N O N F
U L E A P C E V D T G L I I F
E V C F N N A W S C A U G Q L
N V Z A X W E I O R W O A J E
N I R O W X L E T O U S D I J
W T T E E Y S S T J G H A V G
E O N A S A E P E N A I Y E R
S K C A L H U U C K R E E M U
T N E S C C L N N X A L I W N
E D A R I A B U K L G H A Y G
V C O R H D P A G H E Z O L E
```

ADAGIO
BLUES
BOOGIE-
  WOOGIE
CANTATA
DANCE
DISCO

EASY LISTENING
GARAGE
GRUNGE
HYMN
JAZZ
JIVE
JUNGLE

LATIN
NEW WAVE
NONET
ORCHESTRAL
PUNK
SALSA
SKIFFLE

SOUL
SWING
TEEN POP
TRANCE

Double S

```
E  L  I  S  S  O  F  M  X  F  A  E  S  S  H
N  E  T  N  O  I  S  S  E  R  P  M  I  S  Y
E  I  S  S  E  E  S  U  S  A  E  S  S  A  L
C  E  S  S  R  E  I  S  S  O  D  H  S  M  L
E  X  C  E  S  S  G  S  E  Q  E  U  A  E  U
S  E  O  S  T  M  I  M  W  S  G  T  Y  G  F
S  P  S  W  E  M  O  S  S  L  E  E  U  B  S
A  F  T  S  I  Y  S  I  I  U  D  S  M  S  S
R  P  S  V  E  M  A  N  S  E  S  S  S  I  I
Y  Y  N  S  S  N  E  S  S  E  I  O  O  S  L
F  U  S  S  Y  S  I  S  T  R  B  C  S  S  B
E  Y  T  T  S  T  O  F  R  M  I  H  S  R  E
S  Q  W  O  R  T  H  L  E  S  S  W  A  N  S
S  R  L  S  O  N  I  L  S  S  S  E  L  N  U
A  F  G  S  S  E  E  S  S  A  V  U  S  S  L
```

BLISSFULLY	FOSSIL	MESSY	UNLESS
COSSET	FUSSY	NECESSARY	WESSEX
DOSSIER	GUSSET	PASSIM	WORTHLESS
EMBOSS	HESSIAN	TISSUE	
EXCESS	IMPRESSION	TOSSED	
FINESSE	LASSO	TRESS	
FLOSS	MASS	UGLINESS	

Paris

```
E R T R A M T N O M D S C E N
S F N A N T E R R E E M T L O
I U N R E U K S J D U I R L T
N E E T Y J H E I S C B H I R
E N R E T G S L E A A N E V E
D T K V F R A E L S R I N E D
T N V Y U V R E T N P A E L A
N O O O N O D I P O P M M L M
I P B I D E L E I E M R A E E
A R S I L L M C G H O E U B L
S E N I E S J S A T E G T E V
L E B R I S T O L N I T E R O
L E F T B A N K L A R S U R O
C E F A R U E L E P I C I C N
T R U O C N A L L I B D L S E
```

AUTEUIL
BASTILLE
BELLEVILLE
BILLANCOURT
BOURSE
CAFES
ILE DE LA CITE

LE BRISTOL
LE MARAIS
LEFT BANK
LES INVALIDES
LOUVRE
METRO
MONTMARTRE

MUSEE RODIN
NANTERRE
NOTRE DAME
PANTHEON
PIGALLE
PONT NEUF
RUE LEPIC

SAINT DENIS
SEINE
ST-GERMAIN

USA TODAY

Break

```
H W E A N P A R E E D I V I D
S N E R U L I A F C E R S E D
A U M N E P V T R E U C W C Z
M C S D L E N E V R E T N I S
S E O P I F F O P A N S O P R
D C T N E S K T S V D N L U V
L N U A T N I E D I R I D E T
E G A N N R D N U H N Y M V F
S H B B R I A S T T S P L I T
O D I R S A M V E E V U G G P
L E E D E I V R E V G K R I P
C A B T H A D E E N E R E C A
S F I Z A T C B L T E R A D U
I K C A R C R H M E C H E T S
D H S E A F H D S E E Y S C E
```

BREACH	DISBAND	PAUSE	SUSPEND
CEASE	DISCLOSE	PIERCE	TERMINATE
CONTRAVENE	DISINTEGRATE	SEVER	UNRAVEL
CRACK	DIVIDE	SMASH	
CRUSH	FAILURE	SNAP OFF	
CUT OUT	GIVE UP	SPLINTER	
DETACH	INTERVENE	SPLIT	

Haunted Houses

```
L S H K J J Y S S S Q H L R H
K B A N S H E E R G I D L O I
F R X P O Y F M S O H N E R I
G H E C O I O S S R R R O P R M
S G P R O R S D M I U R S E R
W C W A I B T E Z A C C I T O
F T A Z R P W R S Q E R V M T
O H I R M G M E A S J R O K S
S G L R E G O A B I C F C X R
H I I N D D T T V S T E Y S E
A R N X E E C T O P L A S M D
D F G A T M O S P H E R E P N
O L A R T C E P S R P S U K U
W G S K H T C L A N K I N G H
S U T N A Y O V R I A L C U T
```

ATMOSPHERE
BANSHEE
CLAIRVOYANT
CLANKING
COBWEBS
CURSE
ECTOPLASM

EXORCISM
FEARS
FRIGHT
GHOST
MIRRORS
NOISES
PHOTOGRAPH

PORTRAIT
SCARED
SCREAMS
SHADOWS
SPECTRAL
SPELL
TERROR

THUNDER-
  STORM
VAMPIRE
WAILING

Round Objects

```
N A J J K Q J N T L T O S F H
U H E O S P H E R E T A I S E
R U W T E V L N R T E O I C T
Y B K Y P E Q E E T L D T U C
J C P E Y E B B B E L E D E I
R A G E L B O L L R E W O A R
A P R C A L E U M O P A O R C
I E R S G R I N G E M T I B L
H I U E U C L O C K D I A L R
C O M P A C T D I S C A A T U
P G Z E S A S K E N L B L E B
U O U Z B U C I T L E H C H A
L O O L G U Q K D Y E G H A L
S U E H P T O K E N V B S H L
E T W F L L A B H C A E B R E
```

BEACH BALL	DISH	MEDAL	TABLET
BERET	EYEBALL	PEARL	TOKEN
BOWL	EYELET	PELLET	WOK
CIRCLE	GLOBE	PLUG	
CLOCK DIAL	HOOP	PUCK	
COMPACT DISC	HUBCAP	RING	
DISCUS	LETTER O	SPHERE	

Wildlife

```
D A M I S A R D R E S O P O B
D M S O R E C O N I H R B W E
H Q B U K M D E C N U O Z U T
T R M A K E R A B B I T V O P
O E L A N D O G C W H A L E Y
L P O T K T R H G T O E G U T
S P D E T O A A I A C M D U H
O O S E W I E M P O B N B M O
O H R M E E R K A T X M E A N
R S T E N E G E E S E U A K T
E S U Y G R E R N E F G V R I
Y A R I T E K C I R C P E N D
G R T G O O S E U K O T R E R
E G L L R O T A G I L L A M H
T V E N S U N D S I L E O N E
```

ALLIGATOR
BANTAM
BEAVER
CRICKET
ELAND
GENET
GOOSE

GRASSHOPPER
GUINEA PIG
LEMUR
MEERKAT
OCELOT
OTTER
OUNCE

PYTHON
RABBIT
RHINOCEROS
RODENT
SLOTH
STOAT
TIGER

TURTLE
WHALE
WOMBAT

Oils

```
T G D G E E C P Y A U Y D S S
E Y N H K A P A L M L N F U N
R U A A S V F L R G O C U A W
T I N T N X E I A M E P E L A
R S O G W N Y X L G F B L B R
O R X O O Y L A N G Y L A N G
S M L R W R T A Z O B C E E O
I D T H L N R H S C O W T H O
N I A J E O T S E D D Y O T M
C O L R V U C D L A Y Y S S L
E Q O Y N R U I L B L A O F U
T L N L O R V E O B E X E V A
I Z A D C E B S O F N E R G H
H W C M R I S E W H E E C H C
W V O E E V I L O Z M T X H E
```

ALMOND	COD-LIVER	OLIVE	WALNUT
BEECH	CREOSOTE	ORANGE	WHITE
CANOLA	CRUDE	PALM	WOOL
CASTOR	DIESEL	ROSIN	YLANG-YLANG
CHAUL-	FUEL	SNAKE	
MOOGRA	HAIR	SOYBEAN	
CITRONELLA	NEROLI	TUNG	

Free Words

```
E A S N O I T A I C O S S A M
D X R A D I C A L A W D P O S
A I T W M I P K E H Z O I F E
R C N A R P T B C V M Y R C E
T H O U S E L N Y E G M I H N
S P E E C H U E O R S A T A T
T N T A I L M M E S Z S Q R E
Y U E D W G B N D E T O N G R
L R S O E L E C T R O N J E P
E L R Y T M N E P E O P L E R
L L Y X U O K V H E R A M T I
D R E T D R C V H Z P R E S S
U N T R A B E B K O P N P N E
E B A M Y S A E D N A E U T D
H P E R J H A N D E D C S E R
```

AND EASY	LUNCH	RADICAL	VERSE
ASSOCIATION	MARKET	SAMPLE	WORLD
ELECTRON	MASON	SPEECH	ZONE
ENERGY	OF CHARGE	SPIRIT	
ENTERPRISE	PARDON	STYLE	
HANDED	PEOPLE	THROW	
HOUSE	PRESS	TRADE	

Architecture

```
H S I L G N E Y L R A E D C T
I A N I C G A R C A D E I S D
R E V E L I T N A C M R U G D
Y E A R L Y P R Q N O C O R A
H R E M E M D G E D R C E F C
L R P F T N E E A T O C M G H
F R I E Z E R T E L S G A S U
U N L O H C C Q O E B I I C N
L L A G S K T N N P H M O A H
E A S I Q S N S A M E C I L E
B I T V I A U V O L U T E H C
R N E E D O T O F P P L C L V
O I R E R T N Y V Y M I O O F
C F S O C L E I G X N I A C E
T O U L E S O E C R E S I D E
```

ARCADE	EARLY ENGLISH	IONIC	SOCLE
CANTILEVER	EGYPTIAN	LANCET	VOLUTE
CLOISTER	FINIAL	METOPE	VOUSSOIR
COLONNADE	FLECHE	NICHE	
COLUMN	FLEMISH	OGIVE	
CORBEL	FRIEZE	PILASTER	
DORIC	IMPOST	SCREEN	

J Words

```
J D E R E E J E B A J N C T J
I E J E E J A Z I E N V I A A
D A U L J D K J E S J U S A O
E Y B I O U D J Y O S H M O L
L D I A K J A U D E D A T A G
T R L J I U D H J J R O N S N
S A E V N E P J I O A R J J I
O P E T G U N A J Y U Z A E R
J O Y D R I O V E O Q F G C E
D E U S K B J J J U C J U I B
E J G R R J G U E S A E A D B
J B E E E H E H M R J S R N A
H J J Z I J J E A P S T R U J
E N I M S A J E O X E E U A V
J A L E S E N A P A J R Y J J
```

JABBERING	JAUNTY	JESUIT	JUDDER
JACQUARD	JEERED	JODHPURS	JUDGED
JAGUAR	JEOPARDY	JOKING	JUMPER
JAILER	JERBOA	JOSTLED	
JAPANESE	JERKIN	JOURNAL	
JASMINE	JERSEY	JOYOUS	
JAUNDICE	JESTER	JUBILEE	

USA TODAY

Words Ending X

```
N X O D O H T R O O X J B E X
X E R E X E B K X E D M E N A
X D F M Q X A I X B A B E M X
Z O C S E A R E X T S A S A N
U C B L E T V T R I R W W X U
X L E H A H B I K W F T A I X
X T J T C X X B A K X E X U D
I O S I U T O X U T X I R T S
F E B Y X D A T X X R E M A X
T U S D P E Y M O K A I Y E A
L X L X N O R B R B J W X F R
W A Z A T A B L E A U X E P O
O F I X T Y S I X A L E R R H
A V O I C E B O X A I X U E T
X E H J B R X O L H P I M A X
```

AVIATRIX	LATEX	RELAX	THORAX
BEESWAX	MATCHBOX	REMIX	VOICEBOX
BOTOX	MATRIX	REWAX	XEROX
BRONX	MUREX	SANDBOX	
CODEX	ORTHODOX	TABLEAUX	
EARWAX	PHLOX	TELEX	
FIFTY-SIX	REFIX	TESTATRIX	

Crime

```
A R M E T T A R U Y M A G I B
E E S M U G G L I N G E T H P
C D M E Y E G A T O B A S A T
I R J B R E G F R L C N N L Y
V U P U E L E A C E P D A C Y
H M E R T H M N M F I R A X R
N I R G T T E F R K C R I B T
O R J L A M E D I E I S D Y A
S N U A B V E R N P T L L E R
A W R R C E Q Y R E G R O F R
E U Y Y D K K A A O U V O E A
R N E S Y P I L F E R I N G B
T V I L L A I N Y D C I J R R
S M A E S N R P G Y A F S A L
G N I G G U M K C A T T A M M
```

ATTACK
BARRATRY
BATTERY
BIGAMY
BURGLARY
FELONY
FORGERY

HIJACKING
KIDNAP
LARCENY
MISDEED
MUGGING
MURDER
PERJURY

PILFERING
PIRACY
SABOTAGE
SMUGGLING
STEALING
TERRORISM
THEFT

TREASON
VICE
VILLAINY

Having Numbers

```
D O D R A C T I D E R C P Y C
E F C W U K E Y P A D I O R J
P E T A L P R E B M U N O M L
E P S T P K R P A G E S L O R
D O R C S R T I S E S B B T E
O B E H A E O R C W S R A H T
M O C F K L E T O E A I L G E
E X E C O L E R R C T I L I M
T C I G U E D S E A E A C L O
E T P R A P A H B Y C H G F M
R K T N U U O D O M E T E R R
G C F Z K R G D A G J W O J E
E O Z Y S H D E R C T A R R H
R L S E T R R A D N E L A C T
E C A D R A O B T R A D A R D
```

CALENDAR
CLOCK
CREDIT CARD
CROSSWORD
 PUZZLE
DARTBOARD
FLIGHT

GAUGE
KEYPAD
NUMBER PLATE
ODOMETER
PAGES
PEDOMETER
PO BOX

POOL BALL
PRICE TAG
PROTRACTOR
RACEHORSE
RECEIPT
RULER
SCALES

SCOREBOARD
THERMOME-
 TER
TICKET
WATCH

Plurals Not Ending in S

```
Q U O M I B U R E H C X B Z I
A L X Q P E S A X T I Q H N A
S T I M U L I Q V E B Y M C R
E A N N E T N A A E A U H F B
P W Z T U Q P V A T L I Q U A
H M B N B A R B R A L A G N L
E E I S T A D I A D Y Y D G E
N M A A L I R O R C S Y N I D
O O R D I J L E D W T F M C N
M R Z A L N N L N H M E D I A
E A Z Y H I I K I E W N R M C
N N E M O W C M S C G A J I W
A D L W F G L E R B A U D C A
L A A V Y D N Z A E S B P S N
E S E E G E S T R A T A T U J
```

ALUMNI
ANTENNAE
BACILLI
BACTERIA
CANDELABRA
CHERUBIM
CHILDREN

ERRATA
FUNGI
GEESE
GENERA
HEAD LICE
LARVAE
MEDIA

MEMORANDA
MINUTIAE
PHENOMENA
STADIA
STIMULI
STRATA
SYLLABI

TEETH
TERMINI
WOMEN

Dickens Characters

```
N A R O M I A L L O L U Y E B
I M Y T T E G D A N P V L D B
F W A K B L V M W I E R B I A
F W A R D L E M R I G E R R R
U I I U L M A R K H A M S G T
V J A L O E I L A V P U P R S
S A D S W P Y U L O N O A U M
P G F R T B B F T G T A N H I
Y G I M E B U R A T W Q C T T
R E V W N Y A M O Y A T K R Y
E R E E N T R O B W Q R S A N
D S P C S E T E I L N G T U I
L G G A T S K I S F E L W A T
A Y P E R C H R D A L C O Z R
W G P L D E R A M S U P T W E
```

ARTHUR GRIDE
BROWNLOW
BUMBLE
JAGGERS
LOWTEN
MARKHAM
MARLEY

MR KENWIGS
MR SLURK
NADGETT
PANCKS
PERCH
PETER MAGNUS
PIRRIP

POTT
REDLAW
STAGG
STARTOP
TARTAR
TINY TIM
TOOTS

TRABB
VUFFIN
WARDLE

Semordnilapic Words

```
R D G D E Y S Y S D A E P S A
E E V E S H T M E M D W L K A
T N D S E I A Y D Y E E U H D
E I S S A R R Y S I V B G V G
R E L E T C G Y E E I O L Z U
E R T R I H I Y R E L E S S N
D P P T M R I P I Y C P P P S
E A A S E O H G F O A A U D D
L R C U R D A R A C N I R R W
I T E S I T R P E S E A M E A
V S R A E I E D S D W A Z M R
E K P M Y L S T E E L S R I T
R E A A L A G E R V P O R T S
R N E B L R A D A N I M A L J
Y I P U E S W A R T A B E F A
```

ANIMAL	LEVER	REPAID	STRAP
DELIVER	NAMETAG	SLAP	STRAW
DESSERTS	PACER	SMART	TIMER
DEVIL	PORTS	SNAPS	
DRAWER	REGAL	SNUG	
FIRES	REINED	SPACED	
GULP	REMIT	STEELS	

Consumer Electronics

```
U Y O Y I M O T O R I D A S C
I C P C Z O R A L O R O T O M
E R F R R H U S Q V A R N A K
N E A U A F D Q R T A G A X E
O O K N J H A E I I G D H L E
T S W R I I S B K S X U P Y C
A A N O D H T O D U A P Y J I
N P I I C I N S L A A N D I N
I S V R F S M O U V R Q Y A O
B N O Q A A R Z E N I T H O S
K F T H C T N Q L F K Z S W A
O F Y R C A A H A M A Y I M N
I C A E U R S A M S U N G O A
A L L V E S A I B D E L A Z P
E E S I K K T B O Y E R E F S
```

AMSTRAD	COWON	NOKIA	VIZIO
APPLE	ELECTROLUX	NVIDIA	YAMAHA
ARCAM	FITBIT	PANASONIC	ZENITH
ARCHOS	FUJITSU	SAMSUNG	
ATARI	HINARI	SANYO	
BINATONE	HUSQVARNA	SHARP	
CASIO	MOTOROLA	TRUST	

Symphony Titles

```
E N I L D L R O W W E N A E L
O F G R E A T C M A J O R E P
E C G N A C I O R E I W F E A
C V S O I P N C M T U A K S R
I W U L T R T A A F U R P N I
T E M E Z H P L T S T A H K S
P A M N L Q I S T I G O H C E
Y P I A T A C C P A T K C E C
L L X P N I L O N D O N E L X
A E W J G F N E H E H T O T Y
C R A A C S R H B E N C X I M
O E R R H R R E N A K B I C M
P T N R S D H A D W E S T A M
A N O I T A M R O F E R E N G
C I N O V A L S E I M S H O D
```

APOCALYPTIC	FAUST	NEW WORLD	THE HEN
ASRAEL	GOTHIC	PAGAN	TITAN
CELTIC	GREAT C MAJOR	PARIS	TRAGIC
CLOCK	ITALIAN	REFORMATION	
DANTE	LINZ	SEA	
ECHO	LONDON	SLAVONIC	
EROICA	MANFRED	SPRING	

USA TODAY

All Words

```
S E C I P S Y A R E Y K I R N
N U D A E T W E O S A Y N A E
O E R N O N G E O T W A C T M
N T D F U R N U H S E M L S A
Y D E D C O L M M E H E U V S
R T J T U S R T F B T R S D E
V O B R D S E A S E E I I S H
S S M A U R A T Q H O C V A T
R R Y C A T R F T T W A E I M
E Y U U Y O E A O H R N S N N
M Z Q O S W E L G D G E O T I
O S J O Y W V W L R E I P S G
C T I M E L O W H I A H R D H
K R O W E V B X N X N H U A T
J E L I T A E G T L Z G P Y X
```

AMERICAN	PURPOSE	SQUARE	WEATHER
AROUND	RIGHT	STAR	WORK
COMERS	SAINTS' DAY	TELLING	YOURS
INCLUSIVE	SEEING	THE BEST	
NIGHT	SORTS	THE SAME	
OF A SUDDEN	SOULS' DAY	THE WAY	
PARTY	SPICE	TIME LOW	

Roulette

```
N O P T A P E R L E Y E R I E
O R P T E B E D I S T U O N H
O T E R V B Q R Q C A S I N O
R A I K I C O U C O L L F G U
P L E E H W A I X E L O U C S
H E Z M R R D T R A N H R Z E
E P G Y E S O E I T Y T G E I
L T R B U K Z C P A R L A Y Z
I O E E E F E N C E O O M G H
N T D N S P N A U V U S B J E
S S S D S S S H L E L S L S B
I L B E B J B C U N A E I R I
V O E J K E E Q C B Z S N D E
H T Y M Z S T A K E S T G R H
E S I N G L E S Y T R E R C B
```

CASINO
CHANCE
DOZENS BET
EVEN BET
GAMBLING
HOUSE
LOSSES

LUCKY
ODD BET
ORPHELINS
OUTSIDE BET
PARLAY
PERCENTAGE
PRESS

SINGLES
SLOTS
SPECIAL LINE
SQUARE BET
STAKES
TIERS
TOKENS

TRIO BET
WHEEL
ZERO

Gases

```
R O X Y O T R E J E P F K G F
I E K G V H N Y N M D E A O A
L R H M S A Y E A O N C N X R
A A I T P C G D T I E E D Y U
T D K O E S E H R T G N C G T
A P R X O R Q O Y O N E R E E
M P Y H I H L L R F G F U N N
M T P F A H E T A S B E E O I
O B T L C N I R A H N L N D R
N J O K E N K G E B Y E O A O
I N N L B E L L U H X X Z R U
A U U D T A I T T L U A O I L
Y U K E O U A E D R A H T E F
H D N C M N C N E G O N A Y C
F E B M E T H A N E M O M N E
```

ACETYLENE	ETHYLENE	KRYPTON	PROPANE
AMMONIA	FIREDAMP	METHANE	RADON
BUTANE	FLUORINE	NEON	XENON
CHLORINE	HALON	NITROGEN	
COAL GAS	HELIUM	OXYGEN	
CYANOGEN	HYDROGEN	OZONE	
ETHER	KETENE	PHOSGENE	

Over Words

```
R B I S K A T D Y S S M M F I
D N U T T Z B T G P M H Y T W
E B L R G U G N I E E S O G I
X T K E D D O R C C A P S O N
C I X S R E Z D U U P T E U T
I X P S A R N G N L X V I F E
T D V Y F U V W E A I G B N R
E H E Y T S K G C T E N F E G
D I G N W N N T C I V I G Z R
C P Q I R I P A Z O I W E U C
R J R H N E S X W N R E M P H
E Y E R L Q C H B R D S R E A
E A U S O F K N I G P W X F R
D T X L Q M H D O R L Y I N G
X W C J V I M C P C T V U O E
```

ACTIVE	EATING	SEEING	TOPPLE
AND OUT	EXCITE	SEWING	TURNING
BURDEN	HEAD	SHIRT	WINTER
CHARGE	INSURED	SHOOT	
CONCERNED	LYING	SLEPT	
DRAFT	NIGHT	SPECULATION	
DRIVE	RULING	STRESS	

Brave

```
A X S Y H A P Z T U H C Y L S
E H S U O R O L A V N Z D Q U
L E C E O Z Z I U R G F R V O
T R U L Q E D Y E C E F A H R
T O Y S A A G S L A K M H Y U
E I U K R C O A R N Q Y U T T
M C N I E L I L R R A N T H N
S Y N T U E E O E U A M N G E
P G O T R S H G T F O F A U V
I A E B S E F C R S E C I O D
R L X R D W P A Z I S Z L D A
I L C A L W I I S J T Y A P H
T A Z Z T D J T D N S T V O G
E N H E C J Y M U A T U Y Y X
D T I N D O M I T A B L E S U
```

ADVENTUROUS	FEARLESS	INTREPID	UNAFRAID
BRAZEN	FEISTY	MANLY	VALIANT
CHEEKY	GALLANT	METTLE	VALOROUS
CHUTZPAH	GRITTY	PLUCKY	
COURAGEOUS	HARDY	RESOLUTE	
DARING	HEROIC	SPIRITED	
DOUGHTY	INDOMITABLE	STOICAL	

Shells

```
L H K E N C R I A I S E O K X
F I O H O E P I D D O C K E I
C Y A W A T E L K C O C R N N
Z X R N X I W D O E K U E O A
C I X Y S N M N L I M L H T B
E H G W X I C Q T E O F S I R
D T Q U A H O G L S S E Z H U
H O B H S C O T N E T H M C T
G O Y Z B E R R S I L U E A B
U T I S Z U A S N N S G X L X
O U H F T O Q O W S E M N G L
R E C I T E M L E H H I U I S
T L A M C M R L N L E E L I J
Y R O Z A R Y Y S E C L L J V
L B N E T I N I R C N E K L A
```

AMMONITE	HELMET	PIDDOCK	TURBAN
CHITON	HORNSHELL	QUAHOG	TURTLE
COCKLE	JINGLE	RAZOR	WHELK
CONCH	MUREX	SNAIL	
COWRIE	MUSSEL	SOLEN	
ECHINITE	NEEDLE SHELL	TOOTH	
ENCRINITE	OYSTER	TROUGH	

USA TODAY

Islands of the Pacific

```
N E O W R L N N E D L A M N E
O S A A E N O T S N H O J A L
T A K O T A W I A A R U A M E
N D U R S Y I A E T A I A R I
A N P U A S A S H O N S H U O
K M A R E S T W V O S T O K S
P D K U Q A E K D G W A S H K
A A U M R N M E D I I H I A U
L I P B V U L O N H M U L W H
A G U A D A L U P E G A L X S
U C B N C F N A S A E T A A U
K M C W E I C U D M G A W A Y
R B E Z V A N O A C Y U I H K
L N L A I U N N W T Z M A S E
S E K S T I O J N P U L A M N
```

DUCIE	KANTON	NUNIVAK	VANUATU
EASTER	KYUSHU	PALAU	VOSTOK
GUADALUPE	MALDEN	PUKAPUKA	WALLIS
GUAM	MIDWAY	RAIATEA	
HONSHU	MURUROA	SERAM	
JOHNSTON	NAURU	STARBUCK	
KALAEMANO	NEW CALEDONIA	TAHUATA	

Walk in the Woods

```
T E W E R O M A C Y S A R D C
A E O G N I R A E L C T C A H
R T L C S A T C L E R C N O J
E T L G A E U P A U L O L S B
W T I B L G W I N A P L E W M
I W W P A M A K D Y Y I M G K
T Y A L T D Y G I P R H T R C
S M J M O E G O N R E A D E O
Q A P E O O Q E E S E V A E L
U H E A E O T B R C V P Q N M
I C O E T R R S T R E A M E E
R E R M E H T H D C B Y L R H
R E V E P B S K S A R E B Y M
E B D E E C H C A U O O A C W
L C R S C S E S S O M T W W H
```

BADGER	GREENERY	OAK TREE	TRUNK
BEECH	HEMLOCK	PATHS	TWIGS
BERRIES	HOLLY	REED	WILLOW
CANOPY	LEAVES	SQUIRREL	
CELANDINE	MAPLE	STREAM	
CLEARING	MOSSES	SYCAMORE	
CROW	MUSHROOM	TOADSTOOL	

Composers

```
E G L A M V D O R M T D E M S
G I N I N A G A P E A L E I M
H A N D E L T E B F B C S L A
F F O N I N A M H C A R Z R I
Y H C N I C F M A T K A A U L
K L K I N S P O S H S G I B L
S A F B I I K Z P U L L A W I
N E B R C E O A L L I E O Z W
I G L U C K V R R E I L R H N
V T I C U B P T E O V S E N A
A E S K P R E B E W V A Z D H
R Z S N V E R D I B L D R T G
T I R E N U N D Y A H R L S U
S B A R T O K L O B L S F A A
M O E F K O V I K A R K E U V
```

BARBER	ELGAR	MAHLER	VAUGHAN
BARTOK	GLINKA	MOZART	WILLIAMS
BIZET	GLUCK	PAGANINI	VERDI
BLISS	HANDEL	PUCCINI	WEBER
BRUCKNER	HAYDN	RACHMANINOFF	
DELIUS	HOLST	RAVEL	
DVORAK	LISZT	STRAVINSKY	

Sculpting Materials

```
R E P P O C T B A S A L T E E
E P L E S R E T S A L P A H N
Y D O O W D J O A W C S U C O
N I A L E C R O P E A H U A T
E S P I P E S T O N E E T M S
N E E T B E C L D A N T R R D
O Z I M I L I S J O O E E E N
T N A H T V T K T C M R B I A
S O M F K O O S A A B C M P L
P R E N N U E R R O R N U A T
A B T E A M R B Y N A O S P R
O A A L I E L L K Y S C X H O
S L L L T E R D J H S Y N T P
S A O S S A L G R A N I T E V
R E T S A B A L A O H Y O N T
```

ALABASTER
AMBER
BASALT
BRASS
BRONZE
CONCRETE
COPPER

GLASS
GRANITE
IVORY
JET
LIMESTONE
MARBLE
METAL

ONYX
PAPIER-MACHE
PIPESTONE
PLASTER
PORCELAIN
PORTLAND
 STONE

SANDSTONE
SOAPSTONE
TERRA-COTTA
WOOD

Late

```
H S U O M U H T S O P O S T A
I A B T E I D E R E T T A L J
S S D N T D E P A R T E D U N
T O E N E B Y G O N E U N E P
O U C N L P A L X C D P D L K
R T E E O A L Q T E U L E I F
I G A L S B E T T N A N T H I
C O S L B L D A C S E D A W N
E I E A O N U T T N B C L T I
U N D F I Q U M R Y U G E S S
D G W H I A I T P E I F B R H
R Q E T L N B A A U M N E E E
E B N G U C S J L R S R F D D
V A Z T T T F A R E D R O I Y
O W E S U O I V E R P Y E F H
```

ANTIQUATED	DELAYED	LAST-MINUTE	RECENTLY
BEHIND	DEPARTED	LATTER	TARDY
BELATED	ERSTWHILE	OBSOLETE	UNPUNCTUAL
BYGONE	FALLEN	OUTGOING	
BYPAST	FINISHED	OVERDUE	
DECEASED	FORMER	POSTHUMOUS	
DEFUNCT	HISTORIC	PREVIOUS	

Costume Party

```
E E H S N A B E R F C D U W H
I Q T E H I P P I E I S O L F
G M S S S B D R N A W R H C A
R T O B O R E T G C C T S E L
I E H W P M U Z C E U H N Y L
M D G J A R K N R S N G A Y I
R D Y N I R W A J U O I M M R
E Y D O N A C I E A J N E M O
A B N R B S C J T L W K V U G
P E U Y A H E S J C I C A M L
E A P E O Z A B K A H O C Y F
R R F A N B I R P T J P M A P
K W E T I H W W O N S S I R D
M N N W O L C O A A T R X X Q
N O T E L E K S C S Y M U M J
```

BANSHEE	GENIE	MUMMY	TEDDY BEAR
CAVEMAN	GHOST	NURSE	WITCH
CENTURION	GORILLA	ROBOT	WIZARD
CLOWN	GRIM REAPER	SANTA CLAUS	
COWBOY	HIPPIE	SCARECROW	
FAIRY	KNIGHT	SKELETON	
FIREMAN	MR SPOCK	SNOW WHITE	

USA TODAY

Words Containing RAT

```
R A T E T A R E B I L R A T S
E E N O I T A R U D R A T T T
T B R D E N I G R A T E R G A
A G E R N S E P E F E A L A R
R S C R A T C H A R T Q A I M
E K E R A T I N U A A H N N B
L G D R M T I O C T R G R O R
E R E S A C E C R E R Q E I A
C A L E R I T S A A A U T T T
C T G R A T E S T C N G A A I
A I K R T A W E I U L G R R S
R C T A H R R G C R Z C F O L
A U A T O E A C R A T E R T A
T L R E N P T R E T T A R A V
E E A D W O H Z P E R A T R A
```

ACCELERATE
AERATE
BERATES
BRATISLAVA
BUREAUCRATIC
CRATER
CURATE

DENIGRATE
DURATION
ERRATIC
FRATERNAL
GRATES
GRATICULE
INGRATE

KERATIN
LIBERATE
MARATHON
NARRATE
OPERATIC
ORATION
SCRATCH

SERRATED
STRATA
WRATH

In the Air

```
N O E T U H C A R A P H U T E
O X Y G E N P I H S R I A N H
O X D S W K X E O O R J K E C
L W N M M Q C U R E C C W C Q
L M A E T S N O D R O N E S E
A N T L P D Y I R P A H Z P L
B N S L W L L L M R Y H P E Z
L Z E A A G B I F Q U X Z R Z
S I V L G Z L Q R R S E S F I
R E E N L B P V V M E T W U R
S A A A C O T F O R C T Q M D
K H K W A I P K B E U E T E G
G Z P L A N E K S E L B B U B
E D I X O I D N O B R A C Z B
R E T P O C I L E H F J V M C
```

AIRSHIP
BALLOON
BLIMP
BREEZE
BUBBLE
BUTTERFLY

CARBON
  DIOXIDE
DRIZZLE
DRONE
HANG-GLIDER
HELICOPTER
INSECTS

OXYGEN
PARACHUTE
PERFUME
PLANE
POLLEN
ROCKET
SCENT

SMELL
SMOKE
SOUND WAVES
STEAM
ZEPHYR

Bang

```
H I E I A I T H V B L P S H S
W L R I N G E T A N O T E D Q
O A A R J A N G E M C H H D R
S X L E Z E R A M R U U S T E
S M L L P U C E E C A M A E S
T G A O O S L M M J R P R H O
R A G S Y P M Y G A K U C W U
I O N U H A C T C C S C N N N
K C A W H T E L A L C Z J C D
E K L V I C A R C E L F E R H
T C C M K L C R M C O O A V H
R O Y A C U K I B A U T E S T
Y N H L D N N E S T T W A R E
G K A S P K E X P L O D E U L
M P P L A S E R E T T A L C L
```

CLANG
CLAP
CLATTER
CLOUT
CLUNK
CRACK
CRASH

CRUNCH
DETONATE
EXPLODE
HAMMER
KNOCK
PEAL
POMMEL

RATTLE
RESOUND
RING
SHOT
SLAM
SMASH
STRIKE

THUMP
THWACK
WALLOP

Decorating

```
G K P S P U S H M Y S N O E P
L X U U T R W X I V L G N N R
O V E V I S E H D A S G A E R
S D A Q U R R P Y T T N P R S
S B O R E F C I A X N A L C P
C E M M N K S I H R S L A L A
R O I U H I N H U T A F N W T
A R X V Z E S N E N F T S S T
P U I I R T G H O O Q G I R E
E S N E N N S I L H N K O O R
R G G I I L S D B I F L J S N
V R A L I L I O V G L S L S Y
K P I A U N C O E E L X M I S
W E N M G X C F R O K U I C U
C M E A S U R E M E N T E S A
```

ADHESIVE
CEILING
COVING
EMULSION
GLOSS
GLUE
MEASUREMENT

MIXING
NAILS
PAINT
PASTE
PATTERN
PLANS
PREPARATION

PRIMER
RAGS
ROLLER
SCAFFOLDING
SCISSORS
SCRAPER
SCREWS

SIZING
STAINER
VARNISH

USA TODAY

K Words

```
K W E K B E S A S N A K U K K
E O R Y U E K A Z T E K R V O
A T O K V M M O E K N H T K M
S W K A K W Q K R G I O I E O
L O N J N K R U G E R R A N D
E K A K O I A H A C A N W Y O
N R P I T A I K A T H N U A N
N U S A T V G U K K T Z K N E
E A A M Y N K S O I A C K F H
K K C A I B O E E I K O I H C
R Z K L L S P L K C A N K U T
Y K E P O K A K E L K X A U I
K E T T L E K M A K O W H H K
K R E H S I F G N I K E K E P
K E R A G O O R A G N A K I K
```

KANGAROO	KETTLE	KNIFE	KRUGERRAND
KANSAS	KHAKI	KNOTTY	KUMQUAT
KAPOK	KINGFISHER	KOALA	KUWAIT
KATHARINE	KITCHEN	KOMODO	
KEELING	KNACK	KOPEK	
KENNELS	KNAPSACK	KOREAN	
KENYAN	KNAVE	KOWTOW	

Animal Stars

```
R H C O O H V Y V R L A R N R
I A E G E N T L E B E N F V E
G I P E H T D L O N R A L R V
L P E T E Y L I M U R R A Y L
A H D H Z E F W R V E E U C I
S Z S K Y L Z H E R C U L E S
S A B D I H T Z D A K C I L F
I U L P P R S A T E E H C A H
E O P M I H C E H T Y D U J N
P E W G O C H A M P I O N Y M
R M G H Y R C I P B S A L E E
S E A F X O R I O I Z N U N L
R M P R M S K I S I V E R V A
W D L E T S A A S O A A D A S
U Y T T M V N E V O H T E E B
```

ARNOLD THE PIG
BEETHOVEN
CHAMPION
CHEETA
COMET
FLICKA

FLIPPER
GENTLE BEN
HERCULES
HOOCH
JUDY THE CHIMP
LASSIE

MORRIS
MR ED
MURRAY
NUNZIO
OLD YELLER
PETEY
SALEM

SILVER
SKIPPY
TRAMP
TRIGGER
WILLY

Varieties of Pears

```
N O S M I R K R A T S S O N N
H Y N E T A N G A M E H K E E
K C A S I B A E R Y E S N L D
Y R O S A R N E U C U A N L R
E S G N T Y A K I M L J A E A
B S W O C T C M M L K Y M R W
Y E S A E O O E E I D R O B
M C U S D C R R Y S T N E F S
A N C R E C O D O D O A H W W
L I A L R C M X E C A R R C A
L R D I A E K F N D H B E R N
U P S E I R B E L R N A P I E
L P B T G P E O L F O W M A G
W A V Y A M S T S E N H U T G
I H S A N I A R C C C T T S E
```

BEURRE BOSC
BRANDY
CLARET
COMICE
CONCORDE
CORELLA
FORELLE

HERMANN
ISOLDA
LULLAM
MAGNATE
NASHI
PRINCESS
ROCHA

ROSEMARIE
SACK
SECKEL
STARKRIMSON
SUMMERCRISP
SWAN EGG
THORN

TOSCA
TUMPER
WARDEN

Fasteners

```
C R G N I R T S T R A V E N E
A L E S E V I S E H D A A V X
M U G W X S C J X S H O E M P
C M S K E R T E V I R L W O A
E U J S E K M A N A C L E E D
P D R W E I S H P R W E F U L
A N U T A N D B O L T D J S O
T G B R A U R E A R E U Q P C
O B N R Q I H A N A S T P A K
L L E O A S N Z H T S S B R E
L S A B H C S H G W U S U T T
E M C P H T E Y O X R S C S S
S S H O E L A C E O T E K L A
S A R G S T R O N G K R L E P
S N A P L I N K O O A P E L S
```

ADHESIVE
ANCHOR
BRACE
BUCKLE
CURTAIN HOOK
DOWEL
HARNESS

MANACLE
NUT AND BOLT
PADLOCK
PASTE
PRESS STUD
RIVET
SCREW

SELLOTAPE
SHOELACE
SKEWER
SNAP-LINK
STAPLE
STRAP
STRING

THONG
TRUSS
VELCRO

USA TODAY

Spain

```
V E Y A N O R I G O Y D G R O
L A R P N F A R A B P I G I D
G E R O N A T B S P O R R R E
Z E R E J S I O A O R D A O I
A C M X J H S D L T U A N D V
L C X P A E L L A E O M A A O
M L R S G R S A M U D K D C V
M L E O J R E I A P G O A I H
G A V R L Y G C N R Q T T P A
P I L A T E U N C J A O K J Z
A P A A W S R E A L R G O P E
A T I A G F A M O I J I O Q R
I N D E B A S N A E R K S N E
D H K A F W I W O C E R G L E
O C N E M A L F J M A S T R A
```

ARAGON

CATALONIA

DOURO

EL GRECO

FLAMENCO

GIRONA

GRANADA

GUADIANA

JEREZ

LORCA

MADRID

MALAGA

MONASTRELL

OVIEDO

PAELLA

PICADOR

PRADO

RIOJA

SALAMANCA

SEGOVIA

SEGURA

SHERRY

TOLEDO

VITORIA

Greek Islands

```
K U I P O Z S O X A N E A R M
T O C E A J O I O N F A O N A
W L C R E R K S I C A R I A C
S K K A H K O A E O B U E E S
U O A A T O D S U N S O P U O
S R R E B A D E D O M H H Y R
O T P O A X I E R Z A T S U A
H A A A P A E D S L A A Z V N
T P T S Z L N B O Z T S J L I
N E H E N A V N E H S P M V G
Y R O V G V I M A Y Y A M N E
K O S E Y A M S A D K O M V A
A S L L H A S I Z R R K H O T
Z O N F R O C S I A N R Y S S
F E A G S C H R Y S I T Y E I
```

AEGINA
CEPHALONIA
CHRYSI
DOKOS
EUBOEA
FLEVES
FOLEGANDROS

GRAMMEZA
HYDRA
ICARIA
KARPATHOS
MAKRI
NAXOS
PAROS

PATROKLOU
POROS
PSATHOURA
RHODES
ROMVI
SAMOS
SYRNA

THASSOS
VALAXA
ZAKYNTHOS

Sherlock Holmes

```
C D R A Y D N A L T O C S E I
C R I M I D O T H S S T A N S
H N O D N O L E E E O F T W T
B H Y U M D O N R R T E I T N
K A O R E R Y U I H L G C O T
B H S V Y A T E E L G E T E R
P M L K B N S F I I P R E L I
G O I B E G T G N S E R M E N
S R L V V R E S U V T V O M Q
E I D I I N V S L S I S R E U
M A D H C X F I D O B E A N E
L R D E T E M A L H E A N T S
O T S E I L R I M L M A W A T
H Y V F M B N U R O E V E R L
N B A K E R S T R E E T V Y I
```

ADVENTURES	HOUND	POLICE	THEORY
BAKER STREET	INQUEST	SCOTLAND	VICTIM
BASKERVILLE	INTELLIGENCE	YARD	VIOLIN
BAYNES	LONDON	SOLVED	WIGGINS
BRADSTREET	MILVERTON	STORIES	
ELEMENTARY	MORAN	SUSPECT	
HOLMES	MORIARTY	THEFT	

The Simpsons

```
F B Y A M L E S A N R E A S L
G F A I A M M R U O M Y E S A
N U I R E A T M Y S H O R T S
Y A S Z T G D W O R H D K E V
W N M U E G B E N J A M I N M
R K N K T I V Y W H M R Y P A
P X A E C E T I F A T T O N Y
M A L S L O L R S T S G N O O
I E T U I L R C A U X Z I S R
L T E T I L E B R M D W T L Q
H L J E Y O H K T M W G R E U
O O I T B R S P L N A L A N I
U K M M P U I D L Y E R M E M
S H I E I Y E N R A E K G F B
E J O W R E O I K E R I S E Y
```

ARTIE ZIFF
BART
BENJAMIN
CLETUS
EAT MY
  SHORTS
FAT TONY

HOMER
JIMBO
KEARNEY
KENT
  BROCKMAN
KRUSTY
LENNY

LISA
MAGGIE
MARGE
MARTIN
MAYOR
  QUIMBY
MILHOUSE

NELSON
PATTY
RALPH
SELMA
SEYMOUR
WILLIE

Copy

```
T S S E N E K I L E C V E A Y
U C C S T A M E Y O G E T E D
I K E K V A Z I U I N F A T A
A M C L O E C N M O J A C A M
A O P E F E T I L I P K I L P
M T H E R E T C L A C E L U A
I E X S R A R A R P U L P M R
Y H N F T S F R R N U E E E A
A M E E O D O T P I R D R Y P
R I D I T T O N R A P O Y K H
T R V E S A R G A A R M O C R
R R I M P E R S H T C O D A A
O O F A C S I M I L E E D M S
P R Y R E G R O F F I P X Y E
O T T I E T A L U M I S V Q I
```

CLONE
COUNTERFEIT
DITTO
DUPLICATE
EMULATE
FACSIMILE
FAKE

FORGERY
IMITATE
IMPERSONATE
LIKENESS
MIMIC
MIRROR
MOCK

MODEL
PARAPHRASE
PARODY
PARROT
PIRATE
PORTRAY
REFLECT

REPLICATE
SIMULATE
TRACE

Making Movies

```
U S F U L W N E R A R S U R P
A S R L I G H T S T A N D I N
S O Q O I C P V U R I C H Y S
E U R S T C Y I T B K U T K C
M N E P M C A X R I U I S I E
U D C I A N E B E G U Y I U N
T M U R K E G R L N Y V E B I
S A D G E T F R I E P E Y R C
O N O Y U T E T A D M O K B A
C A R L P D N A R R E A D E R
A G P L A O R O T A M I N A T
E E F O C U S P U L L E R V I
S R L D A T P M O R P R O C S
R E T I R W N E E R C S F S T
B E S T B O Y N A M S P O R P
```

ANIMATOR
BEST BOY
BUYER
CABLE MAN
CONTINUITY
COSTUMES
DESIGN

DIRECTOR
DOLLY GRIP
EXTRAS
FOCUS-PULLER
KEY GRIP
LIGHTS
LOADER

MAKEUP
PRODUCER
PROMPT
PROPS MAN
READER
SCENIC ARTIST
SCREENWRITER

SOUND
 MANAGER
STAND-IN
TRAILER

Movies

```
P M E N A L P R I A S E F O R
O I D A L L A F Y K S I T N E
M Y M M U M E H T J F K H E S
E F A D C S E S S Y L U E T T
N T E R A B A C G K V C F W E
G O O D R J M U P A R A L O C
N Y J U D I M R L C S I Y R R
I S L A V A V A B N E D S K E
D T P C N S L A C A C O S H K
N O H S C A R A L L N Z U T A
I R A A L R M E R B E V P O R
F Y C A R E U N T A F D O P N
U C N C L V T U I S M Z T G O
N D U O G X E E E A I B C U O
O J T O R A D Y A C R S O N M
```

AIRPLANE	FINDING NEMO	RAIN MAN	TOY STORY
ARRIVAL	HARVEY	RAMBO	ULYSSES
CABARET	KRISHA	SISTERS	ZODIAC
CAMELOT	LA LA LAND	SKYFALL	
CASABLANCA	MOONRAKER	THE FLY	
DRACULA	NETWORK	THE MUMMY	
FENCES	OCTOPUSSY	TOP GUN	

Movie Stars

```
H A H C N E D R A Y E R E C S
R V F L B L A N C H E T T C A
E V A R G D E R A E E S S O M
S F F R H W Z T H U R M A N O
E T A L M E G E G H E Y H N H
Y N A A Y J Y N I E Y E W E T
T V N Y P N H O E P N L A R T
W C O L L I N S L B O S S Y T
S T R E B O R L Q U L G H T O
H W D O N E R E C R D N I M C
B T N O O Q L R R N S I N Y S
W O I R E V I R D O D K G E J
M T N M I S T A R G O M T R L
N O O P S R E H T I W M O S R
M C L O R A N E L A S E N C L
```

BLANCHETT	HARRELSON	NEWMAN	THURMAN
COLLINS	HEPBURN	REDGRAVE	WASHINGTON
CONNERY	KINGSLEY	REYNOLDS	WITHERSPOON
DENCH	LEIGH	ROBERTS	
DRIVER	MONROE	SCOTT THOMAS	
FLYNN	MOORE	SMITH	
GRANT	MYERS	TAYLOR	

USA TODAY

First Ladies

```
I A E C A R G A I N A L E M U
M A R M I N A R A B R A B Y H
M A M S A C E A S C M I C T F
S E C N A R F O H I D N E K E
U A E V E S T I C T A B J U L
F L Z N J D L H S N A U H O E
L L T K I L E E A Z L A U R A
O I G D A L Y D I I R I T X N
R C F R L L E L A A S I A A O
E S Y E M R E U S A U R Y I R
N I F A T A U H Q D H L E T F
C R T H E L M A C C K E L I M
E P A T R I U I W A A B L T B
L E T A R I A K E G R J O E Y
B N O H A I T E R C U L D L N
```

BARBARA	HELEN	LUCRETIA	RACHEL
DOLLEY	HILLARY	MAMIE	SARAH
ELEANOR	JACQUELINE	MARTHA	THELMA
ELIZABETH	JULIA	MELANIA	
FLORENCE	LAURA	MICHELLE	
FRANCES	LETITIA	NANCY	
GRACE	LOUISA	PRISCILLA	

Admirable

```
B G N I N I H S M T M T Z L Z
T P S E D P E R F E C T V U R
D E T R Y T S U R T N G L F A
E U N S E L F I S H S N G H L
S H J J H C T I L O E I E T U
S Y H T R O W M Y O C S N I C
A C J U R M B L K I V A I A A
P Y B I O M N E L I I E A F T
R B O M C E S L D L C L L Q C
U U W E V N Y U L I L P G Y E
S E A A J D A I P F E P E L P
N R E H I A R F V R V N N D S
U H A E L B A I M A E V T N B
S P A R K L I N G E R M L I L
M A J S S E L R E E P D E K E
```

AMIABLE
BRILLIANT
CLEVER
COMMEND-
  ABLE
FAITHFUL
GENIAL

GENTLE
HEAVENLY
IDYLLIC
KINDLY
LOVELY
MERITORIOUS
OBEDIENT

PEERLESS
PERFECT
PLEASING
SHINING
SPARKLING
SPECTACULAR
SUPREME

TRUSTY
UNSELFISH
UNSURPASSED
WORTHY

USA TODAY

Shades of Pink

```
E I G N I K C O H S H C A E P
S L B E P O W D E R E R F E E
I T V O W N E L M D T U C Z G
R A H I U S A L Q L C H H E N
E M R U O G A I U H E F T N A
C A E R L R A Q S R U E N D M
U R D P O I D I R R V H A E C
A I N C U J A Y N O E O R M N
P S E E R V B N L V G P A I A
R K V N A L S G P N I G M A L
I N A S O A X C A E E L A N B
C I L S L O H D Q N O C L G E
O W S M F I N R T R Q N C E A
T O O X N A T A E G A M Y R A
M N T A F N O I T A N R A C E
```

AMARANTH	CHERRY	LAVENDER	SALMON
APRICOT	BLOSSOM	MAGENTA	SHOCKING
BLANCMANGE	CHINA	PEACH	TAMARISK
BOUGAINVILLEA	CORAL	PEONY	THULIAN
CARNATION	FANDANGO	PERSIAN	ULTRA
CERISE	FOXGLOVE	POWDER	
	FUCHSIA	ROSE	

Leaders

```
E H K T B X K G K R M I N H K
H E P R E M I E R A S P A I Z
K D M P X A N C H U R H Z W R
V I M A H D I A L I S S V G E
I U T Q N E R T N T H F R F D
D G H S G A A C Y E L O H H N
B Z R H J N E D I U T I C Y A
A H S A P M V K O A Q R F R M
R F H C R I H G T F A U O P M
R Y R O U K L C E R S Y E L O
E T I F L A I A T N A T U E C
S S Q Y E D D E C M E G A V N
I A J P R O T E C T O R H T W
A R M P A R T A S M O A A P E
K S M K Q I Q C N C K K A L X
```

CALIPH	MAHARAJAH	PRINCE	SULTAN
COMMANDER	MAHDI	PROTECTOR	TETRARCH
DICTATOR	MAYOR	QUEEN	TSAR
GENERAL	MIKADO	RULER	
GUIDE	MOGUL	SATRAP	
HEAD OF STATE	PASHA	SHAH	
KAISER	PREMIER	SHEIKH	

Orienteering

```
U F S U S I G N P O S T N N F
X K P S O E W A L K I N G I V
Z L A T A F E O X S Y P N N T
S A O R O P C R Y P U I I O P
S C B R O A M M T M S E R I C
E I E E T N B O A H L Z E T P
N S W E A O A P C C Z N E A L
T Y E J L R R Q R I I I T N C
I H L S K E I I O L U H N I O
F P T T A L C N E H F D E L N
O Z S D S A F E G I R W I C T
P R I J R C B T N S O S R E O
I N H P A S Y D Z R U O O D U
G I W N H V E L O R T N O C R
C O U N T R Y S I D E N F X S
```

ANORAK	COUNTRYSIDE	ORIENTEERING	TREES
BEARINGS	DECLINATION	PATHFINDER	WALKING
BEELINE	FINISH	PHYSICAL	WHISTLE
CIRCLE	FITNESS	ROUTE	
COMPASS	FOREST	SCALE	
CONTOURS	LOCATE	SIGNPOST	
CONTROL	MAP-READING	SYMBOLS	

New Year

```
R E A L R E T O O F T S R I F
C A S S E H O O E O T M A C H
N L E L R C A S T E I W C E A
O E O Y A K S E A V R H E N L
I H M C W O T E R Z I I M W I
T V A I K E C Y B M P S D O D
U E P N T S N Y E I S K A D A
L G N I G N I S L D T E N T Y
O H A G H O U X E N R Y C N A
S U R A A W V F C I E F I U D
E Y P A E P - I E W G A U N O I
R P T R U S M S R H M T G C L
Y G A R R E A A H T E U E N O
R Y A N A M G O H E R R H E H
H O L I U P A R E C S E I D S
```

CELEBRATE
CHAMPAGNE
CHIMES
CLOCK
COALS
COUNTDOWN
DANCING

FIRST-FOOTER
FUN TIME
FUTURE
HANGOVER
HAPPY
HOGMANAY
HOLIDAY

MIDNIGHT
NEW YEAR
PARTY
RESOLUTION
SINGING
SPIRIT
STREAMER

TOAST
WHISKEY
WISHES

USA TODAY

Better and Better

```
L A Y S O E L B A R E F E R P
A T T E F R O I R E P U S F P
T M D E N I L M A E R T S I O
I R L Y D H U S R S D A T T L
M E N D E D A E M E L P R T D
E T R A H O C N R A A S O E E
O A L E C T D U C R R Q N R H
V E D A I E C E B E G T G D S
D N U F R H A D M P D D E D I
N J I S N G T O I R N V R R L
M E C E E D E R E V O C E R O
D S W E E T E R O R R F S J P
D E T C E F R E P W E Y E R A
S O U N D E R M R E T A E R G
H D N D E S I V E R S U C U E
```

CURED	LARGER	RECTIFIED	SUPERIOR
ENHANCED	MENDED	REFORMED	SWEETER
ENRICHED	NEATER	REVISED	WORTHIER
FITTER	PERFECTED	SMARTER	
GREATER	POLISHED	SOUNDER	
HEALED	PREFERABLE	STREAMLINED	
IMPROVED	RECOVERED	STRONGER	

World Capitals

```
V U H E M W M N O D N O L E M
I O R I Y A D H E Y N K F U O
E A M A N A M C Y I W I G G D
N N M A N E N E L T E H R A N
T L G E T U M B E P O Q B R B
I U A Y B A U R A Q A A K P E
A O B Z I D A A U A M A W E C
N A O N L A T T B A M A K O R
E F R E I N B I L P J R S O O
G E O J S A W S A N N L O O A
S E N P I V I L L S O L R D T
E B E O A E A A I G W U N N H
O I Y K I R B V N W J A F E E
U N D S T E I A A A U E R J N
L N R I H Y R S M L H W A N S
```

ATHENS
BAMAKO
BRATISLAVA
DUBLIN
GABORONE
ISLAMABAD
KAMPALA

LONDON
LUANDA
MAJURO
MANAGUA
MANAMA
MANILA
NIAMEY

OSLO
PARIS
PRAGUE
RIYADH
SEOUL
SKOPJE
TBILISI

TEHRAN
VIENTIANE
YEREVAN

Shifty

```
N O S A E R T Y G D V C Y T B
F E L L E F R X U E R R R I D
K C I R T E G T B L V A E P H
B S O T G P F I M U X F K J O
V N U R H P Y E U D S T A Q O
S P O O F T L C H E N Y F N D
J F N T I N W E H O A X Z O W
Y E N S P V A D I B Q G D I I
Y N L O S K E T E X I G S S N
K A U P E K P D A C Y P D A K
F S Y M C E B Q U L A S W V U
D C Q I C A E Q H A R F G E X
H A P E R J U R Y M R A O U Z
V M D U V R S H E R I F H W Q
C A T S E N O H S I D E V C T
```

CHARLATAN	DODGY	HOODWINK	TREASON
CRAFTY	EVASION	HUMBUG	TRICK
DECEIT	FAKERY	IMPOSTOR	TWO-FACED
DECEPTION	FALSITY	PERJURY	
DELUDE	FORGERY	PHONEY	
DEVIOUS	FRAUD	SCAM	
DISHONEST	HOAX	SPOOF	

Relax

```
E D Z O T S E R A E K A T T E
Z N E O A C M P Y F M N B A S
O I R T O S Q B O E L O T K W
O W L U M Y E R R I S D E E O
N N O O E E T Y E S R O G I R
S U O L R Y N D E I S F P T D
B L S L W E O I C T K F T E X
W F E I C W N A G B U F C A R
F Z N H N E T L P A Q H L S Y
O K U C K N T E U C M E S Y T
S C P C A Y E L N K R I G X Y
Y D A P I L R E B M U L S E N
U L O R S T S I E S T A F L G
S C F Z N E T A N R E B I H Q
W P K L E D A Y D R E A M Q N
```

CATNAP
CHILL OUT
DAYDREAM
DOZE
DROWSE
FORTY WINKS
HIBERNATE

IMAGINE
LIE DOWN
LOOSEN UP
NOD OFF
RELAX
REPOSE
SHUT-EYE

SIESTA
SIT BACK
SLACKEN
SLEEP
SLUMBER
SNOOZE
TAKE A REST

TAKE IT EASY
UNBEND
UNWIND

Secret

```
T C E C I R E T O S E I D D Z
E L V N B O H C R L R S E E U
R O I R E T L U R E F N L S D
C S T Z E V C S H F V C A O E
E E R N B R H P O G L O E L R
S T U D Y I N D T A D H C C E
P E F P E M E S S E I H N S T
O D T L A L H S T D S U O I L
T I D S L R I C D H D S C D E
C E K A O F I E U J E H U N H
D E W U I R N T V E D H G U S
D Y D E T L A B S T R U S E B
S E D S H W O M U A A S E C E
D K E T A V I R P A U H C U Y
T R E Y C D E S I U G S I D H
```

ABSTRUSE	ESOTERIC	RESTRICTED	UNDISCLOSED
CLASSIFIED	FURTIVE	SHELTERED	VEILED
CLOSETED	GUARDED	SHIELDED	WALLED OFF
CONCEALED	HIDDEN	SHROUDED	
COVERT	HUSH-HUSH	SHUT AWAY	
CRYPTIC	MASKED	TOP SECRET	
DISGUISED	PRIVATE	ULTERIOR	

King Henry VIII

```
Y R N E H O W A R D E G U F Q
R R Y N R R K E L N F R N G S
E T X A R T G C I X S Y P I B
M U R J A G G R N L C L A R K
N I Y U P Y E O S E V E L C V
A T S O O H V V Q C I O A C V
R R P A T C D I K E E N C N O
C E G A L O N D O N Q S E F B
L A C L T E G O O F P U S Q M
E S Z D N P N N T Y M X E N S
M O M O Y D A D Y P E A M E H
E N R Y E S L O W E M O R Q N
N H C U S N O N Q P L A M Y Y
T F K G U A E B H G D O H A M
D R A W D E S P O H S I B D N
```

BISHOPS	EDWARD	LONDON	THRONE
BOLEYN	HAMPTON	MARY	TREASON
CATHERINE	COURT	NONSUCH	WOLSEY
CLEMENT	HENRY	PALACES	YEOMAN
CLEVES	HOWARD	PARR	
CRANMER	JANE	POPE	
DIVORCE	KING	QUEEN	

Awkward

```
W  T  L  U  C  I  F  F  I  D  D  D  O  K  N
I  C  C  Y  R  R  F  Y  G  M  E  U  U  J  E
L  J  U  W  S  I  O  N  D  Y  T  N  B  K  D
L  B  M  N  T  M  R  T  S  W  S  C  L  U  O
A  E  B  S  R  K  U  A  D  K  I  P  J  N  O
T  H  E  S  V  E  E  L  I  A  F  K  P  W  W
E  C  R  S  Y  N  F  L  C  A  M  B  D  I  Z
A  U  S  E  U  K  L  I  C  O  A  R  S  E  T
S  A  O  L  S  E  C  I  N  D  H  T  U  L  R
E  G  M  E  D  L  M  I  N  E  I  R  N  D  I
R  W  E  C  H  E  I  L  T  F  D  L  C  Y  C
U  N  G  A  I  N  L  Y  N  S  D  R  O  H  K
G  N  I  R  E  B  M  U  L  C  J  U  U  O  Y
A  Y  H  G  U  O  R  U  S  T  I  C  T  V  Z
Y  K  W  A  G  N  I  L  G  N  U  B  H  T  Z
```

BUNGLING
CLUMSY
COARSE
CUMBERSOME
DIFFICULT
GAUCHE
GAWKY

GRACELESS
HAM-FISTED
ILL AT EASE
LUMBERING
ROUGH
RUSTIC
STICKY

STIFF
TRICKY
UNCOUTH
UNEASY
UNFIT
UNGAINLY
UNREFINED

UNSKILLED
UNWIELDY
WOODEN

Communicate

```
C E G A S S E M A D N E S N M
O D I S C U S S L G J D C E I
N C L A N G I S R V X O L T S
V R X Y R I E C B E N Y C S S
E Y M E C O T R E T T E L I I
Y L E P L E A D A E J T E L V
E T S Z X I I C S O T Z U J E
X H V T L V T S R S A F W T H
R E I L T S O P N O E G I P T
I N E S G R G B J T D R K O X
G A Z H C E E P S A W Z T F N
W B J A H K N N E N N A K A E
M K T O S S E R P X E Y N O P
J U L E G A U G N A L A P R G
P E T R O P E R E C O R D Z I
```

BRAILLE
CONTACT
CONVEY
DISCUSS
GREET
LANGUAGE
LETTER

LISTEN
MISSIVE
NEGOTIATE
PIGEON POST
PLEAD
PONY EXPRESS
PROJECT

PUT ACROSS
READ
RECORD
REPORT
SEND A
  MESSAGE
SIGNAL

SPEECH
TEXTING
UTTER
WRITE

Words That Start and End the Same

```
N O R T U E N E K D Z W A R E
P A U A A O R E D P O A E S G
C M B R L E G V L R O O I D X
O I U Y D H B A R M U L E Z K
V Z N P B U Y A E T U P Y O A
O P U I W O B S K C A S U P Y
G O R O L L K W H L L U E F A
E H E X E C U T I V E I G U K
F S Y E S C A L O P E G P H M
W N H P U X O O I H N U K S T
A W P S R L U C W P I W G F E
S A S S P S T A Z P G L M G F
R P M U L P D L W Z N S E N C
A U N E U R O T C A E R U V J
W A A A S E T I D U R E A E O
```

CLINIC	LOCAL	PAWNSHOP	TAUGHT
ECLIPSE	LOYAL	PLUMP	WARSAW
ENGINE	MUSEUM	POLYP	WHEELBARROW
ERUDITE	NEUTRON	PUMP	
ESCALOPE	NYLON	REACTOR	
EXECUTIVE	OUTDO	SACKS	
KAYAK	OUZO	SURPLUS	

N Words

```
N T H S E Y F N E N E S T E D
J U S S N S N E L U D O N N N
N L N E K I R S U X E N I A H
M A B N C O N U U N N C M T N
N R Z T E I T O N E K E N O N
A U A A T R N Z T E D I S O U
N T A E R S Y H D O N T I L T
E A C N N E E D L E R T B A M
N N M N L R T C B I A I P N E
U E N I L W N H L G N A O R G
N N E A N A B A I P O M B U G
C B N E N G C V A R T O N T S
E D R E T T A N F M A D B C M
S E S S E N S U O V R E N O U
N A X O N I P P E R Y C E N N
```

NAMING
NATTER
NATURAL
NAVIGATION
NAZARETH
NEATNESS
NEEDLE

NERVOUSNESS
NESTED
NETHERLANDS
NEXUS
NICEST
NICKED
NICTATE

NINTH
NIPPER
NOCTURNAL
NODULE
NOSTRIL
NOTARY
NOTORIOUS

NUNNERY
NURSE
NUTMEG

Pokemon

```
H S I D D O X J S Q C J F Y A
B N L P R I M E A P E M L M H
P H X C P B D R A Z I R A H C
B E L L S P R O U T E H R R H
P Z U E L Y T C A D O R E A I
Y V A F D R A A N P O M O R T
E G N A M T M A N K E Y N C M
G E E I E P M P C U L S Y A O
D H F R T R O W E D K E Q N N
I Z P Y A B P N U R D A Y I C
P I O H P P Z G Y A S K K N H
E L C G O K T A D T Q I O E A
L B E E D R I L L I A N A O N
L I C K I T U N G N H G L N Q
Q O D O D R I O Q I K J J U I
```

AERODACTYL	CLEFAIRY	LICKITUNG	PRIMEAPE
ARCANINE	DODRIO	MANKEY	SEAKING
BEEDRILL	DRATINI	METAPOD	VULPIX
BELLSPROUT	DUGTRIO	ODDISH	
CATERPIE	FLAREON	PERSIAN	
CHARIZARD	HITMONCHAN	PIDGEY	
CHARMANDER	KAKUNA	PONYTA	

Feline Friends

```
C L L E H S E S I O T R O T S
C I X W A R M T H N Q U E E N
X L V A A P G I M N E P E T A
C L A L W N L A A S D T S P B
Q M L W I H R A U O E K T W A
H O O R S M R O Y Y W G U I S
C A R P A E M S G F N I W Z K
F U I L I B V N A I U H N M E
P U A R F N I I H E I L V G T
J D R Y S M T S L S L T O S W
E M F B O Q U A K E O F W A X
G J R O A R B E C M N A I X I
L P R Q B L R C C R P I O J M
L G O V B S L A U U Z R N X J
Q O W Y A O T Z J B B K U O O
```

BASKET
BRUSHING
BURMESE
CATNIP
CLAWS
COLLAR
FLEAS

FUR BALL
GROOMING
HAIRS
KITTEN
MARMALADE
MIAOWING
MOUSE

NEPETA
NINE LIVES
PAWS
PLAYFUL
PURRING
QUEEN
TOMCAT

TORTOISE-
 SHELL
WARMTH
WHISKERS

USA TODAY

Clouds

```
W H E S U T A M M A M S I H F
A L T O S T R A T U S H M D A
C S I A L T O C U M U L U S L
I U H C I R R U S M T E Z O L
H L W M I A C O N T R A I L S
P U C J A G N I W O L L I B T
A M C O V R O Z B R C V N O R
R U I N N I E L S T O R M R E
G C N S I V Y S O H N S V E A
O O O U S A E P T R W T A D K
R R L E W Y R C S A D W O N S
O R C L E A D A T I I Y R U P
H I Y I K C A L B I W L H H E
S C C P F L U F F Y O N V T V
J E T S T R E A M C S N Q H T
```

ALTOCUMULUS	CONVECTION	MARE'S TAIL	VIRGA
ALTOSTRATUS	CYCLONIC	OROGRAPHIC	WHITE
BILLOWING	FALL STREAKS	PILEUS	WISPY
BLACK	FLUFFY	RAIN	
CIRROCUMULUS	HYDROLOGIC	SNOW	
CIRRUS	JET STREAM	STORM	
CONTRAILS	MAMMATUS	THUNDER	

TEN at the End

```
S G G N N E T T A B A N N E T
E L E N E T T I K R E I U N Q
O U N E T T U S N T E N E E T
N T E T A L T E T E N T N E S
B E A T E N N I N E T N E L N
N N T Y N E M L R A N I T G E
E E E T E M I A F W E F H L T
T E T T I S T N M K D O G W H
H E I H T R N E T F O N I T G
G K N E G I W T N E A P A X I
I G N E W I B R I D N S R H R
L R O U N E T A E H W E T L F
N E T S U A O M U D J U S E I
E D M H E I G H T E N I L E N
N E T N E T R O H S S U N E T
```

AUSTEN
BATTEN
BEATEN
BITTEN
ENLIGHTEN
FASTEN
FATTEN

FRIGHTEN
GLUTEN
HANDWRITTEN
HEIGHTEN
KITTEN
LENTEN
LISTEN

MARTEN
MITTEN
NEATEN
OFTEN
SHORTEN
STRAIGHTEN
TIGHTEN

UNDERWRITTEN
WHEATEN
WHITEN

USA TODAY

Desserts

```
T S O U F F L E T E A D N U S
E J E Q Q J F Z I R B L O O Q
C O B B L E R U O P U O P W C
A V O L V A P Z P T E G M O T
Z C O M P O T E S M V C O B R
S U S I M A R I T O A K N Y E
Y X A P P L E P I E I E G I Q
N Z M I D S H M R E R U R Y M
L A O O K L X A S C P G T C B
R C L V U M T E T O N M E S S
A P I F R S Y R A V A L K A B
T E B R O S S C I P T U N D Q
F O D E I N W E G F L D U Y A
E L B M U R C C T F L D J K N
Z E I P D U M I I J Q E I U V
```

APPLE PIE	CRUMBLE	MOUSSE	TIRAMISU
BAKLAVA	ETON MESS	MUD PIE	TRIFLE
BOMBE	FLAN	PAVLOVA	YOGURT
COBBLER	ICE CREAM	SORBET	
COMPOTE	JUNKET	SOUFFLE	
COOKIES	KULFI	SUNDAE	
CREAM PUFF	MINCE PIE	TAPIOCA	

Rooms

```
S T N E M E S A B L M C A T O
T K I T C H E N O O E S P K N
U L M O D G C B O L A Y C Z F
D O O E K B B R L L R R N R J
I A O U N Y D A O C I T T A M
O M R O N E R O E P V N B N O
H I P K B G N W L A C A O M O
M J A Q R W E R O O M P U J R
Y O T M O O R G N I N I D M Y
R G O S C F O Y T J V O O O T
O Z Q R Y E S M S D F F I O I
O V E S T R Y T K F O D R R L
M F Z H V S U B I Y W I B A I
M O O R C D E C E F L O E E T
U B A R Y Y E R D O L O F T U
```

ATTIC
BASEMENT
BEDROOM
BOUDOIR
CELLAR
CRYPT
DARKROOM

DINING ROOM
FOYER
KITCHEN
LOBBY
LOFT
LOUNGE
OFFICE

PANTRY
PORCH
REST ROOM
SALOON
STUDIO
STUDY
TAPROOM

TEAROOM
UTILITY ROOM
VESTRY

USA TODAY

Alternative Medicine

```
E G N I L A E H H T I A F A Y
W A E O P W E L L N E S S P L
B U B D R U G F R E E U A U A
A R U N I M A T I V A R H D B
C I S U M E L N V C E E D I R
H C E G A P A S U H T F D M E
F U T U L T I P T O E C I B H
L L A O E S R O I E E I S O S
O A L B O E M Y K K A N G T U
W R I N S O N O I S R E V A F
E T P S R F W O E Q I G O N G
R Y U H U C P J R U P O T I N
H R C E G M F W F A Y T M C A
E E S M A S E I T A I U L A Z
U R G K G N I T S A F A S L S
```

ACUPRESSURE
AURICULAR
AUTOGENIC
AVERSION
BACH FLOWER
BOTANICAL
CHROMOTHERAPY

DRUG-FREE
FAITH HEALING
FASTING
HERBAL
HYPNOSIS
KAMPO
MUSIC

PILATES
PRIMAL
QIGONG
REIKI
SEITAI
SIDDHA
TIBETAN

VITAMIN
WELLNESS
ZANG-FU

Wind

```
S M N K C E N I S M A H K C Z
I Y A W W R C J T F C B D A X
M L T D T H O R E N L F I L V
O R T K Z U I S O L Q K S I E
O E A H I L R R S F T O B M Z
M H M K R G S B L W U N G A D
A T R A A Y N A U W I A E D O
E R A D E T E I E L I N L G L
R O H B T R A S L R E N D F D
T N D Z R V T B A I O N D E R
S T A B R E I S A D A B C Z U
R T H E R M A L T T N V B E M
I M G L E I T T Z E I O E E S
A T Y P U E L C H E J C Z R P
O G Q Q E N A C I R R U H B P
```

AIRSTREAM	FORCE	NORTHERLY	WESTERLY
BOREAS	GENTLE	PREVAILING	WHIRLWIND
BREATH	HARMATTAN	PUELCHE	ZONDA
BREEZE	HURRICANE	SIMOOM	
CALIMA	JET STREAM	SOU'WESTER	
CROSSWIND	KATABATIC	THERMAL	
DOLDRUMS	KHAMSIN	TURBULENCE	

Birthday Party

```
P R E T H G U A L I S A E A U
N R E R A S E M K G A M A A S
S E T A L P A K N S E N G S N
H A P P Y R N O K S U O G U O
G K Q S Q L S U R P R I S E I
L A P U E C I E M E H T I S T
A J E T L M S M R L S A C K A
S E U O J D A M A E T T E N R
S T W K N C U G U F E I C A O
E N F E V S A G I U R V R P C
S S I I I G E N G O N N E K E
N R F C G D S Z D E G I A I D
F E S E H S I W E L A E M N L
W E N T E R T A I N E R W S S
H C E E P S A S T N E S E R P
```

CANDLES
CLOWN
DECORATIONS
ENTERTAINER
FAMILY
FRIENDS
GAMES

GIFTS
GLASSES
GUESTS
HAPPY
ICE CREAM
INVITATION
LAUGHTER

MARQUEE
MUSIC
NAPKINS
PLATES
PRESENTS
SONGS
SPEECH

SURPRISE
THEME
WISHES

Grow and Grow

```
I C A L P S E V E R A N H N E
E T A L I D T M O W E N T B S
O P U S H O O T U P T T V F A
Q M C W N E D I W S D B E V E
P E P E W G X B N E H Y H S R
C L L L Z Z G P D E F R I T C
R B R L E A C O A I D A O U N
M U L T I P L Y N N R A D O I
C O U E L P S G D E D N O E M
E D W X X U A U L E E N G R N
K A G E R M I N A T E R F A B
X P V G K M T Y X F A P T L S
E L E V A T E E B L T P E F I
D A E R P S M Z N B H Y L N L
T U S T H G I E H N I A G I E
```

BROADEN	EXPLODE	MULTIPLY	SWELL
DEEPEN	EXTEND	MUSHROOM	WAX
DILATE	FLARE OUT	PLUMP	WIDEN
DOUBLE	GAIN HEIGHT	RAISE	
ELEVATE	GERMINATE	SHOOT UP	
ENLARGE	INCREASE	SPREAD	
EXPAND	MAGNIFY	SURGE	

USA TODAY

M Words

```
M M H U Y M E R A M E A E E M
A M O S A T J H T O S B M M A
S S E R T T A M P L Y M A A M
E M B M S J G E E A M B Z M M
M L E I I E A D M O D I E N A
E R I N L A O V I M I Y S E L
M A M Z A M S S I S M M P D I
U L Z U U C T M U O O H L D A
R U S O L U I O I I T C D A N
M C L B R C I N O C T M A M N
U E M E S D H M G M L O E U E
R L P E O M O I V A E P M R Z
L O U L R N O M C F D P N D Z
A M E A E M D E R E T E M E I
M M X Y M A R M A L A D E R M
```

MADDEN	MEATY	MODELS	MURDER
MAMMALIAN	MELODIOUS	MOISTURE	MURMUR
MARBLE	MENACING	MOLECULAR	MUZZLE
MARMALADE	METERED	MONEY	
MATTRESS	MIASMIC	MOPPED	
MAYBE	MIMICS	MORSE	
MAZES	MIZZEN	MOTTLED	

Religion and Religious Festivals

```
M T S N I C Z O P Z E A M H E
L N Q A A S H U R A D H S S D
X A T V R T S O W T A O I S M
R C Y D E F H H O Q X H F P
U I U I V K I R Q Z H L K N S
P L B R O T N V I A O R I F C
P G G H S E T X B A O E S T A
I N C U S Y O I D W I T B M N
K A N Q A S H D I M I S E S D
M I R U P S L G W R P A L I L
O O I H K A S I A B D E T A E
Y T R Y M G A G L Z E K A D M
U J O M U L A G I X G H N U A
Z Y A W O N S U K K O T E J S
I S O H M N Q A N I H T A K A
```

ANGLICAN	EASTER	PURIM	TIRAGAN
ASHURA	ISLAM	RIDVAN	WHITSUN
BAISAKHI	JUDAISM	SHIBAH	YOM KIPPUR
BELTANE	KATHINA	SHINTO	
CANDLEMAS	LAMMAS	SIKHISM	
CHOKHOR	MORMON	SUKKOT	
DIWALI	PASSOVER	TAOISM	

Mythical Creatures

```
D T E U W A V A N G S F D U O
T N A I G E X P E N K Q R Y B
F A E T X B A N S H E E I A D
M M G X R I I E E F T L B I F
E E O A O E P S T R E C R K Z
D R M R Y H N S A N I D E X Q
A M A I N A T I T T R S D I P
S A J N E Y B E J A Y Q N N I
U I O P K W G A G Q C R U E Y
D D U I A M K O B R Y B H O N
E G E E R Y N O R Y C P T H U
M V A L K Y R I E G L R T P B
I B A S I L I S K Y O X T A T
X N I H P S S J S L P N R L V
G A R E T E R A L L S Y G V M
```

BABA YAGA	GIANT	PIXIE	TITAN
BANSHEE	GORGON	SATYR	TROLL
BASILISK	KRAKEN	SIREN	VALKYRIE
BUNYIP	MEDUSA	SLEIPNIR	
CYCLOPS	MERMAID	SPHINX	
DRAGON	NESSIE	SYLPH	
GENIE	PHOENIX	THUNDERBIRD	

Dog Breeds

```
E A I E S I O L L E X U R B N
Z S K O G L T F Y Y D I N G O
Q H E I Z E L A D E R I A R U
H J E N A R N C Y C O R G I Z
Y R Q G I L O O D K D E L P T
H U S K Y K M B C B A U R D H
K F T N P A E F H S R M L S I
F F I T S A M P I C B I E E H
P A P I L L O N H L A A A I S
S O B M Y E X E U M L S J R P
P A O F E R R J A Y H N Z E D
E O L D O T S G H O E T C X A
X E H U L S F A U S I N P O A
K H N I K E M G A P X X S B X
M H O U L I H B S E W C P E B
```

AIREDALE
BASENJI
BORZOI
BOXER
BRIARD
BRUXELLOISE
CHIHUAHUA

CORGI
DINGO
ESTRELA
HUSKY
LABRADOR
LAIKA
LURCHER

MASTIFF
PAPILLON
PEKINESE
POODLE
SALUKI
SAMOYED
SEALYHAM

SHIH TZU
SHOUGH
SPITZ

Bitter

```
P I M F V F I E R C E I R L M
N E E G A V A S Z V D E A N E
B V R D E N E T E E W S N U G
T G C Y N U A N V A B D C D N
N N I X M N O E E V I Y O M I
E I L X G M I P D S N D R U G
G T E Y O R T G G I H S O E D
N I S U G Y C R C S T A U R U
U B S G S A U A R A H C S E R
P R A H S N L A U E O E O V G
Q U E R T U H R J S S R U E E
W A T L I O L U J O T B R S B
N Y E A A G Z L R W I I B C Q
Z D O U R K G O E K L C C U N
U N C L E T M V I N E G A R Y
```

ACERBIC	FIERCE	SAVAGE	UNSWEETENED
AGGRIEVED	HARSH	SEVERE	VENOMOUS
BEGRUDGING	HOSTILE	SHARP	VINEGARY
BITING	MERCILESS	SOUR	
CAUSTIC	MOROSE	SULLEN	
CYNICAL	PUNGENT	TANGY	
DISGRUNTLED	RANCOROUS	TART	

Make Me Laugh

```
E C A S E R U T A C I R A C E
K C A R C E S I W R E N Q H D
S T F R O L I C U V E E B Y A
O D X E E B M O C T I S Y R R
G N I T S E J S S Z Z Y E E A
F E O N M V T O C V V T I L H
O L M A Z S P R N I O I N L C
O D M B A I E O A D T N V O P
P D M T R B O L C P O N S R Y
S I I P I T L E B N E E A D L
C R M F R R N P S B K R E E C
E T I A A A O E D O A M N M U
W P C R W R N N J B O B V Q X
Z E R H L S C K Y C F S C U I
I S Y W E J R E O P I X W K J
```

ANECDOTE
ANTICS
BABBLE
BANTER
CARICATURES
CARTOON
CHARADE

COMEDY
DROLLERY
FARCE
FROLIC
IRONY
JESTING
JOKES

MIMICRY
NONSENSE
PRANK
REPARTEE
RIDDLE
RIPOSTE
SATIRE

SITCOM
SPOOF
WISECRACK

King Arthur

```
L A N T O L E C N A L E S T A
E C E I W W I L H T E R A G E
T O L E M A C E A R E T H Y R
S J B V L U N O G A R D N E P
I N A N Y Y E L O V K P T F A
R B Y I A P C U H A P C Q E H
E B O L K B F C R L D P D L P
B R J R R Y L A M O R A K N C
O E T E I N C N P N G D S A S
E U T M S S L E N O I L E G H
L N O O S J L Y N A Q G D R E
B O L A Y L D E G O R E L O C
K R A M E F T D E R D R O M T
D A H A L A G Y J R Z H S Y O
D D S D C H I V A L R Y I R R
```

AVALON	DEGORE	LIONEL	PELLEAS
BLEOBERIS	GALAHAD	LUCAN	PENDRAGON
BORIS	GARETH	MERLIN	SHALOTT
BREUNOR	HECTOR	MORDRED	SIR KAY
CAMELOT	ISOLDE	MORGAN	
CHIVALRY	LAMORAK	LE FEY	
DAGONET	LANCELOT	NIMUE	

1

2

3

```
C G L A E D I L L U S O R Y I
T B T Y R I T I C A L M D L W
P E T I E F R E T N U O C D E
B E X I N V E N T E D P F R F
R Y R A D N E G E L Z H I A E
L E F E P W H D O K Z E C Z O
E E A U V O R R O M A N T I C
D K B S S I H B Y C T O I W N
N I U T E Z T T H D L M O Y I
E L L W C E H A R A L E N M F
T Y O A C I R E E S T N A O L
E R U X C M A R L R A A L I E
R I S A I M N T R C C L V V N
P A L N Y U F A N C I F U L M
E F G D L A R U T A N N U M Y
```

4

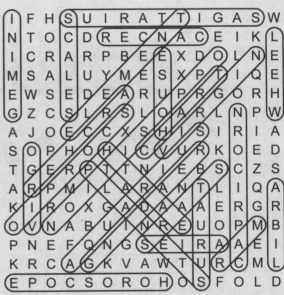

```
I F H S U I R A T T I G A S W
N T O C D R E C N A C E I K L
I C R A R P B E E X D O L N E
M S A L U Y M E S X P T I Q H
E W Z C S L R S L O A R L N W
G Z C S L R S L O A R L N P A
A J O E C C X S H I S I R I D
S O P H O H I C V U R K O E S
T G E R P T T N I E B S C Z S
A R P M I L A R A N T L I Q A
K I R O X G A D A A A E R G R
O V N A B U I N R E U O P M B
P N E F O N G S E I R A A E I
K R C A G K V A W T U R C M L
E P O C S O R O H O S F O L D
```

5

```
I K M W J Y J E T I Z T R U W
O U B K L O N E D B O R A X F
T C I A C O M C V S D S F Q G
S L A H T Z I I A P L F P S D
O E A S O V Q M L L G W P A B
W L D S G H C U L Y C H X A R
K U G I A Z M P P V A I N K H
M U A U M B S N L J D T C Y O
G X I K A E U E E R E L A E T
E N R G A M N R T S A L J A I
L K O X Q N I T I A K G A I L
B A C B I T D T A M N A S L T
R I S E E J E I R T A J U E
A Q U A R T Z N T E Y F R E P
M T R E H C E G N E I S S U F
```

6

```
C X D R E T A C I F I T R E C
P O S T E R E C E I P T L V K
N L E P H P A R G O T O H P S
O P A C O U P O N I F N F B D
T A H N B A D A U O I Z C R R
E R Z P E B Y T R K I J E O A
P A M P H L E T P W R P S C C
A S Y D A O S A W P A G T H G
D O L J S R N W W P W B A U N
Y L I L Q S E E S G N I T E I
R N O M E G L W B Q N K E A Y
A U D T O W E A O O I M M E U A L
I X A L S N O Z B L O D E B U P
D L T B Z T E T P E F K N U P
P P N P Q Q B Y U Y L A T C F
```

7

```
O L Z E L T E E B E F M E F M
A R E S E Y I N C P F S U A R M
W I N M E S P A R R O W S I M
A Z G K K C R F L N O F E E R C
C G H S W U N P G G L D R Y C C
U S R A B A P L T B E I I O X
A E C Y S P H I N X X L P D S
S R R S P L H A D N N Q M S Y
D T A U G H W S K I R R A P P
R I N O T P O A F R H E V J R A
I F E A G L E N S Q O E V U A
B O S N Y K U Y T P R T B Y H
S A M O R F V V D K N U S K W
L E G D I M J A S B E N V J I
O C P T E R O D A C T Y L U V
```

8

```
R N F U L E R E E E S P E R A
O E J A R Y S S N P A N A I C
J I I B C R V A T A B T L Z H
U G M N O L M A S L H V K W A
T H N H S P A D D O C K T H I R G E
R A A I K A R M R M J S U N G E
E C A N T E R O D I H P S N R K
I E G S K T U R E N W U H E E
R N E M H G O L W O H R R Y P
R I F L H O D R N T A R W Y E
A U A B B D E E T S R I T B A P
F O R J A A B S N G N T A I N
W E I S R E T N U H E S L N T
D Y L L I F D S O I S E D T V
D A V I R G I L M K S N E O V
```

9

```
S T E L P P A E N I P A S C Y
E V E R B A V J O I H K V C R R
E N I E L P P A M L U H X V R
N E I H U C K L E B E R R Y E
I C T R X R A E L M A M Q Y B
T N I A E P T N O I P N O H L I
N I U A N G I Z N E M E A P I
E U R E V A N B J C N E A N B
M Q F G T A R A O F H U I C A
E G R N P B U G T L E E R V H
L Z A A N R N G E E I C R P K
C L T R S A C C H M W V O R S
P F S O M N K C C E O L E Y Y
A E P A R G Y F A V U P U G Z
E S C A R L E D I W I K A Y D
```

10

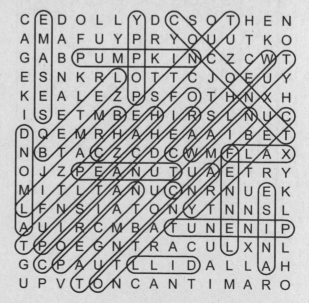

```
C E D O L L Y D C S O T H E N
A M A F U Y P R Y O U T K O
G A B P U M P K I N C Z C W T
E S N K R L O T T C J O E U Y
K E A L E Z P S F O T H N X H
I S E T M B E H I R S L N U C
D O E M R H A H E A A I B E T
N B T A C Z C D C W M F L A X
O J Z P E A N U T U A E T R Y
M I T L T A N U C N R N U E K
L F N S I A T O N Y T N N S L
A U I R C M B A T U N E N I P
T P O E G N T R A C U L X N L
G C P A U T L L I D A L L A H
U P V T O N C A N T I M A R O
```

11

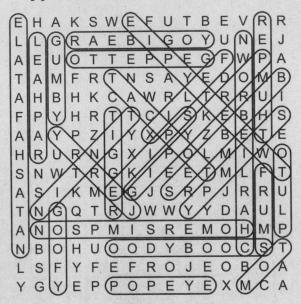

12

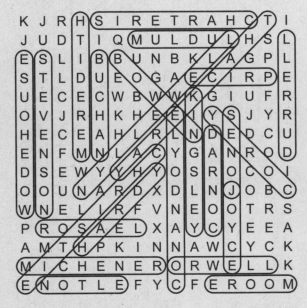

13

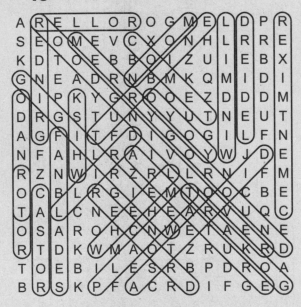

14

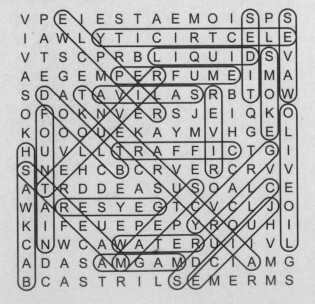

15

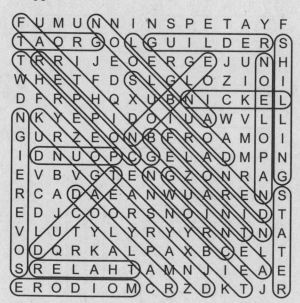

```
E K A N S E L T T A R R E T T
T T N Y L B A T T E E E J R T
T U R T O S T S E I T T E R P
E H T T C G I G A W A T T E U
S E T S Q H N L H H T A T T U
N O R E T T A M H O T H I T T
M U A T A E T T T O T S S E T
E D G T T L T S T E U U O Z E
T G T A T T E D N E V E N A U
T H T H O T N K I N R Y T G T
U E U C O O T O I Q E B D T T
Y T T E R B I U M T T F O G E
S T S E M I V T A T T T E X R
K O U T T V E U T U U E E V L
E T T E N O I R A M G D N P Y
```

16

```
J Y L Z S Y P S E J U L I A N
M A H W E A R E N J I I W R F
Y D E E A D I A N D R R J E R
Y N G E S S S N U T D P O T I
R O N K O R W O T N E A R S D
A M E E N U O O M S A C T A A
U Y W N S H B M N G D J O E Y
R R Y D X T H W R O Y A T S S
B Z E V M O F E Z A Y O Y F S
E O A B L O G N D V A C R S U
F X R I M O N N X R D T W Y G
P T D A R E U T A J S O C X G
D A R I K S C A H W E B W T U
Y C A C H F C E R S U E W Q A
H N I C Q X K A D S T R C W G
```

17

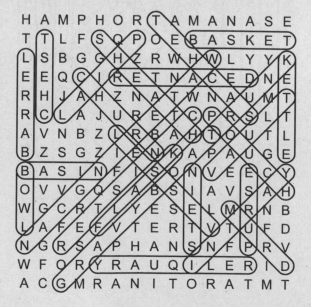

```
F U M U N N I N S P E T A Y F
T A O R G O L G U I L D E R S
T R R I J E O E R G E J U N H
W H E T F D S L G L O Z I O I
D F R P H Q X U B N I C K E L
N K Y E P I D O I U A W V L L
G U R Z E O N B F R O A M O I
I E D N U O P C G E L A D M P
E V B V G T E N G Z O N R A G
R C A D A E A N W U A R E N S
E D J C O O R S N O I N I D T
V L U T Y L Y R Y Y R N T N A
O D Q R K A L P A X B C E L T
S R E L A H T A M N J I E A E
E R O D I O M C R Z D K T J R
```

18

```
H A M P H O R T A M A N A S E
T T L F S Q P O E B A S K E T
L S B G G H Z R W H W L Y Y K
E E Q C I R E T N A C E D N E
R H J A H Z N A T W N A U M T
R C L A J U R E T C P R S L T
A V N B Z L R B A H T O U T L
B Z S G Z I E N K A P A U G E
B A S I N F I S O N V E E C Y
O V V G Q S A B S I A V S A H
W G C R T L Y E S E L M R N B
L A F E F V T E R T V T U F D
N G R S A P H A N S N F P R V
W F O R Y R A U Q I L E R D I
A C G M R A N I T O R A T M T
```

19

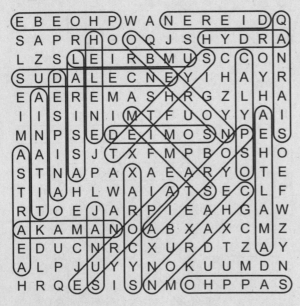

```
G H W N S U E J N E R S E K C
E A I A X A F A N A R E S O W
L N N M A W E N D A N O R P R
E A T R V K U N J R R N B H E
D B H U I T E O Y M E O W S V
L R R F E M A D N L U X P N A
A U O M R I V A L A Y I E A N
N J P F D L M M N C L E A L G
D L C A M P B E L L Q T E U E
E D C A A A R O I G U E A L L
R R M H W B S H W F I W A O M
A U C I R T P A T F N Y H F K
R V E O A L L S E V C E M Y X
N H W L L S G C P E Y U V O Y
E N Y P H D R A V R A H E S T
```

20

```
N E O M K B R L I Z A R B V D
D A P C E X C Y S G N T E F N
A N S L I A U A G T A T E L N
J C I V N X R R A R Y A A L R
V Z I A S U E J C E U U I O O
E E D R D N A M M J G D D A A
N A F N A M S A M A H A B M A
E Q O D A T N B R F V U L A U
Z H A I T I S A O L C C E N C
U I C L R A C O A L H P L A E
E A P U O I O S C I I D L P O
L J S R N J L W L E S V E Y R
A Y U A G E R E A S Y R I S C
A C I N I M O D U R U G U A Y
M E X I Y A U G A R A P U A Y
```

21

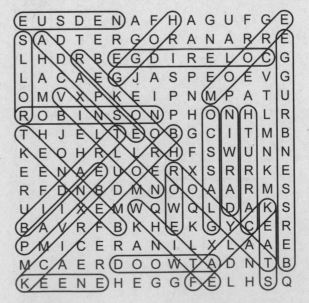

```
E B E O H P W A N E R E I D Q
S A P R H O O Q J S H Y D R A
L Z S L E I R B M U S C C O N Y
S U D A L E C N E Y I H A Y R A
E A E R E M A S H R G Z L H A I
I I S I N I M T F U O Y Y Y A S
M N P S E D E I M O S N P E S O
A A I S J T X F M P B O S H O E
S T N A P A X A E A R Y O T E F
T I A H L W A I A T S E C L F
R T O E J A R P I E A H G A W
A K A M A N O A B X A X C M Z Y
E D U C N R C X U R D T Z A Y
A L P J U Y Y N O K U U M D N
H R Q E S I S N M O H P P A S
```

22

```
E U S D E N A F H A G U F G E
S A D T E R G O R A N A R R E
L H D R B E G D I R E L O C G
L A C A E G J A S P E O E V G
O M V X P K E I P N M P A T U
R O B I N S O N P H O N H L R
T H J E L T E O B G C I T M B N
K E O H R L I R H F S W U N E
E E N A E U O E R X R R K S S
R F D N B D M N O O A R M S E
U I I X E M W Q W L D A K R
B A V R F B K H E K G Y C E E
P M I C E R A N I L X L A A T
M C A E R D O O W T A D N T B
K E E N E H E G G F E L H S Q
```

23

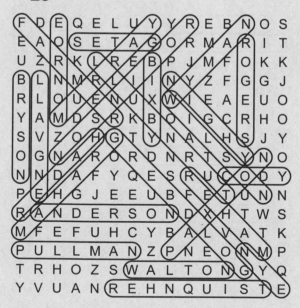

```
L A V A S C H G N I H S I F N
D A L A S A P O S T C A R D E
N L V R V R S E V A G S C S D
E X S P D A R M M H S T O P R
L H E A K V C P C H R R E S A
L J S R O A I A M S E O W A G
O L A A W N E E T W T H A W T
P L S G B A T O I R S T C A H
L L L O L D E M H I O X E A I
E G G L O N N I S X P N R T L
N R N W N W K E C Z R K M A F
J C U I A I S E A S I D E R I
U Y S L B O R E G S A E L S T
N W A N R R I N I K I B O P L
E D A N O M E L E N S O N Y L
```

24

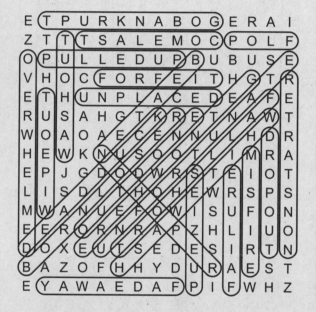

```
E T P U R K N A B O G E R A I
Z T T T S A L E M O C P O L F
O P U L L E D U P B U B U S E
V H O C F O R F E I T H G T R
E R T H U N P L A C E D E A F
R W U A H G T K R E T N A W T
W O O A O A E C E N N U L H D
H E W K N U S O O T L I M R A
E P I J G D O D W R S T E I T
L I S D L I T H O H E W R O S
M W A N U E F O W I S U F P N
E E R O R N R A P Z H L I O O
D O X E U T S E D E S I R U N
B A Z O F H H Y D U R A E S T
E Y A W A E D A F P I F W H Z
```

25

```
F D E Q E L U Y Y R E B N O S
E A O S E T A G O R M A R I T
U Z R K L R E B P J M F O K K
B L N M R L I I N Y Z F G G J
R Y L O U E N U X W I E A E U O
S A M D S R K B O I G C R H O
O V Z O H G T Y N A L H S J Y
N G N A R O R D N R T S Y N O
N D A F Y Q E S R U C O D Y
P E H G J E E U B F E T U N N
R A N D E R S O N D X H T W S
M F E F U H C Y B A L V A T K
P U L L M A N Z P N E O N M P
T R H O Z S W A L T O N G Y Q
Y V U A N R E H N Q U I S T E
```

26

```
H O K D E Q U A L S D M Z H T
E X C L A M A T I O N M A R K
C S N R L L N T L V A T I C K
P B R A C E E L N C S S O R C
B O U K C K A O R O D G V D H
W T V C C R I O L L S M X Y J
H F A A I S N E A O K U P K J
S I R L R P S L N E H N W C
A B X V Q E C O D L E F O I C
L N I B R I K U U N I I C X M
S D R C G J C G M N T P L J F
W B E A M A R O I F D I S Q C
A N K R H I P L M Z L E L I Y
T R O E V U Z Y E M Y E R D S
D Y L T K S B N Z N A Q X B E
```

27

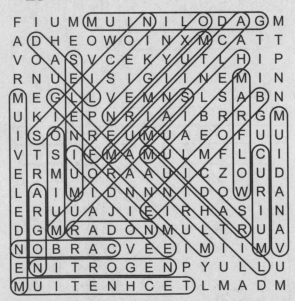

```
U R C S E I N W O R B X B I S
A E A H M G F T E G J E T E A
E Y U L E L O G Q S X V C R N
T A Y W O R N G F A O Z O U M
A L N K W I R M I F V C C T U
G A G O G N W Y A F F C O X F
M P C L M Z I N I R Z R N I F
A S G E P E G S V O B O U M I
E P J O G E L R I N Y L T I N
R S U J L N C Z E A S T E R T
C N E F K Y A D H T R I B J A
D X O E K O R R G C K A Q H G
E O D T H U R I O A H Z C V P
D M C H O C O L A T E O C C R
C U R R A N T R C N M G C I H
```

28

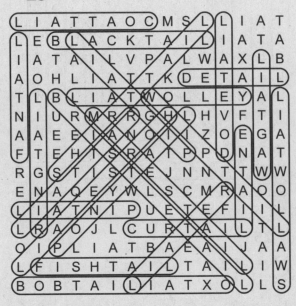

```
L I A T T A O C M S L L I A T
L E B L A C K T A I L I A T A
I A T A I L V P A L W A X L B
A O H L I A T T K D E T A I L
T L B L I A T W O L L E Y A L
N I U R M R R G H L H V F T I
A A E E I A N O T I Z O E G A
F T E H T S R A T P P D N A T
R G S T I S T E J N N T T W O
E N A Q E Y W L S C M R A O L
L I A T N I P U E T E F I I L
L R A O J L C U R T A I L T L
O I P L I A T B A E A I J A A
L F I S H T A I L T A I L I W
B O B T A I L L I A T X O L L
S
```

29

```
F I U M M U I N I L O D A G M
A D H E O W O I N X M C A T T
V O A S V C E K Y U T L H I P
R N U E I S I G I I N E M I N
M E G L V E M N S L S A B N
U K I E P N R I A I B R R G M
I S O N R E U M U A E O F U U
V T S I F M A M U L M F L C I
E R M U O R A A U I C Z O U D
L I M I D N N N I D O W R A A
D G M R A D O N M U L T R U N
N O B R A C V E E I M I M V
E N I T R O G E N P Y U L L U
M U I T E N H C E T L M A D M
```

30

```
V L U P N H X E O H H C T U D
E X H S C R E W D R I V E R I
N P I N C E R S N K I Z P T V
A R U P A Z U U K S P A D E I
L P L O G Y G L S S I C J L D
P S H O V E L K R H H X M E
Q S U M S F C E T O E A Q I R
C G L A J C I T H S L A V G S
E A E S B L I T W T I L R E M
B R L G P F E S R E Y C E S R
G D I I P R E S S O E C K R L
S R O J P I G N I O W Z S L V
A I A F D E J K F H R E E K E
H L H L L G R E R J C S L R K
N L U E K A F S N U C P Y T S
```

31

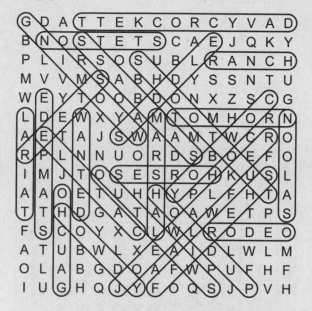

32

33

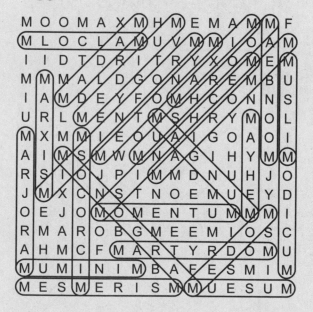

34

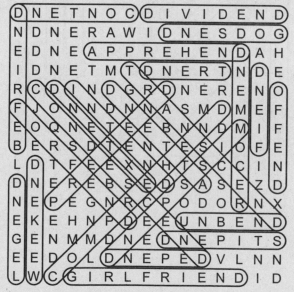

35

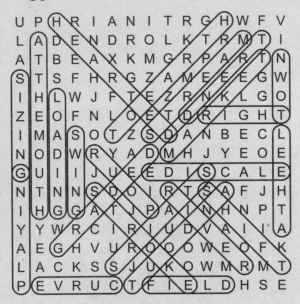

36

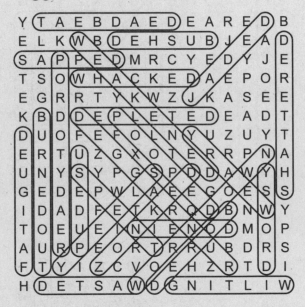

37

38

39

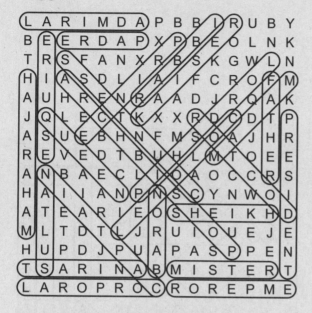

40

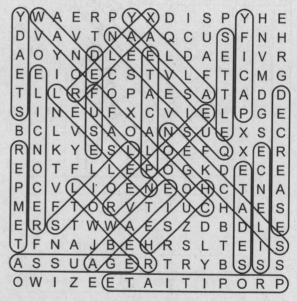

41

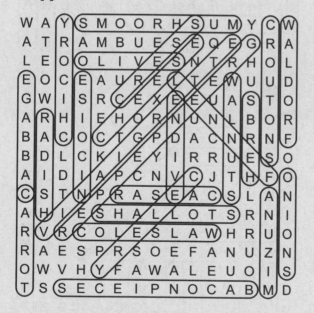

42

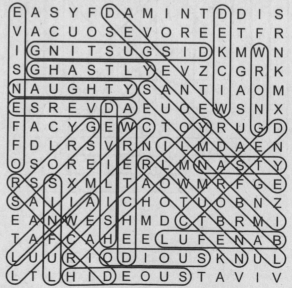

43

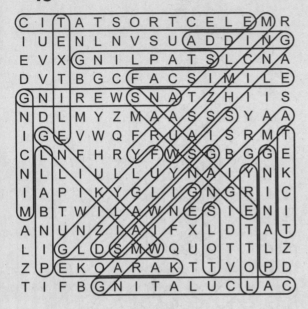

```
C I T A T S O R T C E L E M R
I U E N L N V S U A D D I N G
E V X G N I L P A T S L C N A
D V T B G C F A C S I M I L E
G N I R E W S N A T Z H I I S
N D L M Y Z M A A S S S Y A A
I G E V W Q F R U A I S R M T
C L N F H R Y F W S G B G G E
N L L I U L L U Y N A I Y N K
I A P I K Y G L I G N G R I C
M B T W I L A W N E S I E N I
A N U N Z I A I F X L D T A T
L I G L D S M W Q U O T T L Z
Z P E K O A R A K T T V O P D
T I F B G N I T A L U C L A C
```

44

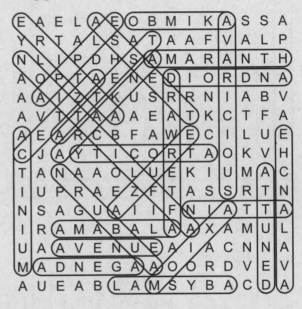

```
E A E L A E O B M I K A S S A
Y R T A L S A T A A F V A L P
N L I P D H S A M A R A N T H
A O P T A E N E D I O R D N A
A A I Z T K U S R R N I A B V
A V T T A A A E A T K C T F A
A E A R C B F A W E C I L U E
C J A Y T I C O R T A O K V H
T A N A A O L U E K I U M A C
I U P R A E Z F T A S S R T N
N S A G U A I I F N I A T T A
I R A M A B A L A A X A M U L
U A A V E N U E A I A C N N A
M A D N E G A A O O R D V E V
A U E A B L A M S Y B A C D A
```

45

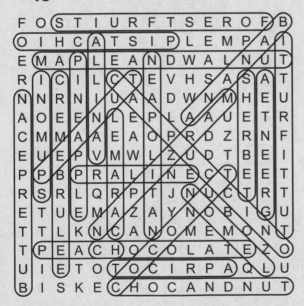

```
F O S T I U R F T S E R O F B
O I H C A T S I P L E M P A I
E M A P L E A N D W A L N U T
R I C I L C T E V H S A S A T
N N R N I U A A D W N M H E U
A O E E N L E P L A A U E T R
C M M A A E A O P R D Z R N F
E U E P V M W L Z U D T B E I
P P B P R A L I N E C T E E T
R S R L Q R P T J N U C T R T
E T U E M A Z A Y N O B I G U
T T L K N C A N O M E M O N T
T P E A C H O C O L A T E Z O
U I E T O T O C I R P A Q L U
B I S K E C H O C A N D N U T
```

46

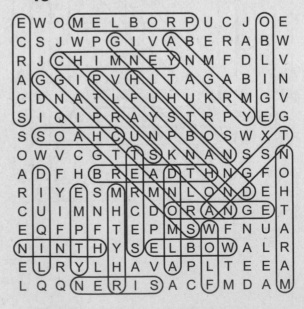

```
E W O M E L B O R P U C J O E
C S J W P G I V A B E R A B W
R J C H I M N E Y N M F D L V
A G G I P V H I T A G A B I N
C D N A T L F U H U K R M G C
S I Q I P R A Y S T R P Y E E
S S O A H C U N P B O S W X T
O W V C G T T S K N A N S S N
A D F H B R E A D T H N G F O
R I Y E S M R M N L O N D E H
C U I M N H C D O R A N G E T
E Q F P F T E P M S W F N U A
N I N T H Y S E L B O W A L R
E L R Y L H A V A P L T E E A
L Q Q N E R I S A C F M D A M
```

47

```
N T O P E E F F O C O B T K J
S N A E B C X M M A E E A C U
B O N O I T A T N A L P S A O
A A R E O S L F R T T Q T L R
P B R E W I N G I A L P E B G
S V R R Z O V A H N C O E A A
S R P A G D T I S I N T T H N
E O R A N J L D C A A Q I C I
N B E O H K U N C B E I H O C
R U G K E E F I L T E R W M N
E S S N S S R E S P R E S S O
T T Y U O E S S E N C E N A R
T A O B M R E V E M E X I C O
I H K A D E T A L O C R E P E
B Z N E E R G S P A P P L Y D
```

48

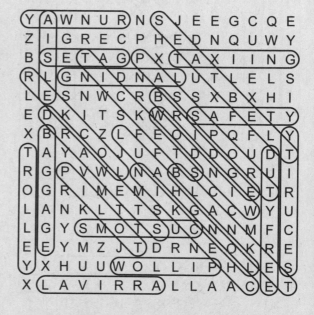

```
Y A W N U R N S J E E G C Q E
Z I G R E C P H E D N Q U W Y
B S E T A G P X T A X I I N G
R L G N I D N A L U T L E L S
L E S N W C R B S S S X B X H I
E D K I T S K W R S A F E T Y
X B R C Z L F E O I P Q F L Y
T A Y A O J U F T D D O U D I
R G P V W L N A B S N G R U T
O R I M E M I H L C I E T R
L A N K L T T S K G A C W Y U
L G S M O T S U C N N M F C
E E Y M Z J T D R N E O K R E
Y X H U U W O L L I P H L E S
X L A V I R R A L L A A C E T
```

49

```
S G N I N I A R T R M F E L B
I E E X F H C U O T X R U L S
G K S G W Z N C H T E X R P A
H V A O O E D E M W E Q T K X
T Z H S R N W A I H I K E J P
X D P Y K O E R T O W N C O W
K Y E Q O T N S N F X L S O H
B C T D S T T H X P U I L R P
Z U S I B O N O U C T L L S U
T P S X F B R T K I X L T H M
E R T I D P E V O Y T X R H Z
N Q O I N M R N O U P L U M B
E T C Z I E P I R G R T O C T
Z O K T W F S N Q Y U Z C D W
J Y A W E H T S K L B E Q T G
```

50

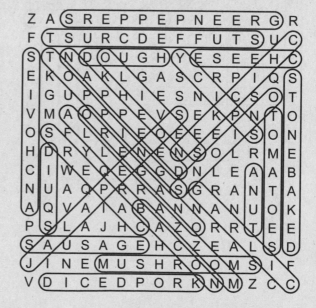

```
Z A S R E P P E P N E E R G R
F T S U R C D E F F U T S U C
S T N D O U G H Y E S E E H C
E K O A K L G A S C R P I Q S
I G U P P H I E S N I C S O T
V M A O P P E V S E K P N T O
O S F L R I E O E E E I S N E
H D R Y L E N E N S O L R M B
C I W E Q E G G D N L E A A A
N U A Q P R R A S G R A N U K
A Q V A T A B A N N A N U T E
P S L A J H C A Z O R R T E D
S A U S A G E H C Z E A L S D
J I N E M U S H R O O M S I F
V D I C E D P O R K N M Z C C
```

51

```
H C M E D E L R E L G G U J E
X W A F N S C S E T A L P S G
K O N L R T K N E S E I Y G P
G R H I L O I E X A A E F T N J
N H P I L A V R S L M S I I B
I T U L Y A C E T T A Q R R L
H E L S G P G I M A E B E M O
C E A S D N A H R W I M T R R
T C T O A D I E A C U N X O T
A I I R E G N S G T U U E F N O
C T O I N T V C S S M S D R O
A R P C B W G K O U H A E K O
E R P C B W G K O U H A E K O
O P N S E E T H J S E S I O P
```

52

```
S N O I L L A M A S A R B E Z
M A R M O S E T S E L A N D S
V T I N S A L D H I S N L E S
T U W U E S Y E K N O M R F E
N R L M K N E F M I M O B S E
Y A R N C E D U T A V A L N Z
P L S N E D R A W I C R E A N
O S H R R R V Y N P E C M C A P
S A E K O R A R B G A M U I M
I N W D E T A B S A E X R L I
T C J S I C I V L R B R S E H
A M N B E U Q S D E E O E P H
O O G A S B G Z I V V G O D C
C T N E M N O R I V N E I N J
J A C K A L S H A B I T A T S
```

53

```
O F Y S N R Q Y N I A M E R W
H I L R T O E M I N H A B I T
T U P S R I E S A B I H F J N
E I B U T A C V I H M E S A H
R G A X T A T K I D R N T E C
E P F W Q U N T O L E R A T E
V U L B A P P D D U P E D T Z
E Y D R Q Z E W F N T L S P T
S U S O Z O N R I O E T U E L
R S T O M A C H M T R T S C O
E L M K J D K W D A H E T C D
P X L B O O Z S R W N S A A G
F U G E N D U R E X H E I L E
A A E K W P E R S I S T N S I
N F H L J D C O N S T A N T N
```

54

```
U E O B F E G C F I G M A M Y
U E S O Y U O B I A E E J P U
G M A T G C R E L Y L A A P S
U I N H K O D L S Y A S S W N
N T G E T P O U N D T U P S O
O I D H M N Z L W R E R E P I
S L E U E A E T E A E E I R A
L R T N S A N P O H G X D R R
E D F L S I R D A W A K E E R
N A E P P X D T O E T T I W R
E E V I R R C E E T R H E S E
P C A A A I K D H D U C A H T
T F A O H A C T L I T X T W S
H N B P B I Y E A D H A H C I
B E L P S G R U B A B M W O S
```

55

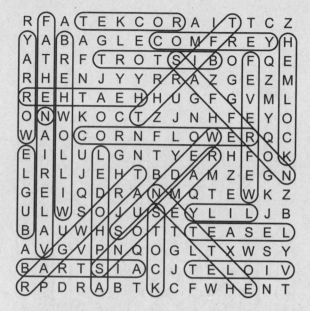

```
R F A T E K C O R A I T T C Z
Y A B A G L E C O M F R E Y H
A T R F T R O T S I B O F Q E
R H E N J Y Y R R A Z G E Z M
R E H T A E H H U G F G V M L
O N W K O C T Z J N H F E Y O
W A O C O R N F L O W E R Q C
E I L U L G N T Y E R H F O K
L R L J E H T B D A M Z E G N
G E I Q D R A N M Q T E W K Z
U L W S O J U S E Y L I L J B
B A U W H S O T T T E A S E L
A V G V P N Q O G L T X W S Y
B A R T S I A C J T E L O I V
R P D R A B T K C F W H E N T
```

56

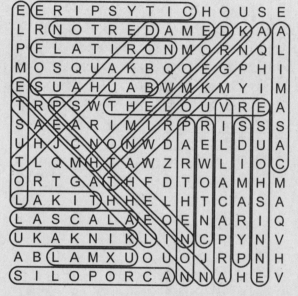

```
E E R I P S Y T I C H O U S E E
L R N O T R E D A M E D K A A
P O F L A T I R O N M O R N Q L
M O S Q U A K B Q Q E G P H I
E S U A H U A B W M K M Y I M
S T R P S W T H E L O U V R E A
S A E A R I M I R P R I S S S
U H J C N O N W D A E L D U H
L T L Q M H T A W Z R W L I O A
T O R T G A T H F D T O A M H C
S L A K I T H H E L H T C A S I M
L L A S C A L A E O E N C A R Q V
U K A K N I K L I N C P Y N A H
A B L A M X U O U O J R P V H
S I L O P O R C A N N A H E V
```

57

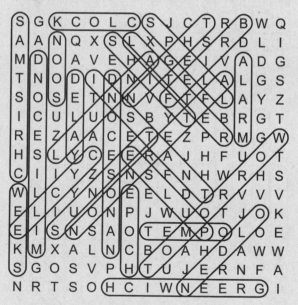

```
S G K C O L C S J C T R B W Q
A A N Q X S L X P H S R D L I
M D O A V E H A G E I V A D G
T N O D I D N I T E L A L G Y Z
S O C S E T N N V F T F L A Y Z
I C U L U O S B Y T E B R G T
R E Z A A C E T E Z P R M G W
H S L Y C E E R A J H F U O T
C I I Y Z S N S F N H W R H S
W L C Y N O E E L D T R V V V
E I U O N P J W U O T J O K
E S N S A O T E M P O L O E
K M X A L N C B O A H D A W W
S G O S V P H T U J E R N F A
N R T S O H C I W N E E R G I
```

58

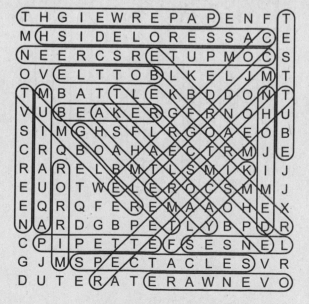

```
T H G I E W R E P A P E N F T
M H S I D E L O R E S S A C E
N E E R C S R E T U P M O C S
O V E L T T O B L K E L J M T
T M B A T T L E K B D D O N U
V U B E A K E R G F R N O H B
S I M G H S F L R G O A E O E
C R Q B O A H A E C T R M J J
R A R E L B M T L S M I K I J
E U O T W E L E R O C S M M J
E Q R Q F E R E M A A O H E X
N A R D G B P E T L Y B P D R
C P I P E T T E F S E S N E L
G J M S P E C T A C L E S V R
D U T E R A T E R A W N E V O
```

59

```
H E A V E N P T E D H E A T S
H A J G D R U M M I N G C F S
S C O K N M I M C U O T L T T
Y L U K U I B N C H H O A W O
P A A L T L T R G U I S N E M
E T T M A D E E D I C R G E P
S T E S M A Z D P R N H R T X
C E T B K I I T E M O G G U G
B R S W Q N N E W W U I H N P
K R U S G C C G L K X R I U E
S C A N I H H S I B Y L T J A
R V O Y C H N I Z N W E A C L
G N I N I H W S M O O F F F I
S M O C K N M Z Y E Q M A C N
Y O U N G B G S E K C A M S G
```

60

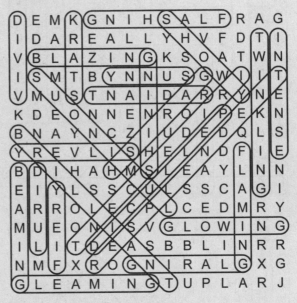

```
D E M K G N I H S A L F R A G
I D A R E A L L Y H V F D T I
V B L A Z I N G K S O A T W N
I S M T B Y N N U S G W I L T
V M U S T N A I D A R R Y N E
K D E O N N E N R O I P E K N
B N A Y N C Z I U D E D Q L S
Y R E V L I S H E L N D F I E
B D I H A H M S L E A Y L N N
E I Y L S S C U L S S C A G I
A R R O L E C P L C E D M R Y
M U E O N I S V G L O W I N G
I L I T D E A S B B L I N R R
N M F X R O G N I R A L G X G
G L E A M I N G T U P L A R J
```

61

```
C B U Z D B G L I S S Y S G H
Y I E M I C D X G Y S Y F Y E
L M R A S A A O F U Y R R F E
Q A J E E R D R G T E J U U F
E L A Q R T T I A A N C D H O P
S I A B C O A R A C M G Q A D C
I A S A H B O L H L E E M M S I
A G N C C C F F O L C S L B G Y
N N O A W R P R C P E B U N S
N I N K I I E E B O E I R I T
O D X E G T U P A Y H N G L D
Y D S S T T G Z G N C C E P D
A U T U B E W H E S U W R M Q
M P B I W R V U L H Q T S U U
D W G C I S E N S F U A S D Q
```

62

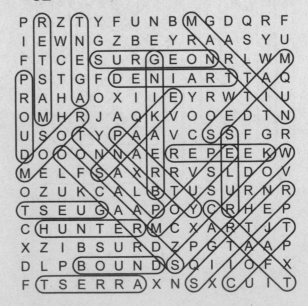

```
P R Z T Y F U N B M G D Q R F
I E W N G Z B E Y R A A S Y U
F T C E S U R G E O N R L W M
P S T G F D E N I A R T T A Q
R A H A O X I I E Y R W T I U
O M H R J A Q K V O O E D T N
U S O T Y P A A V C S S F G R
D O O O N N A E R E P E E K W
M E L F S A X R R V S L D O V
O Z U K C A L B T U S U R N R
T S E U G A A P O Y C R H E P
C H U N T E R M C X A R T J T
X Z I B S U R D Z P G T A A P
D L P B O U N D S Q I O F X
F T S E R R A X N S X C U I T
```

63

```
S E E V I T I S N E S E L A N
D E R B L L E W E N V J H F Y
L U F T H G U O H T F A A G E
K P L I F T G E B E I F U B L
N A A D L L J N R L F L I S B
G F I T E A U E I A I A O U A
N C N Z E M F F B M D G R P E
D O E T T I R L T Y O B I U E
E U G L N A E O L C A C T N R
H R T E E B A I T N A L L A G
S I D I G L K Q E N B T U E A
I L D E F E R E N T I A L Y W
L O Q I G U A S U O I C A R G
O U C O M P L A I S A N T P P
P S D E T A V I T L U C Y Y L
```

64

```
F G D T H G I L F I G H T O U
L N A M P L E V E R O Z F D A
E F D R E S S I N G A T Y H M
H L L I B E H T R R H T C V H
S E C M F C F V C E I L S C L
X N A R C R T C R R A S T H F
R A A V G E P A O S T O N E B
O E T Z Y T N I S U N I N A Z
G D R B E G R S G A M U N Q W
E S O W E P P R F A I A D H P
C E H W Q S A J E H N L R E U
E D I S N D X I M A O T I K M
H Y H W E O G O D T B R A S S
Q U A L I T Y Y O T I E E C A
R E E G N I N R O M E H T F O
```

65

```
E G A U G A R Z S Y K U W D T
S S N J L S T O J G D I A S X
R P T Y A I U Z U L L Y H R O
O A E H N K N T U L O A S J B
M S N B T W E D I Z O V H O E
Z T I V S N U A B C T J E O N
L E V L B E M S F L A L K L T
L U S E R S A T U Y A T W D L
E R R F E S Y G R E B D Y R J
W G K N V U E E R A E E E A H
O A O X R A R E I A R L N P V
L L M H A G U L R U U O T E O
P L A N C K L P A E B G D R L
Y O V E H Y P A O E D E W A R
W I K Q U E T E L E T W A U O
```

66

```
T G N I T N I A P E C A F R F
O N H E A D S H A V I N G A Y
C H U A L E J S X W N E Z C A D
U A E H A F I G N I K I H E N
N K R H E L F C N O E A R N I
C O N C E R T A A I I F W I T
N P J N S M U R R R C C G H R
W L C D F N A S O G W N Z H O
O E O G E K O G A G D A A T P
H E A T B U Z I N E M I S D S
S A U C T I O N T I R I S H M
T E L A S E G A R A G T B C H
R B A Z A A R G N I N N U R O
A C H A R I T Y S A G O I A Y
A S T E B D O G S H O W D S Y
```

67

```
V M K N B V M F B E U Q R O T
M G N I R T N E M E G A G N E
E Q G A I H A H P L A S F R K
D T U H H R A F E S U D E L A
A D E C D T E L K N A K S O R
I E F R P O G X B B O L E C E
D S O I N N Y U R H N M C K C
E P N B A I R C X A T H E A A
M Z E B U S T B F C C C I T L
T H X N T G H Y W R O R C I K
I S V N D C L O R O A H O X C
A T F F T A R Z R I A L Z W E
R A F A B V N B E R N T L L N
A W W D T Z T M A Q G U O K
G N I R G N I D D E W H I Z C
```

68

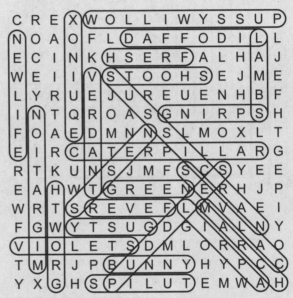

```
C R E X W O L L I W Y S S U P
N O A O F L D A F F O D I L L
E C I N K H S E R F A L H A J
W E I I V S T O O H S E J M E
L Y R U E J U R E U E N H B F
I R U E Q R O A S G N I R P S H
F O A E D M N N S L M O X L T
E I R C A T E R P I L L A R G
R T K U N S J M F S C S Y E E
E A H W T G R E E N E R H J P
W R T S R E V E F L M V A E I
F G W Y T S U G D G I A L N Y
V I O L E T S D M L O R R A O
T M R J P B U N N Y H Y P C C
Y X G H S P I L U T E M W A H
```

69

```
B R O O T A L O B Y N G K N D
R U B R B T B S A G E D O B B
A B B R E E Z Y U U D R T O B
C S R S L A B P B Y D C R I F
K W M O F G Y H G N I Y A R B
E I N F A B M T I B R R B C S
N G U P S C E A U N D F R E B
S H B A T A H E H C E E S E B
B S H U G B P R F W B F F B H
Y U C J N U S B W B G K U S U
R R T M I D A D U B U N U R M
N L A O R D L L B E N R B A B
S U B E A Y B E B Y B E G Y W
A B A I L A N A H C C A B E H
B A S Q B B B Y B R O W S E R
```

70

```
E T E R C S I D D Q G E D G U
A I Q T L O N E S O M E C N N
E U Q I N U D E L H D Y W A A
M O N V N I Q O G N Z A K S T
B E G F A D S N A L N L S K T
A E A N D E E R D T E E S E E
D R U E L E T P E I L C W G N
F E D G T S S D E D S I T R D
O T N E M A E O N N T T O E E
R I M O S V R E L H D L A T D
S R I R O E I A D A R E O N S
A E E L J R R R P O T M N I T
K D N O F J A T F E E E E T S
E U N O N W S M E R S E P U R
N A B A N D E N O D N A B A T
```

71

```
V M U O V B E M B R Y O N I C
E S W M T P R E V I O U S I N
M Q C S I S F R J G C Y N A O O
I M R R Y M A O H N E C P J O S
T I N I T I A L R I O P R M O
F U S U N R I S E M R F N K O
O D R G D Y U L I O E Q E G O
D C T A Q E A N A C Z R G N T
A P N R D N G C J H O F Q I N
E R E R I V H F U T U R E M O
H I N G C I A Y S R Y S R O R
A O I B N A O N E O P F E C F
H R M G L U I Q C F M B A P N
O V M I N C I P I E N T D U I
  P Q I G H E X K A E R B Y A D
```

72

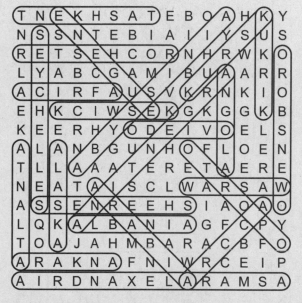

```
T N E K H S A T E B O A H K Y
N S S N T E B I A I I Y S U S
R E T S E H C O R N H R W K O
L Y A B C G A M I B U A A R I R
A C I R F A U S V K R N K I O
E H K C I W S E K G K G G K B
K E E R H Y O D E I V O E L S
A L A N B G U N H O F L O E N
T L L A A A T E R E T A E R E
N E A T A I S C L W A R S A W
A S S E N R E E H S I A O A O
L Q K A L B A N I A G F C P Y
T O A J A H M B A R A C B F O
A R A K N A F N I W R C E I P
A I R D N A X E L A R A M S A
```

73

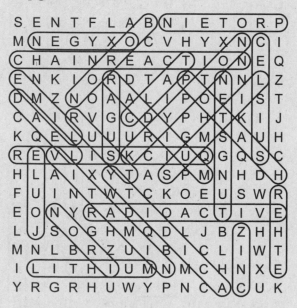

```
S E N T F L A B N I E T O R P
M N E G Y X O C V H Y X N C I
C H A I N R E A C T I O N E Q
E N K I O R D T A P T N N L Z
D M Z N O A A L I P O F E I S T
C A I R V G C D Y P H T K I J
K Q E L U U U R I G M S A U H
R E V L I S K C I U Q G Q S C
H L A I X Y T A S P M N H D H
F U I N T W T C K O E U S W R
E O N Y R A D I O A C T I V E
L J S O G H M Q D L J B Z H H
M N L B R Z U I B I C L I W T
I L I T H I U M N M C H N X E
Y R G R H U W Y P N C A C U K
```

74

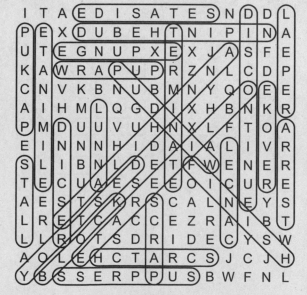

```
I T A E D I S A T E S N D D L
P E X D U B E H T N I P I N A
U T E G N U P X E X J A S F E
K A W R A P U P R Z N L C D P
C N V K B N U B M N Y Q O E R
A I H M L Q G D I X H B N K A
P M D U U V U H N X L F T O R
E I N N N H I D A I A L I V R
S L I B N L D E T F W E N E E
T E C U A E S E E O I C U R S
A S E T S K R S C A L N E Y T
L R E T C A C C E Z R A I B
L L R O T S D R I D E C Y S W
A O L E H C T A R C S J C J H
Y B S S E R P P U S B W F N L
```

75

```
D O O W D O O W P I L U T P W
B Y R O K C I H O A K Z A A R
K A O E T I H W K U E R G E O
E L C R D O Y B V B A N D T O
C W A Y Y O A N R N I L N L A
Y A M N P M A A A B A D F S S
R L D E B R W K U G C C L W A
R N O O R O E B H A O A C U P
E U O K O B B S C P E H B M E
H T W D K O A M S E E X A N L
C Q E L X H O U I S D P M M E
C U S W D L M A T K L A P L E
R G O O L T T N X E U S R B H
C O R I S U U P H O E B O N Y
D S W G Q T H C E E B E R R Y
```

76

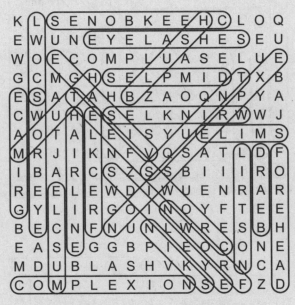

```
K L S E N O B K E E H C L O Q
E W U N E Y E L A S H E S E U
W O E C O M P L U A S E L U E
G C M G H S E L P M I D T X B
E S A T A H B Z A O Q N P Y A
C W U H E S E L K N I R W W J
A O T A L E I S Y U E L I M S
M R J I K N F V Q S A T L D F
I B A R C S Z S S B I I I R O
R E E L E W D I W U E N R A R
G Y L I R G O I N O Y F T E E
B E C N F N U N L W R E S B H
E A S E G G B P I E O C N E A
M D U B L A S H V K Y R N C D
C O M P L E X I O N S E F Z D
```

77

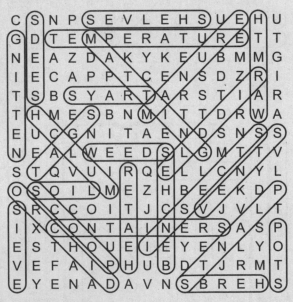

```
C S N P S E V L E H S U E H U
G D T E M P E R A T U R E T T
N E A Z D A K Y K E U B M M G
I E C A P P T C E N S D Z R I
T S B S Y A R T A R S T I A R
T H M E S B N M I T T D R W A
E U C G N I T A E N D S N S S
N E A L W E E D S L G M T T V
S T Q V U I R Q E L L C N Y L
O S O I L M E Z H B E E K D P
S R C C O I T J C S V J V L T
I X C O N T A I N E R S A S P
E S T H O U E I E Y E N L Y O
V E F A I P H U B D T J R M T
E Y E N A D A V N S B R E H S
```

78

```
I Q U E K Y L J F L C F R V B
F V K K E Z N C G O Q E H N J
Q D K O E E T A M B P L C I Y
Z G N Y J Y E B P L U L A O J A
Y B K A L E I U E M H O T J G
Y L L A H N D H G E O W T D K
U N I T E N L A D A X C A C I
V P A A C Z I F R I E N D O N
C R R M Z X N D E M H L X N K
V O B W V P K U N V O E P N E
R W U W M C H U M A L C Y E D
P X W P M I N G L E H O V C I
A F F I L I A T E Y C O V T S
T K P V E E E E O R P D G N J
Q T R O S N O C E T A L E R I
```

79

80

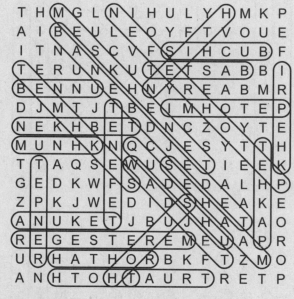

81

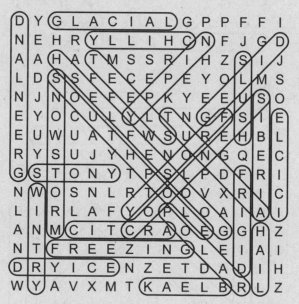

82

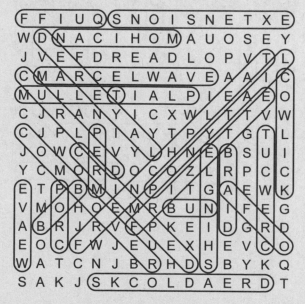

83

84

85

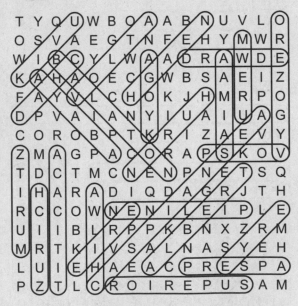

86

87

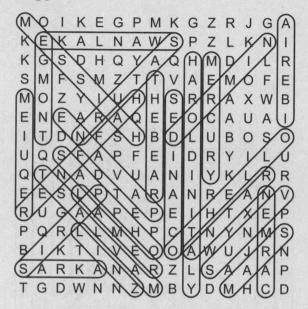

88

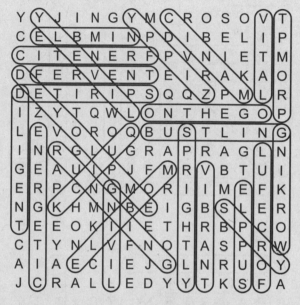

89

90

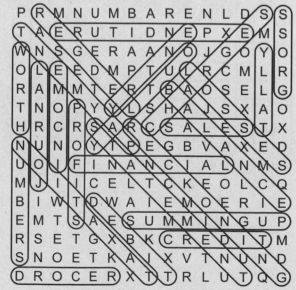

91

```
E K A L B Q Y J R E R U D V S
P J T R T R P A F K C D E T M
A D Z E T E J T G R I L U P B
H T E N A I T I T R A B K F F
E E L K T M Q K Y S B Y I Q Y
O F V H M U E O Q S I R I D R
O A O O I A F U N I A S L U V
N Y N O L D E Y S N H R L A V
N E E T S Z B O I I D K E E X
T G F H B R B T N N W K C I Y
Y L B R A N R R D R U M I V B
B H U Q O O O M E A Y T L B
C Y U L P M W C D B A Q T B K
N E A K C A N S A I E R O O M
Q N S E I V A D R B N N B T V
```

92

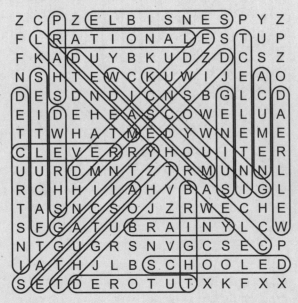

```
Z C P Z E L B I S N E S P Y Z
F L R A T I O N A L E S T U P
F K A D U Y B K U D Z D C S Z
N S H T E W C K U W I J E A O
D E S D N D J C N S B G L C D
E I D E H E A S C O W E L U A
T T W H A T M E D Y W N E M E
C L E V E R R Y H O U I T E R
U U R D M N T Z T R M U N N L
R C H H I I A H V B A S I G L
T A S N C S O J Z R W E C H E
S F G A T U B R A I N Y L C W
N T G U G R S N V G C S E C P
I A T H J L B S C H O O L E D
S E T D E R O T U T X K F X X
```

93

```
D R A Y E V A R G I P H S M D
I W D T Z D K K S F Y Y L O Q
P F A I R I E S C T C I L T T
P C W R J A N G I L A M E A V
M X Y J L X D S N I V B P C Z
C V R M R O D I A I P L S K N
S D A O T E C J T R Y Y A C O
S F C O A B L K A I R L L A R
N L S S K S A M S D O E F L D
I F A M I L I A R P E N Q B L
L P B Z Z M J A F R O G S G U
B O A B O P K Z E I W O N H A
O G A S P I D E R S N C K C C
G N T P W I J E S Z J F F Y C
Y N C S J O L A R T C E P S E
```

94

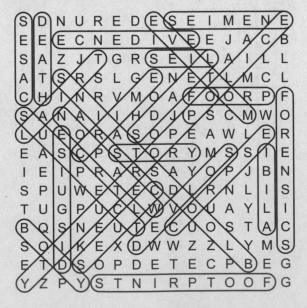

```
S D N U R E D E S E I M E N E
E E E C N E D I V E E J A C B
S A Z J T G R S E I L A I L L
A T S R S L G E N E T L M C L
C H I N R V M O A F O O R P F
S A N A I H D J P S C M W O O
L U E O R A S O P E A W L E R
E A S C P S T O R Y M S S I E
I E I P R A R S A Y O P J B N
S P U W E T E C D I R N L I S
T U G P U C L M V O U A Y L I
B Q S N E U T E C U O S T A C
X S O I K E X D W W Z Z L Y M S
E T D S O P D E T E C P B E G
Y Z P Y S T N I R P T O O F G
```

95

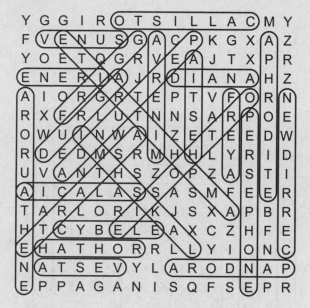

```
Y G G I R O T S I L L A C M Y
F V E N U S G A C P K G X A Z
Y O E T Q G R V E A J T X P R
E N E R I A J R D I A N A H Z
A I O R G R T E P T V F O R N
R X F R L U T N N S A R P E E
O W U I N W A I Z E T E E D W
R D E D M S R M H H L Y R I E
U V A N T H S Z O P Z A S T D
A I C A L A S S A S M F E E I
T A R L O R I K J S X A P B R
H T C Y B E L E A X C Z H F E
E H A T H O R R L L Y I O N C
N A T S E V Y L A R O D N A P
E P P A G A N I S Q F S E P R
```

96

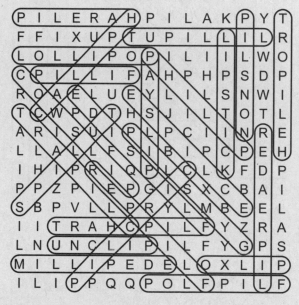

```
P I L E R A H P I L A K P Y T
F F I X U P T U P I L L I L R
L O L L I P O P I L I I L W O
C P I L L I F A H P H P S D P
R O A E L U E Y L I L S N W I
C W P D T H S J I L T O T L L
A R I S U I P L P C I I N R E
L L A L F S I B I P C P E D H
I H I P R I Q P L C L K F D I
P P Z P I E P G I S X C B A L
S B P V L L P R Y L M B E E A
I I T R A H C P I L F Y Z R S
L N U N C L I P I L F Y G P S
M I L L I P E D E L O X L I P
I L I P P Q Q P O L F P I L F
```

97

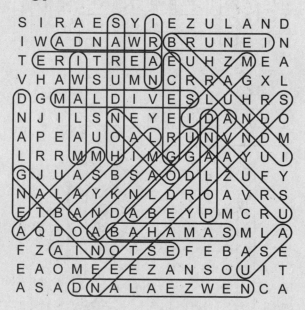

```
S I R A E S Y I E Z U L A N D
I W A D N A W R B R U N E I N
T E R I T R E A E U H Z M E A
V H A W S U M N C R R A G X L
D G M A L D I V E S L U H R S
N J I L S N E Y E I D A N D O
A P E A U O A L R U N V N D M
L R R M M H I M G G A A Y U I
G J U A S B S A O D L Z U F Y
N A L A Y K N L D R O A V R S
E T B A N D A B E Y P M C R U
A Q D O A B A H A M A S M L A
F Z A I N O T S E F E B A S E
E A O M E E Z A N S O U I T
A S A D N A L A E Z W E N C A
```

98

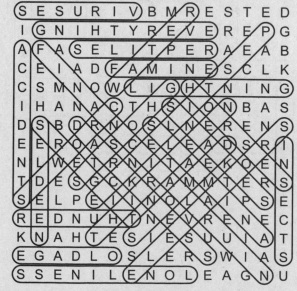

```
S E S U R I V B M R E S T E D
I G N I H T Y R E V E R E P G
A F A S E L I T P E R A E A B
C E I A D F A M I N E S C L K
C S M N O W L I G H T N I N G
I H A N A C T H S I O N B A S
D S B D R N O S L N E R E N S
E E R O A S C E L E A D S R I
N L W E T R N I T A E K O E N
T D E S G C K R A M M T E R S
S E L P E I N O L A I P S E C
R E D N U H T N E V R E N E C
K N A H T E S I E S U U I A T
E G A D L O S L E R S W I A S
S S E N I L E N O L E A G N U
```

99

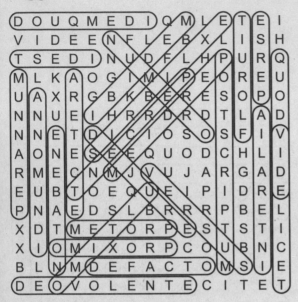

100

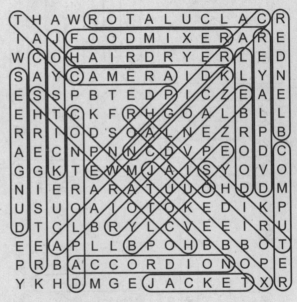

101

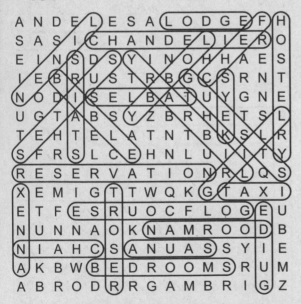

102

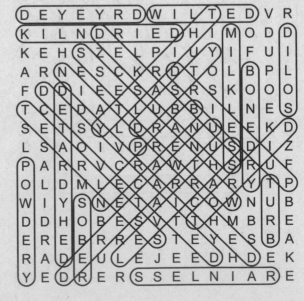

103

```
V Z F H R J K L O V Y S W E B
L S R V O Y T L N Q P S K S D
O C I T E U K N A G H R I I T
T E T L E F S H A R A A N A M
H O I H T E E E H H M W F D D
G N L E H O H L S M P L F A Q
I Y L S D S P S K I A E F R U
N M A G E A B C A G O R L S C
K W R V S M I P H S E N E E Z
A B Y U Q T H L C H A L G N P
R W G C S S B W T J A A F I E
J A M A G I C A I H B C L C Z
R X D B G R E D W B D L O G X
M H W E V H R B A F F N U K I
C U V V C C I C L O V E R A F
```

104

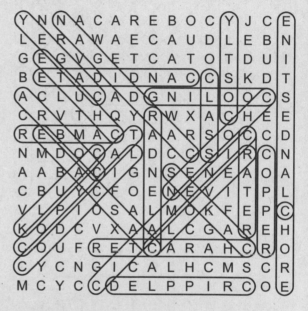

```
Y N N A C A R E B O C Y J C E
L E R A W A E C A U D L E B N
G E G V G E T C A T O T D U R
B E T A D I D N A C C S K D I
A C L U C A D G N I L O O C T
C R V T H Q Y R W X A C H E S
R E B M A C T A A R S O C E D
N M D O C A L D C C S I R C N
A A B A C I G N S E N E A O A
C B U Y C F O E N E V I T P L
V L P I O S A L M O K F E P C
K O D C V X A A L C G A R P H
C O U F R E T C A R A H C R O
C Y C N G I C A L H C M S C R
M C Y C C D E L P P I R C O E
```

105

```
S T E K C A J E F I L G E L Y
N E W Y O R K H V T L U A A T
N S Q C S L E W E J C N D A S
S O E U A Z R Y U S G Y C C L
S P T N A B K A E I A H G I P
A O M P I R I R S M A Y N R A
L L L U M G T N I N Q R I E S
C I M L P A N E D P W U K M S
T J N O A H H E R R E X N A E
S M L E L C L T S M C U I B N
R H A I R I S C U O A L S Y G
I Z R Y E H P O C O O S G Q E
F P R R I W U E S R S X T A R
A U I P F F A L S M I T H E S
H T I M S N I A T P A C E Y R
```

106

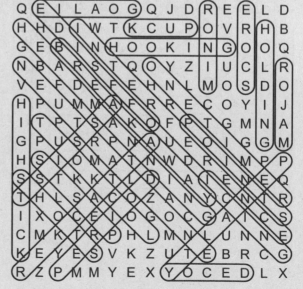

```
Q E I L A O G Q J D R E E L D
H H D I W T K C U P O V R H B
G E B I N H O O K I N G O L Q
N B A R S T Q O Y Z I U C L R
V E F D E F E H N L M O S O J
H P U M M A F R R E C O Y I J
I T P T S A K O F P T G M N A
G P U S R P N A U E O I G M M
H S I O M A T N W D R I M P P
S S T K K T L D I A I E N E Q
T H L S A C O Z A N Y C N T R
I X O C E I O G O C G A I C S
C M K T R P H L M N L U N N E
K E Y E S V K Z U T E B R C G
R Z P M M Y E X Y O C E D L X
```

107

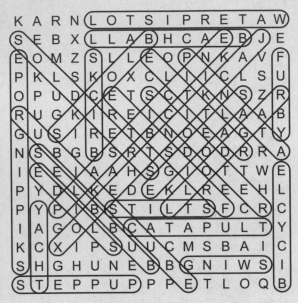

```
K A R N L O T S I P R E T A W
S E B X L L A B H C A E B J E
E O M Z S L L E O P N K A V F
P K L S K O X C L I I C L S U
O P U D C E T S C T K N S Z R
R U G K I R E I C I T L A A B
G U S I R E T B N O E A G T Y
N S B G B S R T S D O D R R A
I E E I A A H S G I O T T W E
P Y D L K E D E K L R E E H L
P Y P I B S T I L T S F C R C
I A G O L B C A T A P U L T Y
K C X I P S U U C M S B A I C
S H G H U N E B B G N I W S I
S T E P P U P P P E T L O Q B
```

108

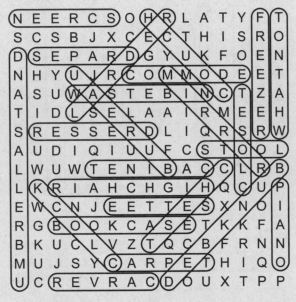

```
N E E R C S O H R L A T Y F T
S C S B J X C E C T H I S R O
D S E P A R D G Y U K F O E N
N H Y U J R C O M M O D E E T
A S U W A S T E B I N C T Z A
T I D L S E L A A I R M E E H
S R E S S E R D L I Q R S R W
A U D I Q I U U F C S T O O L
L W U W T E N I B A C C L R B
L K R I A H C H G I H Q C U P
E W C N J E E T T E S X N O I
R G B O O K C A S E T K K F A
B K U C L V Z T Q C B F R N N
M U J S Y C A R P E T H I Q O
U C R E V R A C D O U X T P P
```

109

```
Y E L X O L E G E N D S H X N
Y E A M A H G N I T T O N E B
F N E D W I N S T O W E P V W
P R E M G P W F R O M A N C E
O U I A D O W A R C H E R Y M
V O N A R A M A C S E H Y K A
Y B E D R A L P L R D T T L I
T S S P U T X L G T I E Y Y D
R I H B I F U N A R U O W U M
E G D E S U L C A B N O S G A
V T S E R O F H K H V Z H R R
O X X I C I C T E G R A T I I
P A S N N U F A R R O W S S A
T R I M S W R F V D D Y N O N
U L L I T T L E J O H N C Y Q
```

110

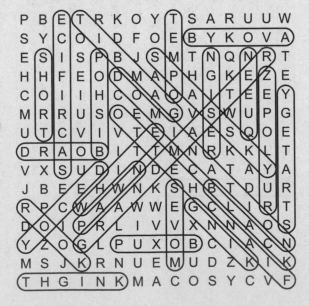

```
P B E T R K O Y T S A R U U W
S Y C O I D F O E B Y K O V A
E S I S P B J S M T N Q N R T
H H F E O D M A P H G K E Z E
C O I I H C O A O A I T E E Y
M R R U S O E M G V S W U P G
U T C V I V T E I A E S Q O E
D R A O B I T T M N R K K L T
V X S U D I N D E C A T A Y R
J B E E H W N K S H B T D U R
R P C W A A W W E G C L I R T
D O I P R L I V X N N A O S
Y Z O G L P U X O B C I A C N
M S J K R N U E M U D Z K I K
T H G I N K M A C O S Y C V F
```

111

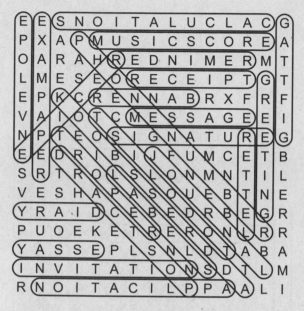

```
E E S N O I T A L U C L A C G
P X A P M U S I C S C O R E A
O A R A H R E D N I M E R M T
L M E S E O R E C E I P T G T
E P K C R E N N A B R X F R F
V A I O T C M E S S A G E E I
N P T E O S I G N A T U R E G
E E D R I B I J F U M C E T B
S R T R O L S L O W M N T I L
V E S H A P A S O U E B T N E
Y R A I D C E B E D R B E G R
P U O E K E T R E R O N L R R
Y A S S E P L S N L D T A B A
I N V I T A T I O N S D T L M
R N O I T A C I L P P A A L I
```

112

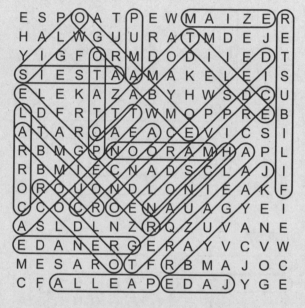

```
E S P O A T P E W M A I Z E R
H A L W G U U R A T M D E J E
Y I G F O R M D O D I I E D T
S I E S T A A M A K E L E I S
E L E K A Z A B Y H W S D C U
L D F R T T T W M O P P R E B
A T A R O A E A C E V I C S I
R B M G P N O O R A M H A P L
R B M I E C N A D S C L A J I
O R O U O N D L O N I E A K F
C C O C R O E N A U A G Y E I
A S L D L N Z R Q Z U V A N E
E D A N E R G E R A Y V C V W
M E S A R O T F R B M A J O C
C F A L L E A P E D A J Y G E
```

113

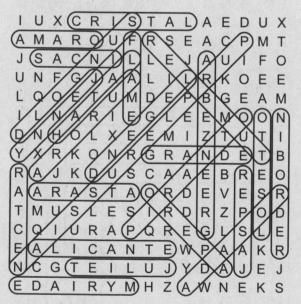

```
I U X C R I S T A L A E D U X
A M A R O U F R S E A C P M T
J S A C N I L L E J A U I F O
U N F G J A A L I L R K O E E
L Q O E T U M D E P B G E A M
I L N A R I E G L E E M O O N
D N H O L X E E M I Z T U T I
Y X R K O N R G R A N D E T B
R A J K D U S C A A E B R E O
A A R A S T A O R D E V E S R
T M U S L E S I R D R Z P O D
C O I U R A P Q R E G L S L E
E A L I C A N T E W P A A K R
N C G T E I L U J Y D A J E J
E D A I R Y M H Z A W N E K S
```

114

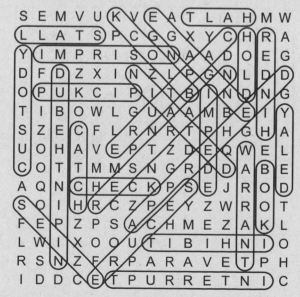

```
S E M V U K V E A T L A H M W
L L A T S P C G G X Y C H R A
Y I M P R I S O N A A D O E G
D F D Z X I N Z L P G N L D D
O P U K C I P I T B I N D N G
T I B O W L G U A A M B E I Y
S Z E C F L R N R T P H G A L
U O H A V E P T Z D E Q W E E
C O T M M S N G R D D A B O T
A Q N C H E C K P S E J R O L
S O I H R C Z P E Y Z W R A K
F E P Z P S A C H M E Z A K T
L W I X O O U T I B I H N I O
R S N Z E R P A R A V E T P H
I D D C E T P U R R E T N I C
```

115

```
E C U E T N E T A P F T Q Q T
R L A N L U N L O V E L Y P S
T T C N P B I U U A L T L Z E
E S W Y D R I L B C C A M N N
S E I L T I E G F M I C Z D O
U F W T A N D T I N R D N V H
A I Z N T K E S E L B A E O U
S N Z E X C U R P N I R E T K
S A F D M O E I A B E J L K
I M G I I L T R V P R I T M C
M B Y V L C D B I V S Q O N F
P U B E D E N R O D A N U U I
L O F Q T V I S I B L E A G S
E T N U L B K N A R F H L R Q
S Y M X Y R A N I D R O Y T T
```

116

```
D G A R D E Y N R U V Y D Z E
V W K Y D I R Q D N U Z T G L
T A I A E U A B R I E N N E L
E K R K B R R D K T J Y L M E
G I R Y A A F R N P Y A B U C
D H Q F S R A F A A N R D M Y
R B A R A T H E O N J E I M P
A T X T S C T T I J D A E O B
D Y W M O E E S O O R O I D N
D W I W S M T R G D N V N M Q
E I B S X E M A S D Q H X S E
Y N O C R X A E L E Q Y A B H
V S R K G B S R N I I N R L C
E B R O A E T A Y I S A L B O
A H E N D S O B B A N A C K I
```

117

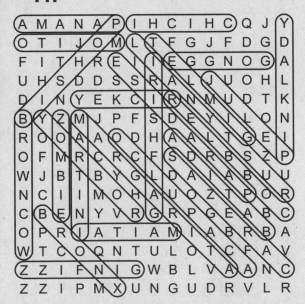

```
A M A N A P I H C I H C Q J Y
O T I J O M L T F G J F D G D
F I T H R E I E G G N O G A
U H S D D S S R A L J U O H L
D I N Y E K C I R N M U D T K
B Y Z M J P F S D E Y I L O N
R O O A A O D H A A L T G E I
O F M R C R C F S D R B S Z P
W J B T B Y G L D A I A B U U
N C I I M O H A U O Z T P O R
O B E N Y V R G R P G E A B C
P R I A T I A M I A B R B A
W T C O Q N T U L O T C F A V
Z Z I F N I G W B L V A A N C
Z Z I P M X U N G U D R V L R
```

118

```
V O Z T N E G A H N E P O C N
B R L A U F A B R A U D L Q E
K B A L T I C S E A T T S D M
N E D E W S F J O R D S O G M
N T N N Y A W R O N R M R L A
I S A O U L E E G U A U D A R
T L L S G S S D K F B E N P D
R O T V R N E S Z N L U A L V
A H U Q E E I L E O A F L A W
V J D S F D H A T V T N N T
A H O U D Q T N R J S N I D N
H I F R R O X O A U E L F F T
L F A W G Q M O K R A M N E D
V H L J U S N A N K J W I U C
V H H X O K I V R A N L M J S
```

119

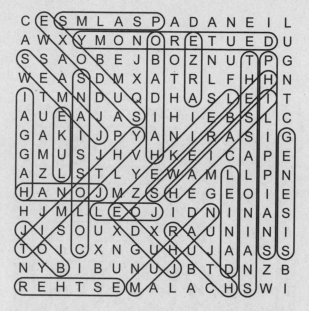

```
C E S M L A S P A D A N E I L
A W X Y M O N O R E T U E D U
S S A O B E J B O Z N U T P G
W E A S D M X A T R L F H H N
I T M N D U Q D H A S L E I T
A U E A J A S I H I E B S L C
G A K I J P Y A N I R A S I G
G M U S J H V H K E I C A P E
A Z L S T L Y E W A M L P N N
H A N O J M Z S H E G E O I E
H J M L L E O J I D N I N A S
J I S O U X D X R A U N I N I
T O I C X N G U H U J A A S S
N Y B I B U N U J B T D N Z B
R E H T S E M A L A C H S W I
```

120

```
L X E T E W Z Y J B C V O E P
D U M F E L B T I R B X D L W
T B G Q D S F O L A D V F C T
E A P O T C M X A P V T V N A
E S L A M O D S K Y O G Y U E
N N G K E T J I E P N I S A B
O I G G E T C L S A N D S E A
I L A B E A R L D K T L T Q N R
L L Y H D A E S L L A F S E R
L P I A V R J M O Q W N B P A
E K N T N I E C E N K M C H C
B E F E E G N O O Q U L E E U
E I L B R I T A I N E Y H W D
R Q V E Q E J T O B K N F V A
W S T J K R B R E U D D P K C
```

121

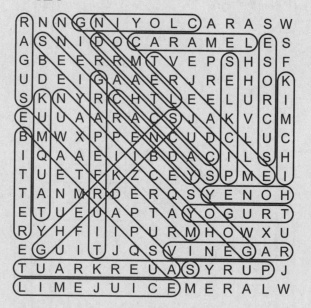

```
R N N G N I Y O L C A R A S W
A S N I D O C A R A M E L E S
G B E E R R M T V E P S H S F
U D E I G A A E R J R E H O K
S K N Y R C H T L E E L U R I
E U U A A R A C S J A K V C M
B M W X P P E N C U D C L U C
I Q A A E I I B D A C I L S H
T U E T F K Z C E Y S P M E I
A N M R D E R Q S Y E N O H
T E U E U A P T A Y O G U R T
R Y H F I I P U R M H O W X U
E G U I T J Q S V I N E G A R
T U A R K R E U A S Y R U P J
L I M E J U I C E M E R A L W
```

122

```
A T Y L W S M A O R R E L D S
L L W E Y C S C O R O C K G L
I A A D L A H L F O S K E H L
V Y K K P L D B T I Y A G O A
A N S I N R A F I A J A A N F
J A S T U A A U V B S X R Z I
A L A L U R B H Q S H O I E A
N S M A F T E C U E A T L K I
T A A U N H D S K T X L T U R
A R S S P A X E A I N A R N O
C R K U E G M K Y L N I N A T
A E A H I M E J J J O C Y I C
V M H N L I R B A A L B E K I
E U W R W T Y R S T K I L D A
S T F Q H O T W H P M C F C B
```

123

```
A T L A M T I P U R N I A U A
L S U R P Y C I E E L A N D Y
A A E C N A R F D N A L E R I
R I G R E E C E A L I T H U R
I R L O C U W I K R A M N E D
O A F Z Z S N A M R U T U C D
Y G R O M A N I A S S P V A F
M L F O U K D N L P T V Y I L
U U A H G N P O L A R U N T A
I B T T A K V T F I I L A G U
G I K L I E G S A N A S M O U
L Q O N N R N E L N P G R R T
E P F I R L A N D J U L E C R
B T A H U N G A R Y A E G K O
S D N A L R E H T E N Y S V P
```

124

125

126

127

```
R O T S I S E R H C E O B E A
E G A W T E S I X C A V L P C
S F A D D N L T O O T B I S L
T Q X A W O E N T H B I L L I
I S O V E B N C Q A M E W E M
N L B M G E V P S N W S S S S
U V N G C C L S L E E V E U S
D R O T N H E A T A R G P O F
C A I U M I T S N S N O Y O H
O O T B F D R S A I P T U C T
N Z C I P N S I T H M L D L F
D T N L L R C W A C R A V F
U I Y N U G E Y U E A R T H E T N
I N J F A D P G H N E I X T E
T C T N D E S A S M M E C U W
```

128

```
D D T D S A T U R A T D E I W
Y E R S K D W R A S E G E K M
A M D E I J D A R P S V D W B
R I I O N O E I R P E O P O Y
G T E D O C M N R V U M G J C
N N R Z E L H Y G S K G I G V
T E I K P I F E E U Y J N R Y
G N I S P I R D D M L E R N Y
G N I P P I R D Y B Y F V E Q
N N K M P U E Q N K M E E D Y
I D I N I D Y M C U C L P D G
H U B M A S E A G L A I D O J
S C K M E D T G E E A U T S P
U L P D M E Y Y L B M Z K S E
G A T U D E T A R U T A S C A
```

129

```
X I U D K Q P I F L F S H R K
F R M N N S C A L E S R B C L
W A A Z U O T E Y B O E Y A F
S P N N R G H O P N Z P S N R
W F S G T S P S P U C P N T H
P S J K S E W R U S O I O L O
S L T S S A N F O U M L E R R
G P W R L U E N C B T F A T A
S A T C I T T H A R O B T S X
P N G L L P Y R O E N S F A X
I Z O O F T E T O V G F C G W
N F C U E N T S F I N T V I H
E K Y B T E S P L A P G N L S
S S I E R L C L J Z J G A L B
W H I S K E S R E K S I H W U
```

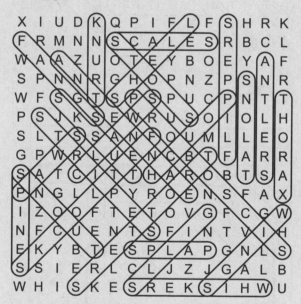

130

```
L A R O C Z D I I U T E K Y H
B W V R C N I N O E G K U S C
Q I O E I X J S K H T T W S T
H S X L K H G N I T S A B R A
S K B B Z M A Q H E A I E T C
G Z C B G L O S S K C T N H G
A L N O B N D U A S R P O B N
Z L I B L T I R S A E E B I I
G O T N P R R K G B V J G N H
I R A Z H R E E C M O C N I C
Z C S M E C L V L O T H I R U
R S B D H J W W O L T B R S O
Y G D A R N I N G W I S R G C
Y A I E A X K L I O A S E Y F
L N L O W E U N O R V E H C N
```

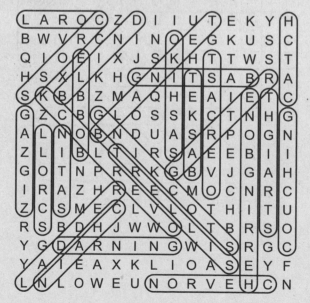

131

```
U D E S A G N I Y F I T S Y M
M B S S E L M O T T O B E R L
Y A W N I N G L E A R N E D U
E L B A R U S A E M M I F G S
A R I S W M B T N E D R A U V
S I D E S S O R G N E P O B E
G U L E T E F G A L I R C V T
E A O R V E L S O N O D A E A
E F U I R R T M G N C R G R N
M S K V R U E O O A G N E E O
E H E Z T E H S N H O I A V I
R N H E C J S Y E R T I L E S
T D I V I V O U T R C A E S S
X L T N A N O S E R A E F Y A
E X T E N S I V E S T O H C P
```

132

```
T L I F E N S E C R U O S E R
A E L F A Y T L U C A F A Y K
F A C I L I T Y N Y E D Y Y W
A H R R K E T A E C A G T C H
E W I E O S S D L N R Y I A C E
M E A N S F U A G E P R C A R W
H W L B H T I L N I N U A I F E
O J F C I T N E H C K T P F W I
E Y U T N E E T K I N R A F I W
Q O P E F I G N A F A H C E T
T A T O A N O L L O C I B H H
U O R R E W O P E R K L G C A
P T R R H B R O P P N I T J L
E K T O Y R E T S A M A F J P
G S W I L L A E T E R I S E D
```

133

```
Q Z C A A U B R N L R U I T M
E C D M H G E F Z A K E A F W
L L A L Z P R P L D M B S Y H
J O K E R Q I Q D N E N H I U
C I T A N A F M N A X T O A M
A D C O W A R D U V R D J C B
X E A J K S E T K O T L L U U
R A S C A L Y N W N E O I X G
U L N A I N O Z A M A Y E N A
S I Z A F G W D R F F V F F G
T S I D A S E E T O V E D Y
I T E R N P Y R D H I P P I E
C G A E F W X W E B N P T F U
D P A Z Q T D D E I B M O Z R
R G R E M A E R D Y A D H P E
```

134

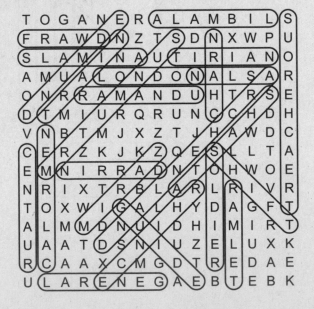

```
T O G A N E R A L A M B I L S
F R A W D N Z T S D N X W P U
S L A M I N A U T I R I A N O
A M U A L O N D O N A L S A R
O N R R A M A N D U H T R S E
D T M I U R Q R U N C C H D H
V N B T M J X Z T J H A W D C
C E R Z K J K Z Q E S L L T A
E M N I R R A D N T O H W O E
N R I X T R B L A R L R I V R
T O X W I G A L H Y D A G F T
A L M M D N U I D H I M I R T
U A A T D S N I U Z E L U X K
R C A A X C M G D T R E D A E
U L A R E N E G A E B T E B K
```

135

```
O H P G L E S E E Q O F Q R F
E C N U O B C M J D V R E D W
S A S K G N B J I G A L L O P
A G F K A A A W E G O C D T J
U Y I V E G L E F C R R S R S
N M D L A A N L A C I A E A D
T A P W M S A T I V I D T V C
E K R A S C E T E V I S G E C
R J O R F V F U E L A C V L E
E O P C K I S C S L T N F B V
G J E F H I P S W E F R T B O
D I L S W M S S U G Q F U Q H
U R S T A G G E R R M W U H S
R M K R N O G E G R G S V H T
T X T C A N T E R D O E I O S
```

136

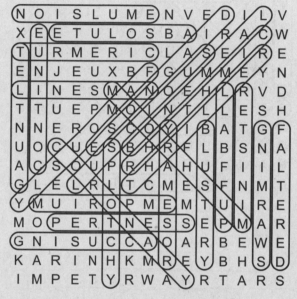

```
N O I S L U M E N V E D I L V
X E E T U L O S B A I R A C W
T U R M E R I C L A S E I R E
E N J E U X B F G U M M E Y N
L I N E S M A N O E H L R V D
T T U E P M O I N T L L E S H
N N E R O S C O V I B A T S N
U O C U E S B H R F L B S I G
A C S O U P R H A H U F I N A
G L E L R T C M E S F N M R L
Y M U I R O P M E M T U I R T
M O P E R T N E S S E P M A E
G N I S U C C A Q A R B E W R
K A R I N H K M R E Y B H S
I M P E T Y R W A Y R T A R S
```

137

```
A A O L K L M R O R E P M E A
Y T K N A A K I K A Z A Y I M
P I A A A W R I O K L Y O E I
A N A G S G A A M T A E W J H
C A S S I O O N T O T Y U B S
I M V H N I R Y I E N F D R O
F A D R I O N I A K T O N E G
I H R S A N B N G N O C N A A
C O O U H A T P U A K A Q H K
O K E C M G D O J G M O B S S
C O F C K A M Y S I O J B I E
E Y K Y B N S J H U Y H E E H
A V O T O K T S R A E T S G T
N T U B U L L E T T R A I N A
O Y K I E U K O K I H S R I O
```

138

```
G K S O R E G U M B O O T S N
N J A W G N G F V C D R O P E
I L H R I I A U L L L A U Q S
T B D R O L H O L V S P J H Q
T N U R L N U S S E N T E W S
I O E I D A Y A S D A O O N
P V N R S Z E R F L X V D R Y
S G O E R P Z U E T P D F U M
J P V F U O M L X W E S Q O D
A B A D I B T K E N O X E H
C U D T R E D R E N C H I N G
K L P E L T I N G Y E I S W Y
E U L T E E M I N G I H F O P
T L E R U S S E R P W O L D T
A Y E A W S T E L P O R D F D
```

139

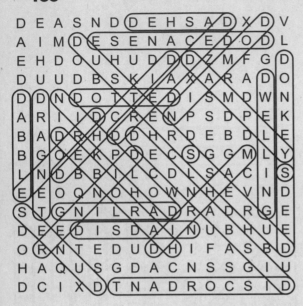

```
D E A S N D D E H S A D X D V
A I M D E S E N A C E D O D L
E H D O U H U D D D Z M F G D
D U U D B S K I A X A R A D O
D D N D O T T E D I S M D W N
A R I D C R E N P S D P E K
B A D R H O D H R D E B D L E
B G O E K P D E C S G G M L Y
L N D B B I L C D L S A C I S
E E O Q N O H O W N H E V N D
S T G N I L R A D R A D R G E
D E E D I S D A I N U B H U E
O R N T E D U D H I F A S B D
H A Q U S G D A C N S S G I U
D C I X D T N A D R O C S I D
```

140

```
V A L E R U L U E A H Y S A C
T B U J G E N U T W L C U E X
E R W T Y S T S M R Y E E L Y
R E L T U B I I E U N Z N R H
W N C L E R K D A S N I E U C
H I S M A L R N N W A G S R U
K A I B H O A Q A L N D C E S
S T D E O M H V R E H S U V T
A E A J T V D E S E T W L I O
L R R O E O B S N E T W L R D
E S O V O M E M N C A R I D I
S F B R A M N A O R H A O W A
M O M H I N R R D O P M N P N
A A C E V D T E I U R H A E P
N T E R A V N Q A L P G L N S
```

141

```
B R A W S D N O M L A S U O P
R O S E M A R Y S T S A E Y I
A A U L N I M U C E A F H S T
G D R I E D F R U I T F O E T
E T T R L N S T S S C R N L H
N C I O E L T A E E I O E D H
I H U S M G O I V A A N Y O G
V N O A L A N N L T B S R O A
K U E C S I T I C S A A A N P
P S T B A T O O G U D T G L S
E R R H B N N E S Q B E U S T
I E U W Y I L I V A L E S A E
H R Y N I M O J M I U F S I Z
K F E T E U E A C D L C E R T
V S E A S S T A F E W O E W H
```

142

```
Y J U A U G A C N O C A F C C
P J Y V P Y T A L K E H K T R
T N O S N I V A B T H Y R V U
I J O G A S H E R B R U M H S
R N H K J N N H U A S I C U H
I R C M U N F L P M R C V B M
C O S Q E Y S O A A I A E O O
H H L V C A U D R P B I S L R
M S I Y N K I B U D S D T I E
I S I E M C N H M T K T P V A W
R I M W N P C J A A V E U A T
D E V I W A U N S A T T N R B
J W R D M B L S T F K A E Y M
W E V K C E R R O B A Y O A A
K W F F Y U L S A N A M E A R
```

143

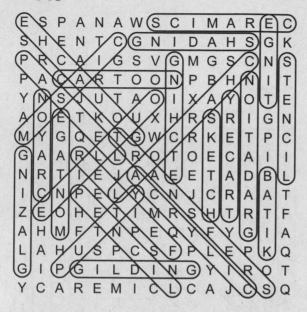

144

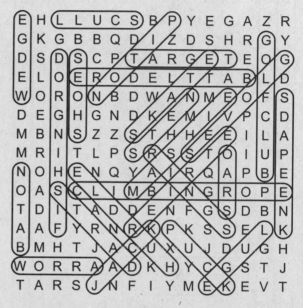

145

146

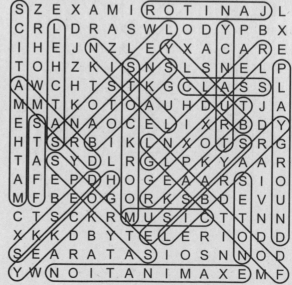

147

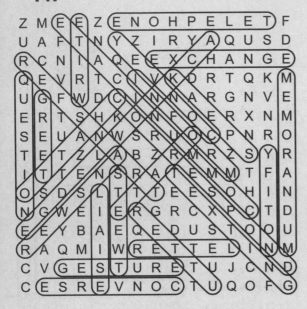

```
Z M E E Z E N O H P E L E T F
U A F T N Y Z I R Y A Q U S D
R C N I A Q E E X C H A N G E
Q E V R T C I V K D R T Q K M
U G F W D C I N N A R G N V E
E R T S H K O N F O E R X N M
S E U A N W S R U O C P N R O
T E T Z L A B Z R M R Z S Y R
I T E N S R A T E M M T F A A
O S D S L T T T E E S O H I N
N G W E I E R G R C X P C T D
E E Y B A E Q E D U S T O O U
R A Q M I W R E T T E L N M M
C V G E S T U R E T U J C N D
C E S R E V N O C T U Q O F G
```

148

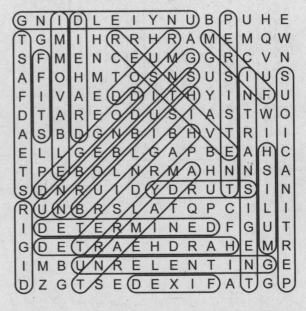

```
G N I D L E I Y N U B P U H E
T G M I H R R H R A M E M Q W
S F M E N C E U M G G R C V N
A F O H M T O S N S U S I U S
F I V A E D D I T H Y I N F U
D T A R E O D U S I A S T W O
A S B D G N I B H V T R I H I
E L L G E B L G A P B E A N C
T P E B O L N R M A H N N S A
S D N R U I D Y D R U T S I N
R U N B R S L A T Q P C I L I
I D E T E R M I N E D F G U T
G D E T R A E H D R A H E M R
I M B U N R E L E N T I N G E
D Z G T S E D E X I F A T G P
```

149

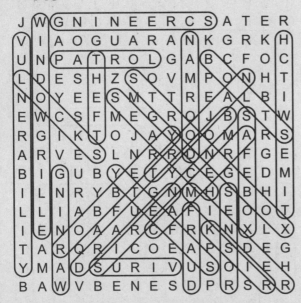

```
J W G N I N E E R C S A T E R
V I A O G U A R A N K G R K H
U N P A T R O L G A B C F O C
L D E S H Z S Q V M P O N H T
N O Y E E S M T T R E A L B I
E W C S F M E G R O J B S T W
R G I K T O J A Y O O M A R S
A R V E S L N R R O N R F G E
B I G U B Y E T Y C E G E D M
I L N R Y B T G N M H S B H I
L I A B F U E A F I E O O T
I E N O A A R C F R K N X L X
T A R Q R I C O E A P S D E G
Y M A D S U R I V U S O I E H
B A W V B E N E S D P R S R R
```

150

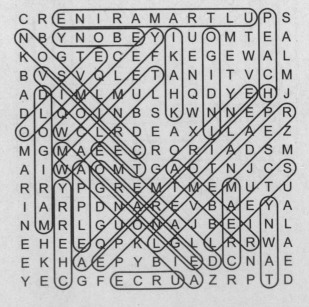

```
C R E N I R A M A R T L U P S
N B Y N O B E Y I U O M T E A
K O G T E C E F K E G E W A L
B V S V Q L E T A N I T V C M
A D I M L M U L H Q D Y E H J
D L Q O I N B S K W N N E P R
O O W C L R D E A X L L A E Z
M G M A E E C R O R I A D S M
A I W A O M T G A O T N J C S
R R Y P G R E M I M E M U T U
I A R P D N A R E V B A E Y A
N M R L G U O N A J B E I N L
E H E E Q P K L G L L R R W A E
E K H A E P Y B I E D C N A E
Y E C G F E C R U A Z R P T D
```

151

152

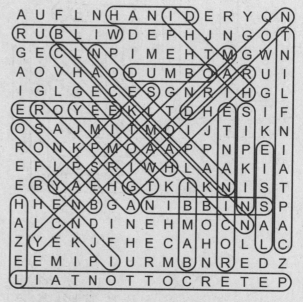

153

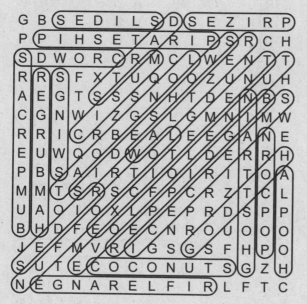

154

155

```
G A N A R A R B F S E W V M T
A C G C Z G I X A A L B B E Z
S P D A A N R X E D N L O W Z
N K J M S Q S T Y G G A O N F
O L E E A S H E G U W E K D G
O S C O D V P H O T O S S S Q
P T J S A R A A C S F V E F M
S W R S M R R W F E J U S U S
G I E S Z K G H J V Q X G Y L
S S Q S P Q O G B I S S U S A
S T O P A E T J T N S Z L C D
F S N A F O U N U K R L D O E
T U F M Y W A T C H E S W I M
B H U S W W R O S H T O M N D
M A R S O I R Q S P M A T S E
```

156

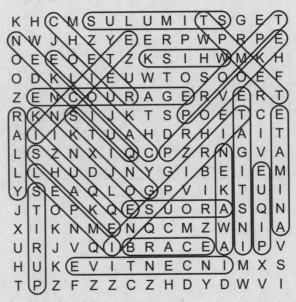

```
K H C M S U L U M I T S G E T
N W J H Z Y E R P W P R P E
O E E O E T Z K S I H W M K H
O D K I I E U W T O S O O E F
Z E N C O U R A G E R V E R T
R K N S I J K T S P O E T C E
A I I K T U A H D R H I A I T
L S Z N X I Q C P Z R N G V A
L L H U D J N Y G I B E I E M
Y S E A Q L O G P V I K T U I N
J T O P K Q E S U O R A S Q I
X I K N M E N Q C M Z W N I A
U R J V Q I B R A C E A I P V
H U K E V I T N E C N I M X S
T P Z F Z Z C Z H D Y D W V I
```

157

```
N N U R E D F A H G E W Y L J
B A T Y E A S O F F I T A L K
N N U Y S W S S U R T I L L B
H A W C D T O L H G N O I E R
S B I N A I H T N I R O C E X
I A M F L N L Y F C A B D Q Y
X V B J E A T A S U C N E P M
E G P D N L B W G I E L J A O
U C L T A U Y R R R B T R D S
M P E X P Q S O K A A G V N A
T R D S W P D O G L F R Q U R
N L G T I A V D S R C T D T R
T D E R L L L V A L A O E O T
U M E U J C O L U M N G V R K
E N O T S D A P S L P S K E S
```

158

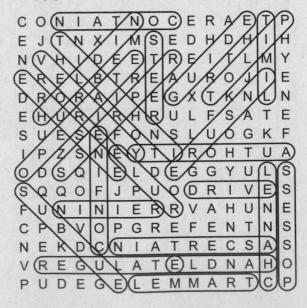

```
C O N I A T N O C E R A E T P
E J T N X I M S E D H D H I H
N V H I D E E T R E I T L M Y
E R E L B T R E A U R O J I E
D R O R A I P E G X T K N L N
E H U R I R H R U L F S A T E
S U E S E F O N S L U O G K F
I P Z S N E Y T I R O H T U A
O D S Q I E L D E G G Y U L S
S Q Q O F J P U O D R I V E S
F U N I N I E R R V A H U N E
C P B V O P G R E F E N T N S
N E K D C N I A T R E C S A S
V R E G U L A T E L D N A H O
P U D E G E L E M M A R T C P
```

159

160

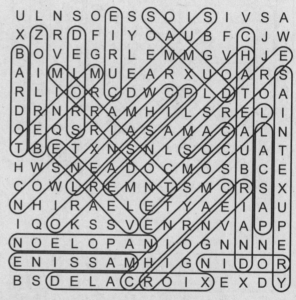

161

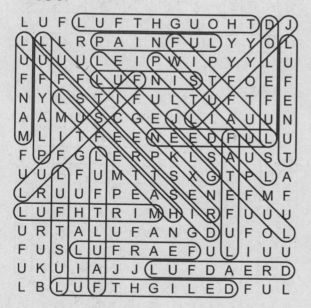

162

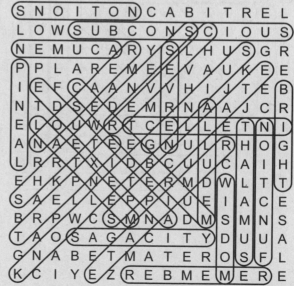

163

```
T E M L E H C S D S C A R F F
D E R I R L O T O A E L A B D
S A T T O I T A W C Z O E J R
S E D G T K A P B S K Y H C A
L P S G Z H H S N Z L S R S O
I S S P M U P O B D S R E O B
P A Y N A V O E S O H E K S R
P B V W J D T F M I O D L E A
E O S K I S R B B P O A A K T
R T V A G H R I A O D W T F R
S S U A W E B N L N N M S W O
L Y T R R A A O A L S N R P M
H W F O B M J S O N E R E E D
E T O L A A F E S T C S E T E
O E D C R W N F L A S U D A N
```

164

165

```
K W A H N E K C I H C K M M W
K W A H H S I F A Y E R P S O
V U L T U R E M M N O N G E R
H K W A H W O R R A P S Y C N
R E G E A J S F D Z Z B L R O
C K B U Z Z A R D A B E A E I
W W U U T L U Q R O R O M T A
C A U L C N C A H T P M M R R
O H C O N B C A S P E G E R A
N S N E Q A R E V R N U R Y A
D O R Y R R K E L G A E G B C
O G A A I N N I C K J G E I H
R M C E H O N O N O F F I R G
F M R T A W N Y O W L G E D S
U B P L S L E N I R G E R E P
```

166

167

```
R N O T T I U V N I T R E B L
G T U U A Q A G K S T J E G S
O N H T V E R S A C E Y U O A
G A C S W Z M Z S O J C G Y I
R U G A Y Z A Y C S C G X E N
E Q Z A R L N B B I A A X L T
E Q T H I D J E Y L R L F H L
N C Y M S C I E H L E L S A A
A D A R P T N N L E N A H A U
J F K F L T E E I U Y G P R R
M W J R R L V P L I A H K H E
L E N A H C X E H A R E N C N
Q D C Z M I Y A K E B R P W T
G C X B K E O N I T N E L A V
M J Q W M I S S O N I C N F Q
```

168

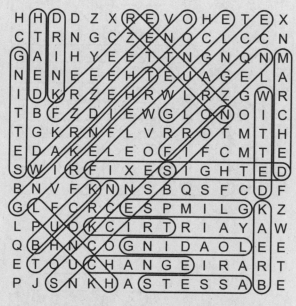

```
H H D D Z X R E V O H E T E X
C T R N G C Z E N O C L C C N
G A I H Y E E T T N G N Q N M
N E N E E E H T E U A G E L A
I D K R Z E H R W L R Z G W R
T B F Z D I E W G L O N O I C
T G K R N F L V R R O T M T H
E D A K E L E O F I F C M T E
S W I R F I X E S I G H T E D
B N V F K N N S B Q S F C D F
G L F C R C E S P M I L G K Z
L P U O K C I R T R I A Y A W
Q B H N C O G N I D A O L E E
E T O U C H A N G E I R A R T
P J S N K H A S T E S S A B E
```

169

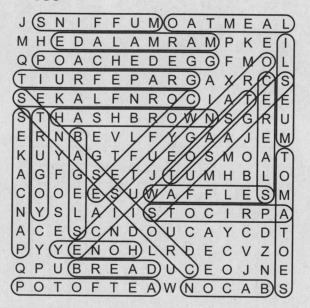

```
J S N I F F U M O A T M E A L
M H E D A L A M R A M P K E I
Q P O A C H E D E G G F M O L
T I U R F E P A R G A X R C S
S E K A L F N R O C I A T E E
S T H A S H B R O W N S G R U
E R N B E V L F Y G A A J E M
K U Y A G T F U E O S M O A T
A G F G S E T J T U M H B L O
C O O E E S U W A F F L E S M
N Y S L A I S T O C I R P A
A C E S C N D O U C A Y C D T
P Y Y E N O H L R D E C V Z O
Q P U B R E A D U C E O J N E
P O T O F T E A W N O C A B S
```

170

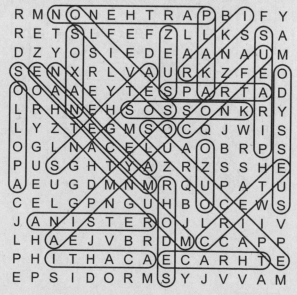

```
R M N O N E H T R A P B I F Y
R E T S L F E F Z L L K S A M
D Z Y O S I E D E A A N A U M
S E N X R L V A U R K Z F E O
O O A A E Y T E S P A R T A D Y
L R H N E H S O S S O N K R Y
L Y Z T E G M S O C Q J W I S
O G L N A C E L U A O B R P S
P U S G H T Y A Z R Z S S H E
A E U G D M N M R Q U P A T U
C E L G P N G U H B O C E W S
J A N I S T E R O J L R I V
L H A E J V B R D M C C A P P
P H I T H A C A E C A R H T E
E P S I D O R M S Y J V V A M
```

USA TODAY

171

```
G E E R U P G E E X N B H O T
E N M O B V M M G N I N A E W
K K R A Y I I S E P I W E P J
G U E E T T R L N K L L U O K
N D B D H O L I H C I R Y T N
I U E T S T G B R B Y T U T I
N B A A P C O S O S T Z N Y R
E B A N T N E M P O L E V E D
T Y P B N L N I R A E R U P C
S I F S E I O H O S T O R I E S
I R A T M S E N C I N I L C N D
R T S A S L S E O T S K S U R
H H Y O K Y E T H L O G P A I
C E R E S A P E P C I L Q O F
E R M R E D W O P M U C L A T
```

172

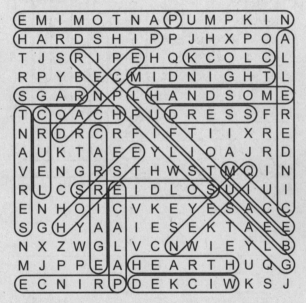

```
E M I M O T N A P U M P K I N
H A R D S H I P P P J H X P O A
T J S R I P E H Q K C O L C L
R P Y B E C M I D N I G H T L
S G A R N P L H A N D S O M E
T C O A C H P U D R E S S F R
N R D R C R F I F T I I X R E
A U K T A E E Y L I O A J R D
V E N G R S T H W S T M Q I N
R L C S R E I D L O S U I U I
E N H O I C V K E Y E S A C C
S G H Y A A I E S E K T A E E
N X Z W G L V C N W I E Y L B
M J P P E A H E A R T H U Q G
E C N I R P D E K C I W K S J
```

173

```
E N D E M Y E S T R A C E P E
Y T N E M H S I L L E B M E X
E N T H U S I A S T B E M M D
M N E E C W S U I L B B A N E
B P E M I E J D N U R O L N G
L G R R X U E G S O U N E C A
E O I P G L D I C E E Y A I G
M U E E B E V A N E A A I P N
A C S M D E T C E J E S Y A E
T L T A N I L I E C P T T M
I U V O O O G D C U E R I E D
C E U N S H U E E X O F U S R
E G Z U T C E S P F L E Q R V
H A R H E U R E F H E U E F N
E E D D S K L E E R N R S A E
```

174

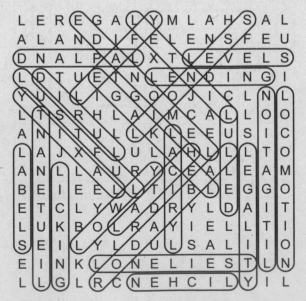

```
L E R E G A L Y M L A H S A L
A L A N D I F E L E N S F E U
D N A L P A L X T L E V E L S
L D T U E T N L E N D I N G I
Y U I L I G G O O J I C L N L
L T S R H L A I M C A L L O O
A N I T U L L K L E E U S I C
L A J X F L U L A H L L L I O
B E I E E L L T I B L E G A M
E T C L Y W A D R Y L D A I O
L U K B O L R A Y I E L L T I
S E I L Y L D U L S A L I I O
E I N K L O N E L I E S T L N
L L G L R C N E H C I L Y I L
```

175

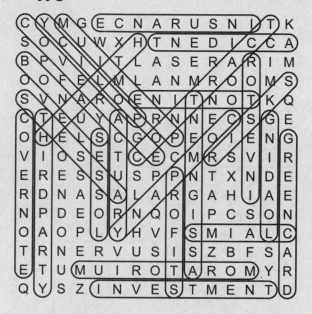

176

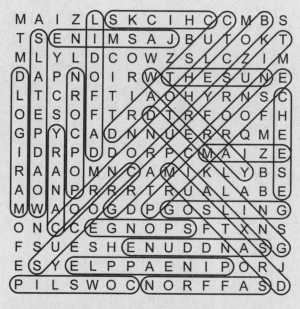

177

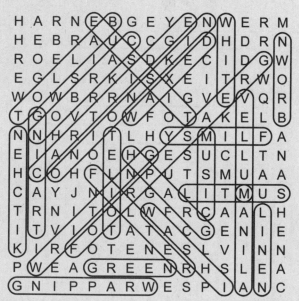

178

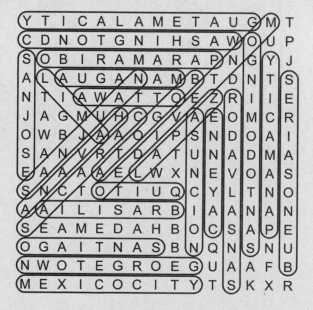

179

```
T S G F S E M O S N I W E R A
N D T N T H P S U O E G R O G
A G L X U I W A Z H S I L Y T S
G U F U C H N H S P U K A A D G O
E F I R H A N S S E T O M L N A
L I S G A N I A P L J O R I N Y
E T U R U N R D N D E Y R C K L E
T U Y E O I M S G R G O H A A M
I A R T P I R I O D W U Y L T O
S E A R T P C U N M P S L H T C
I B D W P E A A L G E S E V A A
U A I A C N R D I L M G T A A L
Q I A R N G C P A A A E O E L Y
X G N E F D X B R H F D L R Y
E G T A P V Y T R I A F E B E
```

180

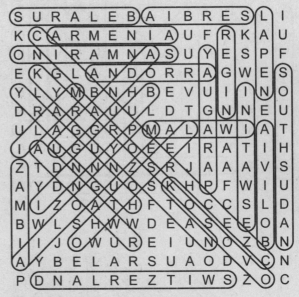

```
S U R A L E B A I B R E S L I
K C A R M E N I A U F R K A U
O N I R A M N A S U Y E S P E N
E K G L A N D O R R A G W E S
Y L Y M B N H B E V U I I N O
D R A R A U U L D T G N N E U
U L A G G R P M A L A W I A T
I A U G U Y O E E I R A T I H
Z T D N N N Z S R J A A S U
A Y D N G U O S K H P F W D
M I Z O A T H F T O C C S L A
B W L S H W W D E A S E E O N
I I J O W U R E I U N O Z B N
A Y B E L A R S U A O D V C N
P D N A L R E Z T I W S Z O C
```

181

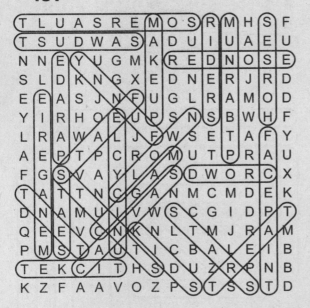

```
T L U A S R E M O S R M H S F
T S U D W A S A D U I U A E U
N N E Y U G M K R E D N O S E
S L D K N G X E D N E R J R D
E Y E A S J N F U G L R A M O D F
Y I R H O E U P S N S B W H F
L R A W A L J F W S E T A F Y
A F E P T P C R O M U T P R A U
F G S V A Y L A S D W O R C X
T A T T N C G A N M C M D E K
D N A M U I V W S C G I D P T
Q E E V C N K N L T M J R A M
P M S T A U T I C B A L E I B
T E K C I T H S D U Z R P N B
K Z F A A V O Z P S T S S T D
```

182

```
P E T A L P R E N N I D R X P
E L D A L E F I N K K A E T S
U I H O P L A C E M A T L S D V
B D E P L Z J D O G H I O S V
E C E F L W G R A V Y B O A T
C P N S I N O M B I C B C L N
U N R O S N Y B U X F G E N K
A A S O E K T T S M H N E E T
S S G K S P R G U R T O I C H
R U E R R S S T N R E A W I U
A Y I O E E Y A P I E S R W H
T Z V I F W V N S E L V E S D U
R A V D O I P F N T A R N E P
A A O K L N G U J R E T A W D
T L A S F K N I K P A N E C V
```

183

```
O M O N O E D I H S L A W D E
K D Y M O B I C K V D T O U E
D U S Y A M L R A C A H T V L
V K L E F E E K M I T D T W I
M E L O T T R L O U B R O C K
O S I B O B G I B S O N V Y L
I I R S E Y A V C O Z N Y Y Y
S E A N B B I S G B Y E O R A
E D V M I A G Z X R A W O U R
S E A R L Y W Y N N F G J N A
A R L I A L L O P E Z Y N G D
L N R C K J E F F K E N T E Q
O A A E L E F T Y G R O V E U
U N E G A H R E B A S T E R B
T D I M H C S D L O G L U A P
```

184

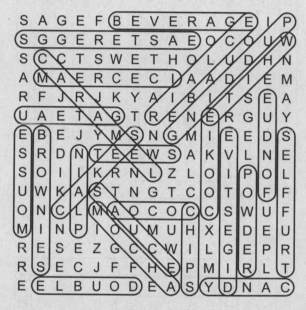

```
S A G E F B E V E R A G E I P
S G G E R E T S A E O C O U W
S C C T S W E T H O L U D H N
A M A E R C E C I A A D I E M
R F J R J K Y A I B I T S E A Y
U A E T A G T R E N E R G U D
E B E J Y M S N G M I E E D S
S R D N T E E W S A K V L N E
S O I I K R N L Z L O I T O L
U W K A S T N G T C O T S W F
O N C L M A O C O C C S W E F
M I N P I O U M U H X E D U R
R E S E Z G C C W I L G E P R
R S E C J F F H E P M I R L T
E E L B U O D E A S Y D N A C
```

185

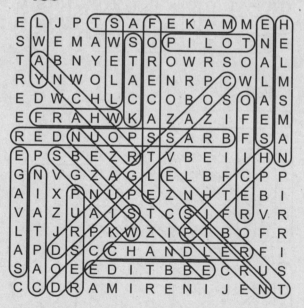

```
E L J P T S A F E K A M M E H
S W E M A W S O P I L O T N E
T A B N Y E T R O W R S O A L
R Y N W O L A E N R P C W L M
E D W C H L C C O B O S O A S
E F R A H W K A Z A Z I F E M
R E D N U O P S S A R B F S A
E P S B E Z R T V B E I I H N
G N V G Z A G L E L B F C P P
A I X P N U P E Z N H T E B I
V A Z U A I S T C S I F R V R
L T J R P K W Z I P T B O F R
A P D S C C H A N D L E R F I
S A O E E D I T B B E C R U S
C C D R A M I R E N I J E N T
```

186

```
R V T N I R P E U L B B T W U
E T Y F O R M U L A W G O S H
D U F R C K X I X Y K I G O P
R Q W A B P A T T E R N B A A
O N S M R P O L I C Y J M P T
J O T E A D S C C A E D D N T
M I R G T E M D W C A A E N N
A T A E D P P A T O D M S M E
P I T W E I E I R N E H I E V
O S E O M C V C E G I E T N I
U G R E E H G N O A Z N S Q
T P Y K H R A A I O Z I H Y Q
Q O A O C I R N J I C A D S O
B R R U S R B B S R P O P N K
H P O T A Q D W R E A J W X L
```

187

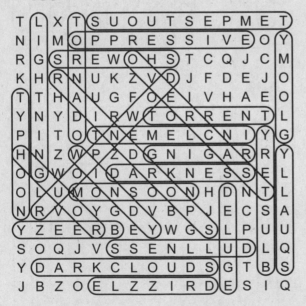

```
C P E M B R O T E N E H U D Y
N U F C A G E L E D W T Z H P
E O N O D B F E R U O U M R A
G R I C R J A V N H O D U S S
G C E A T E O G E C E M O U T
A A V S J H N M E C C C O E E
S R R N B J A E R J G R K F R
K N U O Q M T M A P R U K E N
I U P S T S J H E D E P C T Q
N S S T E A I W R Y D P S L H
Y N O R D N O W O B L E A O M
R I C I D K H R F K U R R C E
E O A L N E H O H O O F I K E
L L E E F L E W C T H A Y M T
D G E N O N N A C K S E K F B
```

188

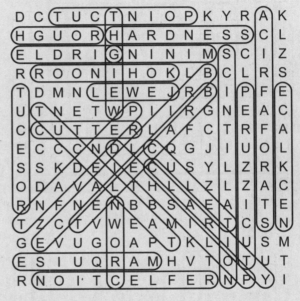

```
D C T U C T N I O P K Y R A K
H G U O R H A R D N E S S C L
E L D R I G N I N I M S C I Z
R R O O N I H O K L B C L R F
T D M N L E W E J R B I P F E
U T N E T W P I I R G N E A C
C C U T T E R L A F C T R U A
E C C N D L C Q G J I U O L L
S S K D E L E C U S Y L Z R K
O D A V A L T H L L Z L Z A C
R N F N E N B B S A E A I T E
T Z C T V W E A M I R T C S N
G E V U G O A P T K L I U S M
E S I U Q R A M H V T O T U T
R N O I T C E L F E R N P Y I
```

189

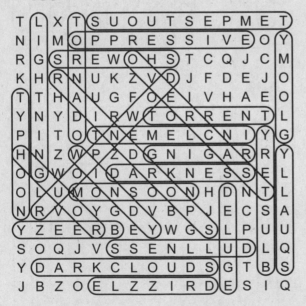

```
T L X T S U O U T S E P M E T
N I M O P P R E S S I V E O Y
R G S R E W O H S T C Q J C M
K H R N U K Z V D J F D E J O
T T H A U G F O E I V H A E O
Y N Y D I R W T O R R E N T L
P I T O T N E M E L C N I Y G
H N Z W P Z D G N I G A R R Y
O G W O I D A R K N E S S E L
O L U M O N S O O N H D N T L
N R V O Y G D V B P J E C S A U
Y Z E E R B E Y W G S L P U U
S O Q J V S S E N L L U D L Q
Y D A R K C L O U D S G T B S
J B Z O E L Z Z I R D E S I Q
```

190

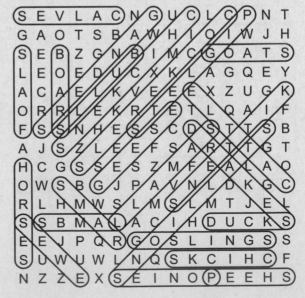

```
S E V L A C N G U C L C P N T
G A O T S B A W H I O I W J H
S E B Z G N B I M C G O A T S
L E O E D U C X K L A G Q E Y
A C A E L K V E E E X Z U G K
O R R L E K R T E T L Q A I F
F S S N H E S S C D S T T S B
A J S Z L E E F S A R T T G T
H C G S S E S Z M F E A L A O
O W S B G J P A V N L D K G C
R L H M W S L M S L M T J E L
S S B M A L A C I H D U C K S
E E J P Q R G O S L I N G S S
S U W U W L N Q S K C I H C F
N Z Z E X S E I N O P E E H S
```

191

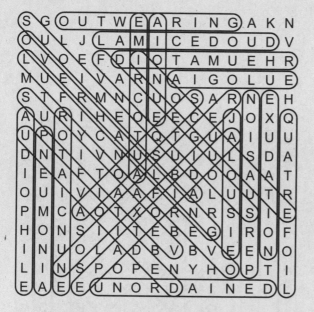

192

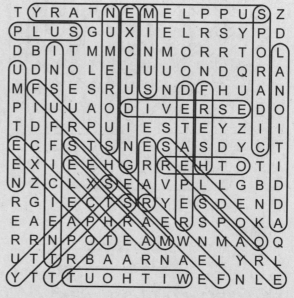

193

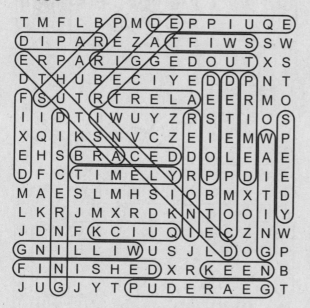

194

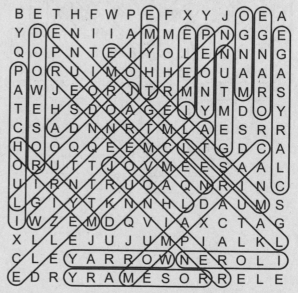

195

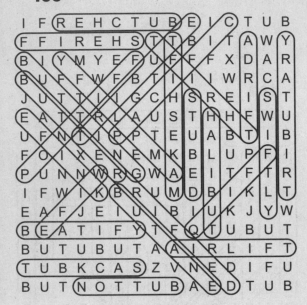

196

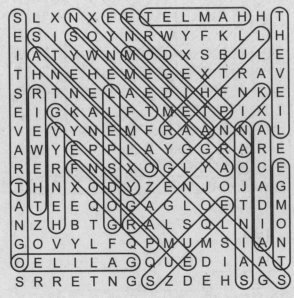

197

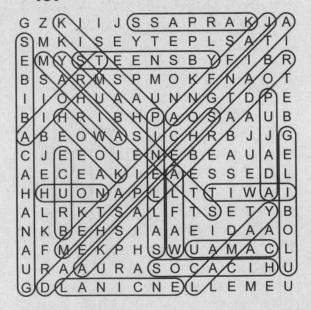

198

199

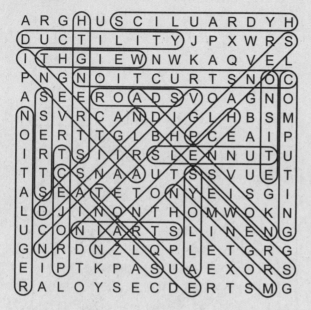

200

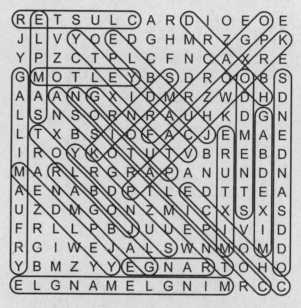

201

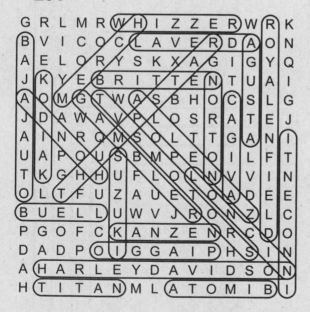

202

203

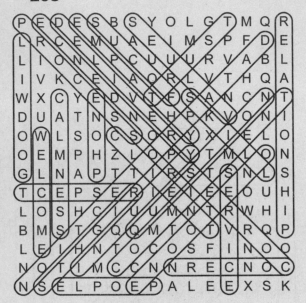

204

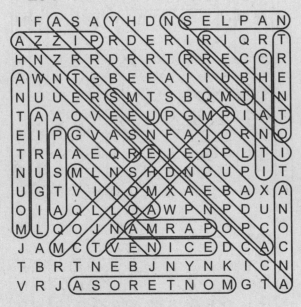

205

206

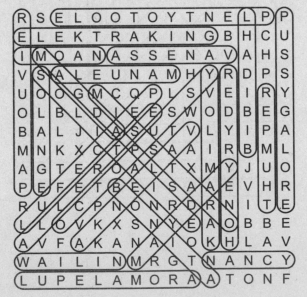

207

```
N E T N I O P R O H C N A M S
G G N I R T S J B K E B W W A
A S B T S D J M G S C O O O I
T F A H S P I L K N E W R R W
A E U G M L T C U L I A R R W
T S N I R O O T E U S R A A O
H T C E C N A E J V O M D D B
G A W W P C T D L D R E E E E
I O T J K A L S A D W P T T R
L C S L I N G R D O N V S O A
F I E U J Z O G B L T A E O B
Q T Q U I V E R S N R O H F U
F H W H I P E N D E D G C T T
H E L N N V A H C T O N E O T
C P G L O S W O R R A H M O S
```

208

209

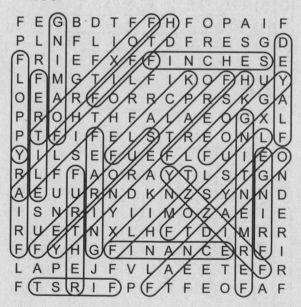

210

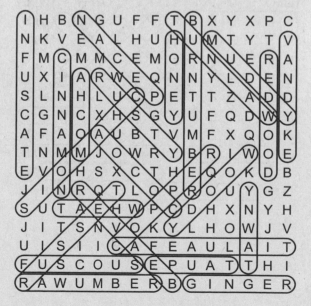

211

```
K Z E R E D A Y A B A L C S C
L U T E X S W A N L A K E I X
E A J D Q N S A C H O U T R Z
S T Q X P A I U A T I U Q A P
N C O J J L N G E R B H B P W
O W E X E A N A E H H X C F X
C C L P I E L N T N P R G O G
E A P V M U A A M N O R B S I
S O L R N T Q I O N E Y O E S
C Y A F U Z Y N O R O V N M E
S C A Y S Z A I O T E A A A L
L U N M R M N P H D Y L W L L
F A C A D E Q O Y A V Q O F E
O L L O P A U H G P X M W B P
C Y D F N U T C R A C K E R V
```

213

```
A M U P U A N N I E T S P E Y
F U O N A N N N Y O E D E Y V
I T T O C S O F O H O N T G E
S T R A R G D S N C W E L N C
G O R M L E Y M L I A H F O L
R E K U L V K N N E A B F L B
E S O P G Y T I I V P I E V
D E J N P R L K D E M E R Y U
L G E E A L U R M E W G N A L
A A H U E S A B K R I S A N O
C L T C Q G I J N E B L O Y E
A S D E L H A P R E H F T K S
W C R A G G D P H I D I A S D
I S Q G Y T S G N I D L I W A
O N O G U C H I C Y S C O R T
```

212

```
Y R S C O U S C U O S A A P P
N E D A B N E D A B U A P R I
O B B S P I R I R I P I A F T
B R E A V A L A V A L B H P H
N E A R O B A R O B I D W O B
O B I Z W F I F T Y F I F T Y
B P Z R I M T H B T S E T S E
P H E V I S U O C S U O C H B
O S N O C P F D T I B S Q O Y
H U Z S F A I N M O H Y O T E
C H T L V K N R Y U M C O S M
P H G U D E T C I F D T W Y O
O S R I T E L K A P O P O L O
H U K G N A L Y G N A L Y M C
C H Z L B C R A T R A T S V N
```

214

```
W C T C N W S T O O R X G R V
P M O D R O W F O U X C A Q P
T R R N E R R A W N C L M L Y
M Y R U K R R H Q D L J S A O
M G A D N U E S X E P M W Z H
R A C W U B V E C R T P Y E H
A G G M B D L N J P P U C N I
B L J M U U I I G A O S B M R
I N S A I S M C S U P R E M
T N E L L O V E V I F C V C W
J U L U H Z T N C I O A I R S
P T B Q K L S A U Y R G U Y H
D R A I N E I Q T G M H H P O
E R C T J B A M U O R M P T Z
```

215

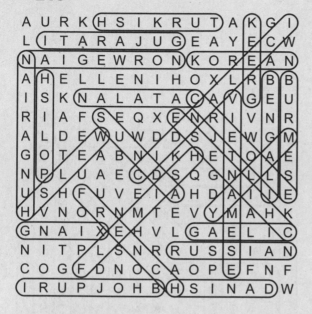

```
A U R K (H S I K R U T) A K G I
L (I T A R A J U G E A Y E) C W
(N A I G E W R O N)(K O R E A N)
A H E L L E N I H O X L R B B
I S K (N A L A T A C) A V G E U
R I A F S E Q X E N R I V N R
A L D E W U W D D S J E W G M
G O T E A B N I K H E T O A E
N P L U A E C D S Q G N L L S
U S H F U V E I A H D A I J E
H V N O R N M T E V Y M A H K
(G N A I X E H V L (G A E L I C)
N I T P L S N R (R U S S I A N)
C O G F D N O C A O P E F N F
(I R U P J O H B)(H S I N A D) W
```

216

```
S X W H (G H O U L I S H) D Y H
V P N B M N P B C Z O H R M O
P R O L N Z I R S R X E E E R
E I D O T K E M R R D P A M R
T Y I O K E R I R D I S D F I
R D B D P Y D E U A H K F S F
I E R Y R Y X H T O L E U E I
F P O I L A S M C S I A L U C
Y L M S E U E K (S H I V E R Y)
I V I D U W I O X N W N R G V
N R Z O E N (S T A R T L I N G)
G X X I G (C I N O M E D Y S) L
(T E R R I F Y I N G) G R E S I
H (E G N I N E T A E R H T) G V
E L (S U O D N E R R O H) U T E
```

217

```
L (L O O H C S) L I L Q B S U T
D A R B L E B S W (R E T U R N)
(T E E N) I H C T A W G (T O) E
R I M Y W U G N (T S E R F) O M
I P A Y I O R H K A B R I F G
P S E Y D T L S T C E R H T D
P O R R S R M F E M J P S H U
E H D E I A T B E R A I Y E J
R Q K G S D E M R T Y X M W F
A (W O R K) E B B I E A T N E O
E M C U (C R A E B O A R D E R)
M E Y (S A W N B D K G K) T K K
I M Y N O T O E S A E L E R) G
T F C M K O H L E V E L E T S
S (E E T (K S S E N D N I L B) A
```

218

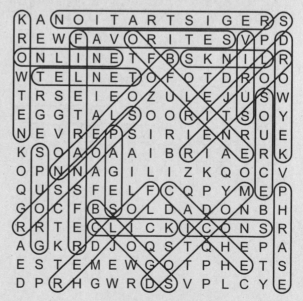

```
K A (N O I T A R T S I G E R) S
R E W (F A V O R I T E S) V P D
(O N L I N E) T F B S K N I L R
W (T E L N E T) O F O T D R O O
T R S E I E O Z U L E J U S W
E G G T A L S O O R I T S O Y
N E V R E P S I R I E N R U E
K S O A O A A I B R I A E R K
O P N N A G I L I Z K Q O C V
Q U S S F E L F C Q P Y M E P
G O C F B S O L D A D O N B H
R R T E (C L I C K)(I C O N S) R
A G K R D J O Q S T Q H E P A
E S T E M E W G O T P H E T S
D P (R H G W R D S) V P L C Y E
```

219

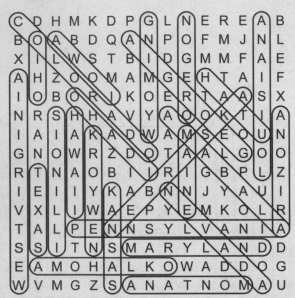

220

221

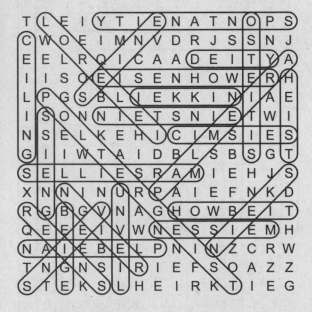

222

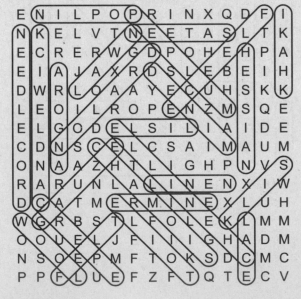

223

224

225

226

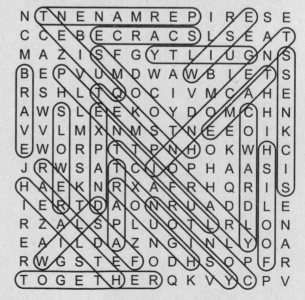

227

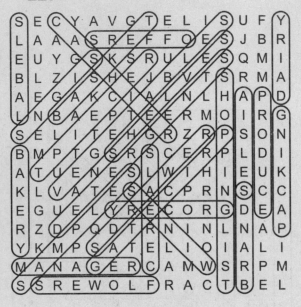

228

229

230

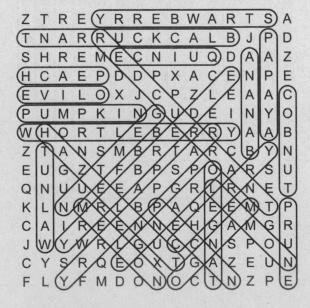

231

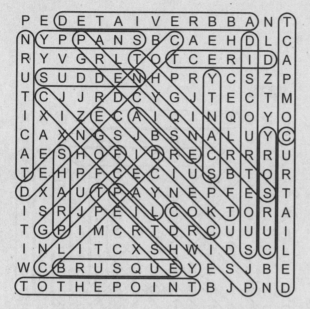

232

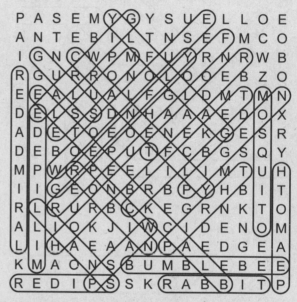

233

234

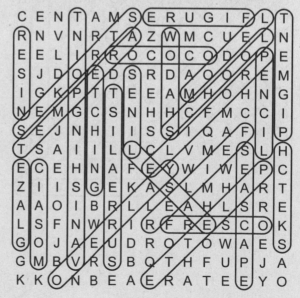

235

```
H C J K A I E T G I E I I G W
B J E P A G D L E Y O N E T E
F E A A U Y E T A B L B I A Z
L T S A E P A C S E K S I L L
H A G D R N Q K N C A S C S G
S E N K T U V N E W T A P E R
A S S E K B U N Y M V T E A M
W Q N S L T E A H E R A O R P
G N E U A L E D G E R F W E T
A C Z S T V H G N T F F Y M T
D G R T X C E C E G L R C U S
L M O E L G H R D B E E R L Y
Y B P J A N Y D C I H R A F S
E P I R T S N I P G S I C H T
A R I S A G E T R J A W K S A
```

236

```
U D E D E E P S D O G E G N R
F E B O E G A Y O V N O B E C
F A I I T O O D L E O O U S D
O U D D C P E G T D I O L A Y
D R Y E A R N L B C Y I L E S
N E C R P O E Y U G O R E O P
E V Y X L A E D N Z A E W N A
S O E O V E R I E G I E E A T
L I S I Y P E T O V C H R R C
M R N B M E A O U E I C A A H
O G E F S T D R W R V R F G B
A Y A E Y D D H T Y E A R S J
B T B Y A W A G N I O G W A H
E A A Y G S E T T I N G O F F
E S L T E S A T A E M G T T H
```

237

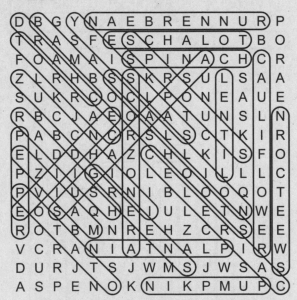

```
D B G Y N A E B R E N N U R P
T R A S F E S C H A L O T B O
F O A M A I S P I N A C H C R A
Z L R H B S S K R S U L S A E
S U K R O C I P O N E A U L
R B C J A E O A A T U N S L I R
P A B C N C R S L S C T K I R
E L D D H A Z C H L K I S F O
P Z I I G I Q L E O I L L L C
P V I U S R N I B L O O Q O T
E O S A Q H E J U L E T N W E
R O T B M N R E H Z C R S E E
V C R A N I A T N A L P I R W
D U R J T S J W M S J W S A S
A S P E N O K N I K P M U P C
```

238

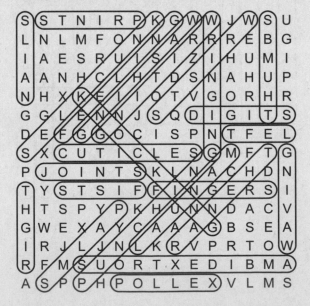

```
S S T N I R P K G W W J W S U
L N L M F O N N A R R R E B G
I A E S R U I S I Z I H U M I
A A N H C L H T D S N A H U P
N H X K E I I O T V G O R H R
G G L E N N J S Q D I G I T S
D E F G G O C I S P N T F E L
S X C U T I C L E S G M F T G
P J O I N T S K I N A C H D N
T Y S T S I F F I N G E R S I
H T S P Y P K H U N N D A C V
G W E X A Y C A A A G B S E A
I R J L J N L K R V P R T O W
R F M S U O R T X E D I B M A
A S P P H P O L L E X V L M S
```

239

240

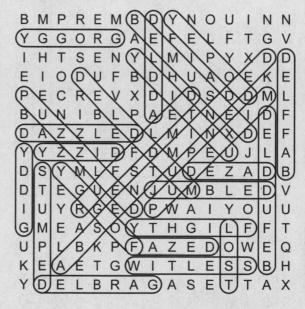

241

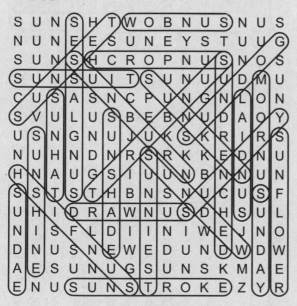

242

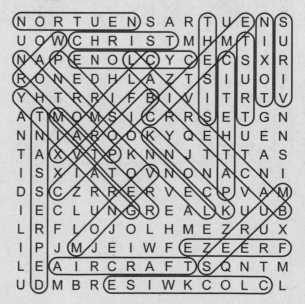

243

244

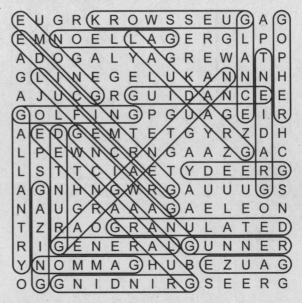

245

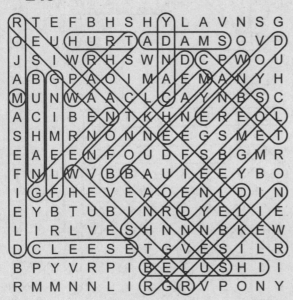

246

247

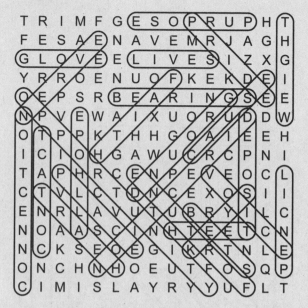

```
T R I M F G E S O P R U P H T
F E S A E N A V E M R J A G H
G L O V E E L I V E S I Z X G
Y R R O E N U O F K E K D E I
O E P S R B E A R I N G S E E
N P V E W A I X U O R U D D W
O T P P K T H H G O A I E E H
I C I O H G A W U C R C P N I
C A P H R C E N P E V E O C L
C T V L C T D N C E X O S I I
E N R L A V U T U B R Y I L C
N O A A S C I N H T E E T C N
N C K S E O E G I K R T N L E
O N C H N H O E U T F O S Q P
C I M I S L A Y R Y Y U F L T
```

248

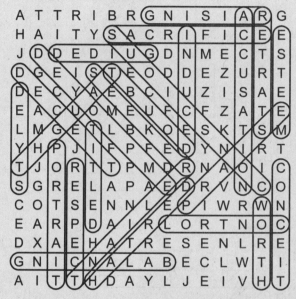

```
A T T R I B R G N I S I A R G
H A I T Y S A C R I F I C E E
J D D E D I U G D N M E C T S
D G E I S T E O D D E Z U R T
D E C Y A E B C I U Z I S A E
E A C U O M E U F C Z A T E M
L M G E T L B K O E S K T S T
Y H P J I F F E D Y N I R C O
T J O R T T P M D R N A O I N
S G R E L A P A E D R V N C T
C O T S E N N L E P I W R W C
E A R P D A I R L O R T N O C
D X A E H A T R E S E N L R E
G N I C N A L A B E C L W T I
A I T T H D A Y L J E I V H T
```

249

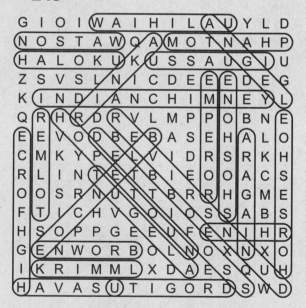

```
G I O I W A I H I L A U Y L D
N O S T A W Q A M O T N A H P
H A L O K U K U S S A U G I U
Z S V S L N I C D E E D E G
K I N D I A N C H I M N E Y L
Q R H R D R V L M P P O B N E
E E V O D B E B A S E H A L O
C M K Y P E L V I D R S R K C
R L I N T E T B I E O O A C H
O O S R N U T T B R R H G M S
F T I C H V G O I O S S A B S
H S O P P G E E U F E N I H R
G E N W O R B O L N O X N X O
I K R I M M L X D A E S Q U H
H A V A S U T I G O R D S W D
```

250

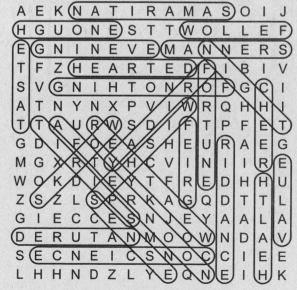

```
A E K N A T I R A M A S O I J
H G U O N E S T T W O L L E F
E G N I N E V E M A N N E R S
T F Z H E A R T E D F I B I V
S V G N I H T O N R O F G C I
A T N Y N X P V I W R Q H H I
G D I F O E A S H E U R A I T
M G X R T C H C V I N E A E G
W O K D I E Y T F R E D H T U
Z S Z L S P R K A G Q D T L A
G I E C C E S N J E Y A A L V
D E R U T A N M O O W N D I E
S E C N E I C S N O C C I H K
L H H N D Z L Y E Q N E I H K
```

251

```
A M I T R A N S I O A N W Q F
E G O F R V S E V I S A L A D
D D U U R O T E N G E E I A E
A R I P M E L E O N E L P M W
M G T O F N D G N I L L I H S
B A N K S O V L B E N S E C S
R I N I Q R U P I A E H Z A V
I B J A L K R N U U R P G R W
F A A A T R A I F F G I U D N
H G E O I H E Y C Y I X A R E
E N F N G U L T R U M Y R N A
C A U F G E D R S A C N A R F
A A A M N A K F A C I F N A S
E P C E I P E A I C M R I T B
S O L X R W L A R T S U A N O
```

252

```
E H O E N M N R A H T A U U Q
J N U L L E T H A R E H R S E
W P T B T S S U I C E D V H L
M F P D R T I K S C N M S F E
W R O N I M O O A A U P F S P
B X S F B R V P L I O P I T A
W E T U B A S B G C H C C D H
S I K I L R D R K A K J O N C
D L T E E U E N S B A H M A E
I R A P Y P S E A I T U P C S
O A Y C E C R Y Y M L E U L R
R H O N O H C R A H A H T U U
D C C T M L R I E K U I E V N
N E T Z A J U L S R E Y R O W
A Y Q S N A N T A R E A N N O
```

253

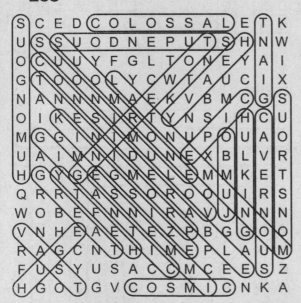

254

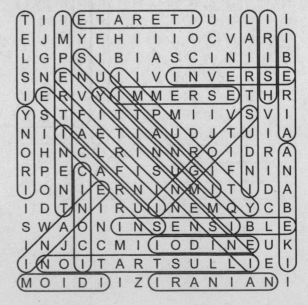

255

```
U J S W E X A G P T L A R V A
E J G R L N A E H S G T K N O
R O E L U D O O L E L P R O G A
M S L I F V R R L F G E E S I
R J B L G A K T D T P V U I M
O L Y N X J T N E P G F J O I
W U A M R O W D O O L B M P S
W T Y J B N L H K C O G U N E
O M B E W E S L O C U S T J B
L N U G G S W D W B S A V O U
G L C G A T O U D M R Y T C N
B C S R T G Y E O S I F V T O
L E G D I M B T U C L T P R P
M A Y F L Y H S X Y T J E E E
M L O C A S T E U E L Y T R A
```

256

257

```
A R I S A M J E F R P R R O R
R E F E A F K R E R E E E F R
T A M T F A E N E N B Y L S E
P O R T E R I A E R F E L W E
P O D P M M C D A E O C I H N
N E E A Y H R B T L R T M C I
O Y S S E A Q A C T E E E A G
J O I R G N T R S U M N F T N
N A G W S D N I W B A L R E E
R R N N E A P S S R N O D R R
N V E I M Y F T B L E R A E F
U R R A T Y P A X B A G K R E
R C E K A O E E F W U N N O M
S S E D U T R W S L I J W A D
E E U T S I N O I T P E C E R
```

258

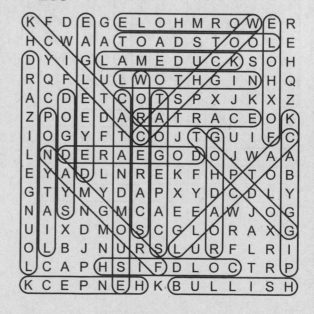

259

```
E G F S S U F A H E Y E L R Y
S N O V R E P E T W E F Q Y S
S N J N A E L S E H C E E P S E
E F U H A S T E N P R Y Z J Y
S R F M D M G A T P O T A N E
Y Y U O Y Z R W P S F E Q W S
K D P S R T Y B K F M Y O K A
A S T A N D G C P P O S A R T
F M E E T P A M D U O E C N Y
S L N F E R V E Y O R L I E T
C A I A T M O G A B F O A P E
X H C E X O S O R Y P F U L V
S E S E V A W O A A A N R H J
Y R R E M T T D C C S F E R A
R E R I V S D N E M A E R Y D
```

260

```
L U F T C A T E L U F D E E H
D A R G D I P L O M A T I C C
E S T C E P S M U C R I C I Y
D W F E H E C V D F C U T B G
R C I W A A T E S D D I G N S
A A A S R N V U I D L N I S M
U V U E E R O S E O E R I M O
G L F D E I C R P T I H D M D
Y U U S T E G E N T L E I G E
L R E U R K C Y E V M Y H S S
P R A N E W A R Y U K G S L T
E C I U R E S T R A I N E D D
K N N S E C R E T I V E R D E
G P E V I S U R T B O N U A N
S E N S I B L E T A C I L E D
```

261

```
W E A U H S N D I D O O A S H
L E P R T M I K U R K K I K J
N S D O L R L M W O H A Z N M
F S N N G B B G I W D E H O R
I E L A O L O O T Y I B Z T B
R S H Y E O G I Y R N K V A O
E T J D T Q M E D E P C R C R
N E O Z H H L H R V K U D M G
Z R R O C D E Z A A F B E U I
E C K N A B D R Z F H W R G N
O E P R R O D M I F F Y R G F
Y S B K C G W O W N P W I L Z
H O G W A R T S H W H F C E A
S P U D M O R E H J R U K R H
B L H M L D A R K A R T S J X
```

262

```
O V E R T N E M G E S A T E B
A B D H C Z T N O I S I V I D
M L T J U T I L E S R O M D R
U X L S P W E S A R H P U Q A
V X T O C I P K T E C P Z O H
M P V N T R T N E M G A R F S
R E B M E M A R C M G I O L A
H G N K L M E P A M T A G A J
U P N E W T E N F V I S K K K
A R T I C L E L T U A K E E Q
F Y H K T S V P E M J E S A Y
A T N E M T R A P E D R U B A
H M K U D U U L J I E A D P
R A T I O N E C F V N H L B Q
Y U H P A R G A R A P S C R P
```

263

```
O U D C H O C T A W M Q G E P
N X U K P Y Q B G P O T C E O
A D V F U A R A P A H O A K B
S P K M N L R R W W I N R O X
H I A M I K A Y Y N C Q A R T
U E O C B M U J A E A D W E O
R E W U H L T E N E N E A H O
O N A A X E E A D O H N K C F
N W T S Q S S I O U Q O R I K
L A I E P F E B T M I H P P C
N H H S E M I N O L E S T H A
R S C X K E R H E X N O E H B
L Y I B E J A V L C M H T A X
F M W R Y W C R O W A S O X S
N D C D K W J A M M R L N M C
```

264

```
N O I T C E F N I O N M W L M
E U R H O G R E C E J E M K P
M J O I N D R W O M T M R H U
A I T I H O S Y U A T B D C Q
E A T Y A W F M N E A E Z T F
R A C D O A J I T E T R S A I
D K S R J I L E R L L O S P H
I N D E X L S T Y Q U G W C D
O S F H O K N Q U A N T N H
E V Q P N E C H W E V A I Y E
F K E I R K A L Y S M W H C B
S A L R W T O G G T S V E O R
W K U C C I W G N I R I F R E
Y C G H A I R S U O P S E B E
D I N E M Z Y E F N R K A W D
```

265

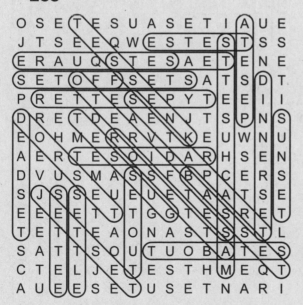

```
O S E T E S U A S E T I A U E
J T S E E Q W E S T E S T S S
E R A U Q S T E S A E T E N E
S E T O F F S E T S A T S D T
P R E T T E S E P Y T E E I I
D R E T D E A E N J T S P N S
E O H M E R R V T K E U W N U
A E R T E S O I D A R H S E N
D V U S M A S S F B P C E R S
S J S S E U E U E T A A T S E
E E E E T T T G G T E S R E T
T E T T E A O N A S T S S T L
S A T T S O U T U O B A T E S
C T E L J E T E S T H M E Q T
A U E E S E T U S E T N A R I
```

266

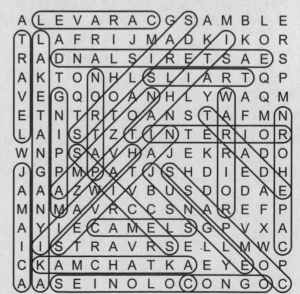

```
A L E V A R A C G S A M B L E
T L A F R I J M A D K I K O R
R A D N A L S I R E T S A E S
A K T O N H L S L I A R T Q P
V E G Q O O A N H L Y W A Q M
E T N T R T O A N S T A F M N
L I S T Z T I N T E R I O R
W N P S A V H A J E K R A D O
J A M P A T J S H D I E D H
A A Z W I V B U S D O D A E
M N M A V R C C S N A R E F P
A Y I E C A M E L S G P V X A
I I S T R A V R S E L L M W C
C K A M C H A T K A E Y E O P
A A S E I N O L O C O N G O C
```

267

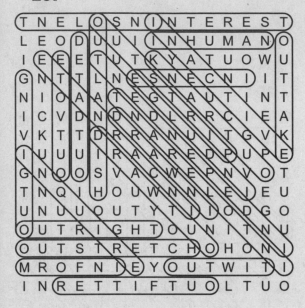

268

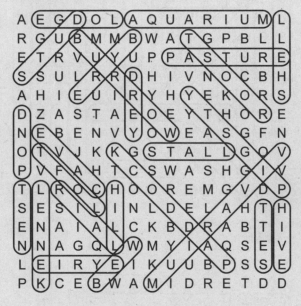

269

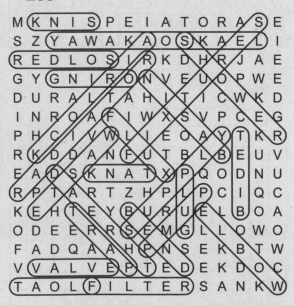

270

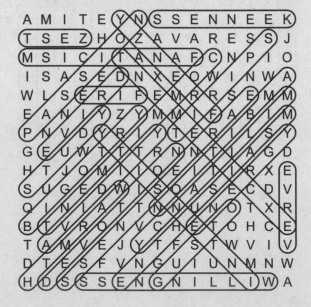

271

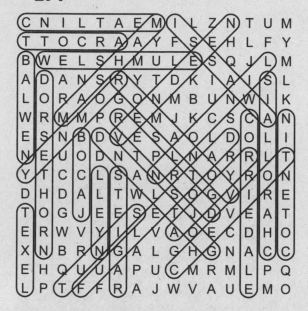

```
C N I L T A E M I L Z N T U M
T T O C R A A Y F S E H L F Y
B W E L S H M U L E S Q J L M
A D A N S R Y T D K I A I S L
L O R A O G O N M B U N W I K
W R M M P R E M J K C S C A N
E S N B D V E S A O L D O L I
N E U O D N T P L N A R R L T
Y T C C L S A N R T O Y R O N
D H D A L T W L S O G V I R E
T O G J E E S E T J D V E A H
E R W V Y I L V A O E C D H O
X N B R N G A L G H G N A C C
E H O U U A P U C M R M L P Q
L P T F F R A J W V A U E M O
```

272

```
M S U E A D D A H T E P N Q S
C B M V S K G G I N M D O F C
N K M O W O M O A T T Q R A H
T H P I L A T E Z Y M D A L J
S B O I B A S W E H T T A M L
R U A J A R S O S I T J A E L
E T E E R T C B W J T L L N H
H A Y A H A I R A H C E Z A W
T L G W H S H M E R J I E B H
S H D E A C E A J E A R R A G
E E C R G S C Y O D M B R L C
B J V D A K Z A O B B A B U A
D U E N R A I R Z O S G R A A
I M O A N U E V J V N L H Y S
K O V I T H A D T R E U S J I
```

273

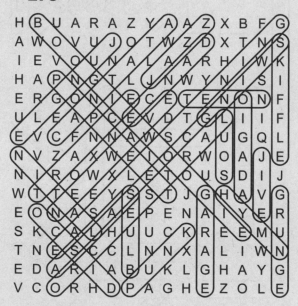

```
H B U A R A Z Y A A Z X B F G
A W O V U J O T W Z D X T N S
I E V O U N A L A A R H I W K
H A P N G T L J N W Y N I S I
E R G O N I E C E T E N O N F
U L E A P C E V D T G L I I F
E V C F N N A W S C A U G Q L
N V Z A X W E I O R W O A J E
N I R O W X L E T O U S D I J
W T T E E Y S S T J G H A V G
E O N A S A E P E N A I Y E R
S K C A L H U U C K R E E M U
T N E S C C L N N X A L I W N
E D A R I A B U K L G H A Y G
V C O R H D P A G H E Z O L E
```

274

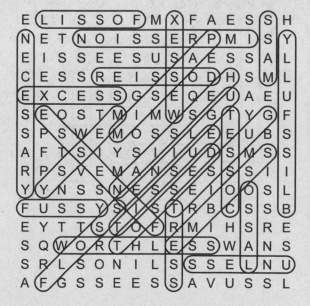

```
E L I S S O F M X F A E S S H
N E T N O I S S E R P M I S Y
E I S S E E S U S A E S S A L
C E S S R E I S S O D H S M L
E X C E S S G S E Q E U A E U
S E O S T M I M W S G T Y G F
S P S W E M O S S L E U B S S
A F T S I Y S I I U D S M S I
R P S V E M A N S E S S S I L
Y Y N S S N E S S E I O O S L
F U S S Y S I S T R B C S S B
E Y T T S T O F R M I H S R E
S Q W O R T H L E S S W A N S
S R L S O N I L S S S E L N U
A F G S S E E S S A V U S S L
```

275

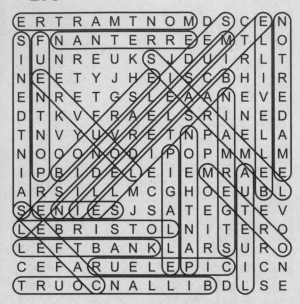

276

277

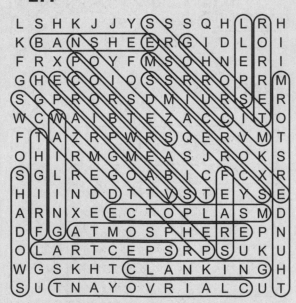

278

279

280

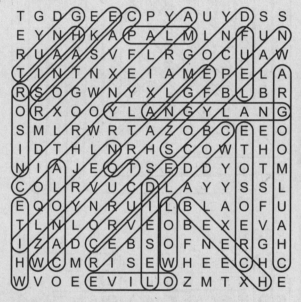

281

282

283

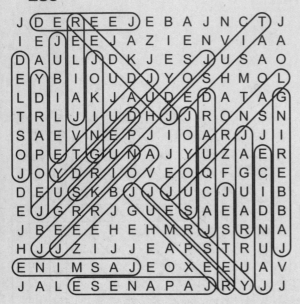

284

285

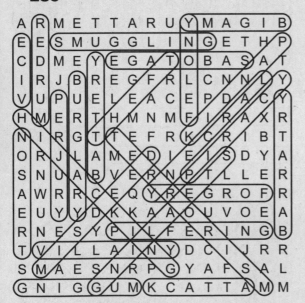

286

287

288

289

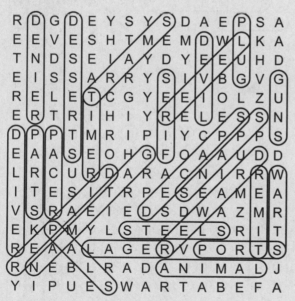

290

291

```
E N I L D L R O W W E N A E L
O F G R E A T C M A J O R E P
E C G N A C I O R E I W F E A
C V S O I P N C M T U A K S R
I W U L T R T A A F U R P N I
T E M E Z H P L T S T A H K S
P A M N L O I S T I G O H C E
Y P I A T A C C P A T K C E C
L L X P N I L O N D O N E L X
A E W J G F N E H E H T O T Y
C R A A C S R H B E N C X I M
O E R R H R R E N A K B I C M
P T N R S D H A D W E S T A M
A N O I T A M R O F E R E N G
C I N O V A L S E I M S H O D
```

292

```
S E C I P S Y A R E Y K I R N
N U D A E T W E O S A Y N A E
O E R N O N G E O T W A C T M
N T D F U R N U H S E M L U A
Y D E D C O L M M E H E U V S
R T J T U S R T F B T R S D E
V O B R D S E A S E E I I S H
S S M A U R A T O H O C V A T
R R Y C A T R F T T W A E I M
E Y U U Y O E A O H R N S N N
M Z Q O S W E L G D G E O T I
O S J O Y W V W L R E I P S G
C T I M E L O W H I A H R D H
K R O W E V B X N X N H U A T
J E L I T A E G T L Z G P Y X
```

293

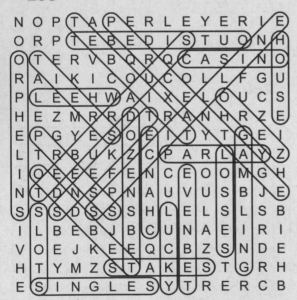

```
N O P T A P E R L E Y E R I E
O R P T E B E D I S T U O N H
O T E R V B Q R C A S I N O
R A I K I C O U C O L L F G U
P L E E H W A I X E L O U C S
H E Z M R R D T R A N H R Z E
E P G Y E S O E I T Y T G E I
L T R B U K Z C P A R L A Y Z
I O E E F E N C E O O M G H
N T D N S P N A U V U S B J E
S S S D S S S H L E L S L S B
I L B E B J B C U N A E I R I
V O E J K E E Q C B Z S N D E
H T Y M Z S T A K E S T G R H
E S I N G L E S Y T R E R C B
```

294

```
R O X Y O T R E J E P F K G F
I E K G V H N Y N M D E A O A
L R H M S A Y E A O N C N X R
A A I T P C G D T I E E D Y U
T D K O E S E H R T G N C G T
A P R X O R Q O Y O N E R E E
M P Y H I H L L R F G F U N N
M T P F A H E T A S B E E O I
O B T L C N I R A H N L N D R
N J O K E N K G E B Y E O A O
I N N L B E L L U H X X Z R U
A U U D T A I T T L U A O I L
Y U K E O U A E D R A H T E F
H D N C M N C N E G O N A Y C
F E B M E T H A N E M O M N E
```

295

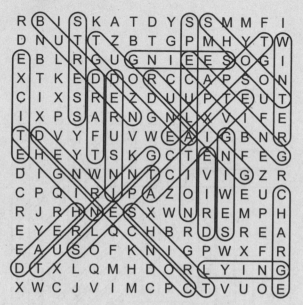

296

297

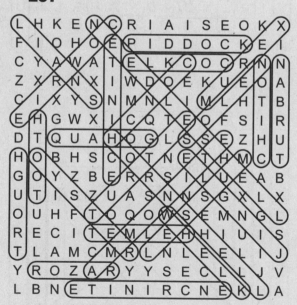

298

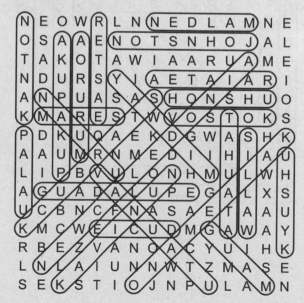

299

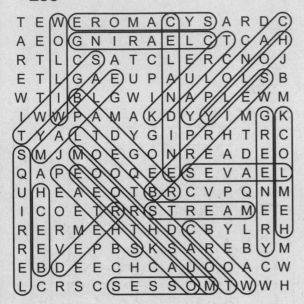

300

301

302

303

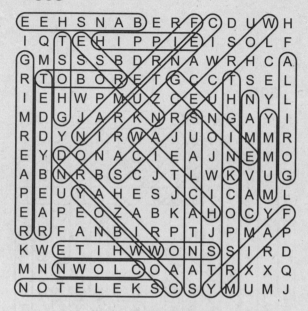

304

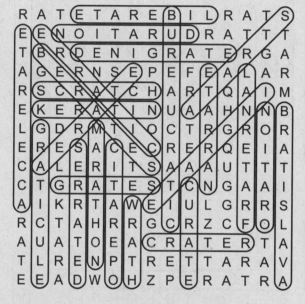

305

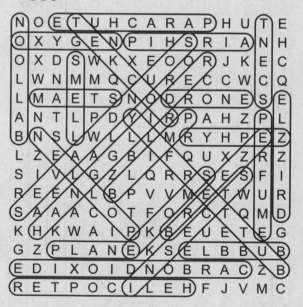

306

307

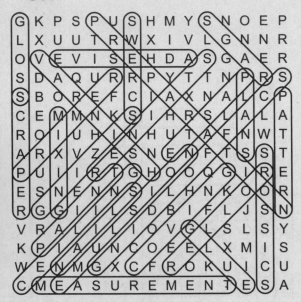

308

309

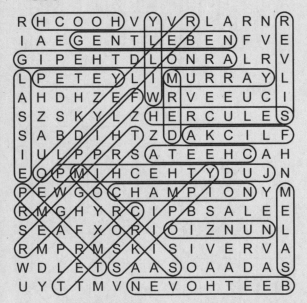

310

351

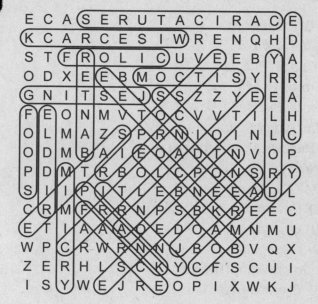

```
E C A S E R U T A C I R A C E
K C A R C E S I W R E N Q H D
S T F R O L I C U V E B Y A
O D X E E B M O C T I S Y R A
G N I T S E J S S Z Z Y E R H
F E O N M V T O C V V T L L C
O L M A Z S P R N I O I N L P
O D M B A I E O A D T N V O Y
P D M T R B O L C P O N S R Y
S I I P I T L E B N E E A D L
C R M F R R N P S B K R E E C
E T I A A A O E D O A M N M U
W P C R W R N N J B O B V Q X
Z E R H L S C K Y C F S C U I
I S Y W E J R E O P I X W K J
```

352

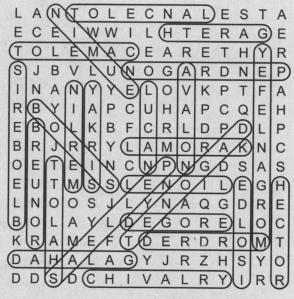

```
L A N T O L E C N A L E S T A
E C E I W W I L H T E R A G E
T O L E M A C E A R E T H Y R
S J B V L U N O G A R D N E P
I N A N Y Y E L O V K P T F A
R B Y I A P C U H A P C Q E H
E B O L K B F C R L D P D L P
B R J R R Y L A M O R A K N C
O E T E I N C N P N G D S A H
E U T M S S L E N O I L E G S
L N O O S J L Y N A Q G D R H
B O L A Y L D E G O R E L O E
K R A M E F T D E R D R O M C
D A H A L A G Y J R Z H S Y T
D D S D C H I V A L R Y I R R
```

Play these other great puzzle books by USA TODAY:

USA TODAY Crossword
USA TODAY Sudoku
USA TODAY Logic Puzzles
USA TODAY Jumbo Puzzle Book
USA TODAY Jumbo Puzzle Book 2
USA TODAY Everyday Sudoku
USA TODAY Picture Puzzles Across America
USA TODAY Word Finding Frenzy
USA TODAY Sudoku 2
USA TODAY Crossword 2
USA TODAY Logic 2
USA TODAY Sudoku 3
USA TODAY Up & Down Words Infinity
USA TODAY Crossword 3
USA TODAY Word Roundup
USA TODAY Crossword Super Challenge
USA TODAY Sudoku Super Challenge
USA TODAY Logic Super Challenge
USA TODAY Jumbo Puzzle Book Super Challenge
USA TODAY Sudoku Super Challenge 2
USA TODAY Crossword Super Challenge 2
USA TODAY Jumbo Puzzle Book Super Challenge 2
USA TODAY Logic Super Challenge 2
USA TODAY Sudoku Super Challenge 3
USA TODAY Crossword Super Challenge 3
USA TODAY Logic Super Challenge 3
USA TODAY Jumbo Puzzle Book Super Challenge 3
USA TODAY Sudoku and Variants Super Challenge
USA TODAY Word Fill-in Super Challenge
USA TODAY Teatime Crosswords
USA TODAY Sunshine Sudoku
USA TODAY Jazzy Jumbo Puzzle Book
USA TODAY Lazy Day Logic
USA TODAY Memory Boosters

311

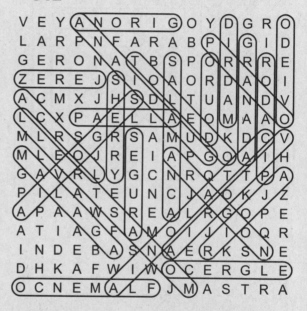
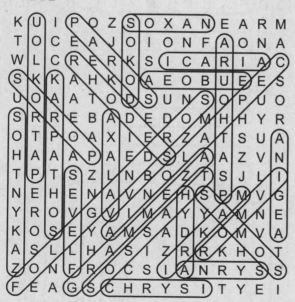
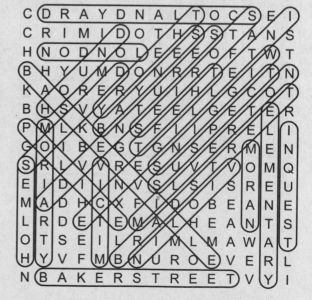

```
C R G N I R T S T R A V E N E
A L E S E V I S E H D A A V X
M U G W X S C J X S H O E M P
C M S K E R T E V I R L W O A
E U J S E K M A N A C L E E D
P D R W E I S H P R W E F U L
A T N U T A N D B O L T D J S O
T G B R A U R E A R E U Q P C K
O B N R Q I H A N A S T P A E
L L E O A S N Z H T S S B U T
L S A B H C S H G W U S S C S A
E M C P H E Y O X R S K L S P
S S H O E L A C E O T E K A P
S A R G S T R O N G K R L E P
S N A P L I N K O O A P E L S
```

312

```
V E Y A N O R I G O Y D G R O
L A R P N F A R A B P I G I D
G E R O N A T B S P O R R R E
Z E R E J S I O A O R D A O I
A C M X J H S D L T U A N D V
L C X P A E L L A E O M A A L
M L R S G R S A M U D K D C V
M L E O J R E I A P G O A I H
G A V R L Y G C N R O T T P A
P I L A T E U N C J A O K J Z
A P A A W S R E A L R G O P E
A T I A G F A M O I J I O Q R
I N D E B A S N A E R K S N E
D H K A F W I M O C E R G L E
O C N E M A L F J M A S T R A
```

313

```
K U I P O Z S O X A N E A R M
T O C E A J O I O N F A O N A
W L C R E R K S I C A R I A C
S K K A H K O A E O B U E E S
U O A A T O D S U N S O P U O
S R R E B A D E D O M H H Y R
O T P O A X I E R Z A T S U A
H A A A P A E D S L A A Z V N
T P S Z L N B O Z T S J L I
N E H E N A V N E H S P M V G
Y R O V G V I M A Y Y A M N E
K O S E Y A M S A D K O M V A
A S L L H A S I Z R R K H O T
Z O N F R O C S I A N R Y S S
F E A G S C H R Y S I T Y E I
```

314

```
C D R A Y D N A L T O C S E I
C R I M I D O T H S S T A N S
H N O D N O L E E E O F T W T
B H Y U M D O N R R T E I T N
K A O R E R Y U I H L G C O T
B H S V Y A T E E L G E T E R
P M L K B N S F I I P R E L I
G O I B E G T G N S E R M E N
S R L V V R E S U V T V O R Q
E I D I I N V S L S I S A N U
M A D H C X F I D O B E A N E
L R D E T E M A L H E A N R S
O T S E I L R I M L M A W A T
H Y V F M B N U R O E V E R L
N B A K E R S T R E E T V Y I
```

315

316

317

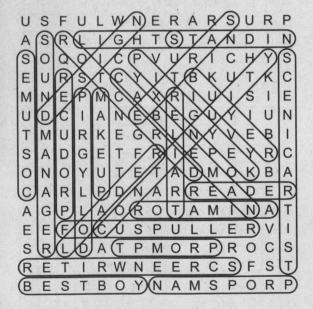

318

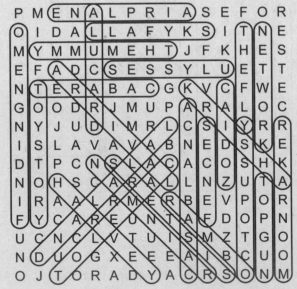

319

```
H A H C N E D R A Y E R E C S
R V F L B L A N C H E T T C A
E V A R G D E R A E E S S O M
S F F R H W Z T H U R M A N O
E T A L M E G E H E Y H N H T
Y N A A Y J Y N I E Y E W E T
T V N Y P N H O E P N L S R O
W C O L L I N S L B O S G H T
S T R E B O R L Q U L G H T C
H W D O N E R E C R D N I M C
B T N O O Q L R R N S I N Y S
W O I R E V I R D O D K G E J
M T N M I S T A R G O M T R L
N O O P S R E H T I W M O S R
M C L O R A N E L A S E N C L
```

320

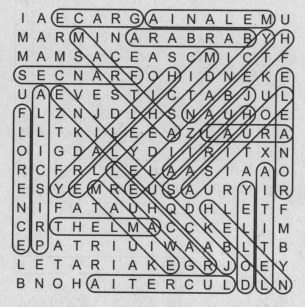

```
I A E C A R G A I N A L E M U
M A R M I N A R A B R A B Y H
M A M S A C E A S C M I C T F
U A E V E S T I C T A B J U L
F L Z N J D L H S N A U H O E
L L T K I L E E A Z L A U R A
O I G D A L Y D I I R I T X N
R C F R L L E L A A S I A O
E S Y E M R E U S A U R Y I R
N I F A T A U H Q D H L E T F
C R T H E L M A C C K E L I M
E P A T R I U I W A A B L T B
L E T A R I A K E G R J O E Y
B N O H A I T E R C U L D L N
```

321

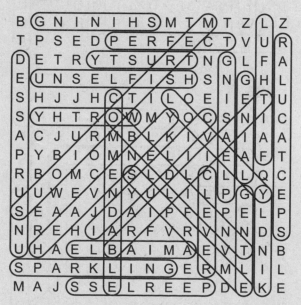

```
B G N I N I H S M T M T Z L Z
T P S E D P E R F E C T V U R
D E T R Y T S U R T N G L F A
E U N S E L F I S H S N G H L
S H J J H C T I L O E I E T U
S Y H T R O W M Y O C S N I C
A C J U R M B L K I V A I A A
P Y B I O M N E L I I E A F T
R B O M C E S L D L C L L Q C
U U W E V N Y U L I L P G Y L
S E A A J D A I P F E P E L B
N R E H I A R F V R V N N D S
U H A E L B A I M A E V T N B
S P A R K L I N G E R M L I L
M A J S S E L R E E P D E K E
```

322

```
E I G N I K C O H S H C A E P
S L B E P O W D E R E R F E E
I T V O W N E L M D T U C Z G
R A H I U S A L O L C H H N N
E M R U O G A I U H E F T N A
C A E R L R A Q S R U E N D M
U R D P O I D I R R V H A E C
A I N C U J A Y N O E O R M N
P S E E R V B N L V G P A I A
R K V N A L S G P N I G M A L
I I L S O A X C A E E L A N G
C L S L O H D Q N O C L G E
O W S M F I N R T R Q N C E A
T O O X N A T A E G A M Y R A
M N T A F N O I T A N R A C E
```

323

```
E H K T B X K G K R M I N H K
H E P R E M I E R A S P A I Z
K D M P X A N C H U R H Z W R
V I M A H D I A L I S S V G E
I U T Q N E R T N T H F R F D
D G H S G A A C Y E L O H H N
B Z R H J N E D I U T I C Y A
A H S A P M V K O A Q R F R M
R F H C R I H G T F A U O P M
R Y R O U K L C E R S Y E L O
E T I F L A I A T N A T U E C
S S Q Y E D D E C M E G A V N
I A J P R O T E C T O R H T W
A R M P A R T A S M O A A P E
K S M K Q I Q C N C K K A L X
```

324

```
U F S U S I G N P O S T N N F
X K P S O E W A L K I N G I V
Z L A T A F E O X S Y P N N T
S A O R O P C R Y P U I I O P
S C B R O A M M T M S E R I C
E I E E T N B O A H L Z E T P
N S W E A O A P C Z N E A L L
T Y E J L R R Q R I I I T N C
I H L S K E I I O L U H N I O
F P T T A L C N E H F D E L N
O Z S D S A F E G I R W I C T
P R I J R C B T N S O S R E O
I N H P A S Y D Z R U O O D U
G I W N H V E L O R T N O C R
C O U N T R Y S I D E N F X S
```

325

```
R E A L R E T O O F T S R I F
C A S S E H O O E O T M A C H
N L E L R C A S T E I W C E A
O E O Y A K S E A V R H E N L
I H M C W O T E R Z I I M W I
T V A I K E C Y B M P S D O D
U E P N T S N Y E I S K A D A
L G N I G N I S L D T E N T Y
O H A G H O U X E N R Y C N A
S U R A A W V F C I E F I U D
E Y P A E P I E W G A U T N O
R P T R U S M S R H M T G C L
Y G A R R E A A H T E U E N O
R Y A N A M G O H E R R R H E
H O L I U P A R E C S E I D S
```

326

```
L A Y S O E L B A R E F E R P
A T T E F R O I R E P U S F P
T M D E N I L M A E R T S I O
I R L Y D H U S R S D A T T L
M E N D E D A E M E L P R T E
E T R A H O C N R A A S O N R
O A L E C T D U C R R Q N R H
V E D A I E C E B E G T G D S
D N U F R H A D M P D D E D I
N J I S N G T O I R N V R R L
M E C E E D E R E V O C E R O
D S W E E T E R O R R F S J P
D E T C E F R E P W E Y E R A
S O U N D E R M R E T A E R G
H D N D E S I V E R S U C U E
```

327

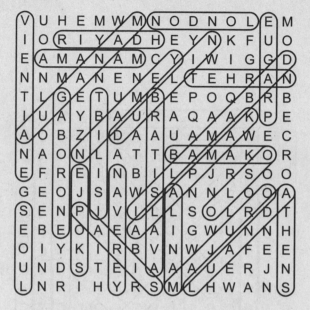

328

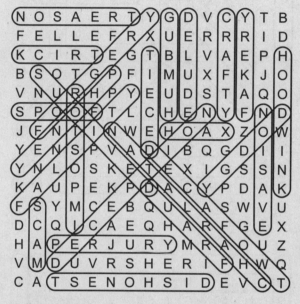

329

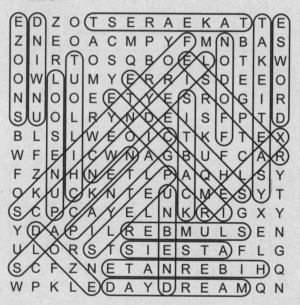

330

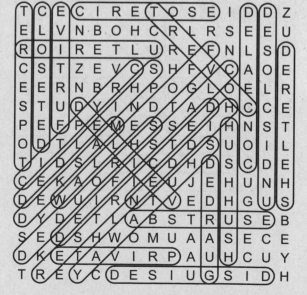

331

```
Y R N E (H) O W A R D E) G U F Q
R R Y N R R K E L N F R N G S
E T X A R T G C I X S Y P I B
M U R J A G G R N L C L A R K
N I Y U P Y E O S E V E L C V
A T S O O H V Q C I O A C V
R R P A T C D I K E E N C N O
C E G A L O N D O N Q S E F B
L A C L T E G O O F P U S Q M
E S Z D N P N N T Y M X E N S
M O M O Y D A D Y P E A M E H
E N R Y E S L O W E M O R O N
N H C U S N O N Q P L A M Y Y
T F K G U A E B H G D O H A M
D R A W D E S P O H S I B D N
```

332

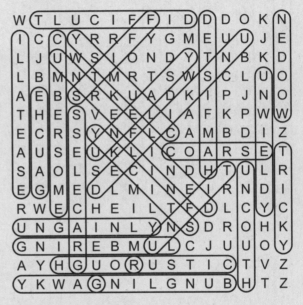

333

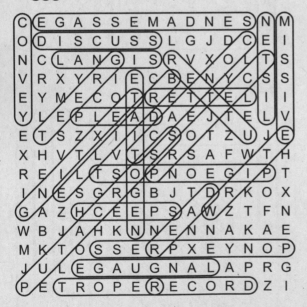

334

335

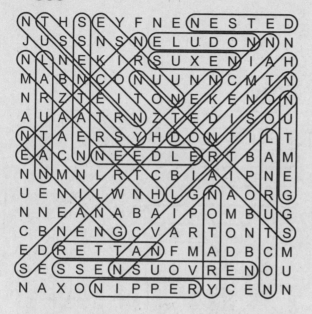

336

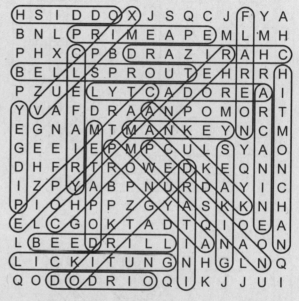

337

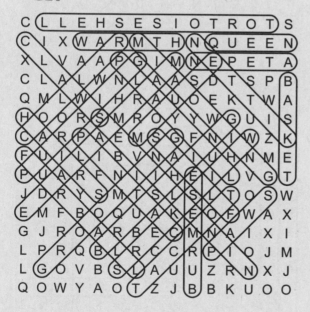

338

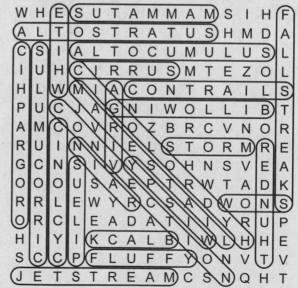

339

```
S G G N E T T A B A N N E T
E L E N E T T I K R E I U N Q
O U N E T T U S N T E N E E T
N T E T A L T E T E N T N E S
B E A T E N N I N E T N E L N
N N T Y N E M L R A N I T G E
E E E T E M I A F W E F H L T
T E T T I S T N M K D O G W H
H E I H T R N E T F O N I T G
G K N E G I W T N E A P A X I
I G N E W I B R I D N S R H R
L R O U N E T A E H W E T L F
N E T S U A O M U D J U S E I
E D M H E I G H T E N I L E N
N E T N E T R O H S S U N E T
```

340

```
T S O U F F L E T E A D N U S
E J E Q Q J F Z I R B L O O Q
C O B B L E R U O P U O P W C
A V O L V A P Z P T E G M O T
Z C O M P O T E S M V C O B R
S U S I M A R I T O A K N Y E
Y X A P P L E P I E I E G I Q
N Z M I D S H M R E R U R Y M
L A O O K L X A S C P G T C B
R C L V U M T E T O N M E S S
A P I F R S Y R A V A L K A B
T E B R O S S C I P T U N D Q
F O D E I N W E G F L D U Y A
E L B M U R C C T F L D J K N
Z E I P D U M I I J Q E I U V
```

341

```
S T N E M E S A B L M C A T O
T K I T C H E N O O E S P K N
U L M O D G C B O L A Y C Z F
D O O E K B B R L L R R N R J
I A O U N Y D A O C I T T A M
O M R O N E R O E P V N B N O
H I P K B G G N W L A C A O M R
M J A Q R W E R O O M P U J R
Y O T M O O R G N I N I D M Y
R G O S C F O Y T J V O O T I
O Z Q R Y E S M S D F F I O L
O V E S T R Y T K F O D R R I
M F Z H V S U B I Y W I B A I
M O O R C D E C E F L O E E T
U B A R Y Y E R D O L O F T U
```

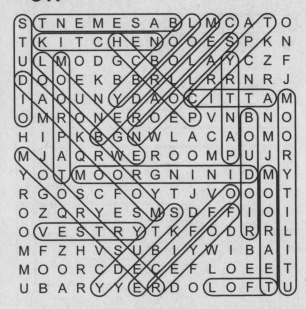

342

```
E G N I L A E H H T I A F A Y
W A E O P W E L L N E S S P L
B U B D R U G F R E E U A U
A R U N I M A T I V A R H D I
C I S U M E L N V C E E D I M
H C E G A P A S U H T F D M E
F U T U L T I P T O E C I B O
L L A O E S R O I E E I S B O
O A L B O E M Y K K A N G T T
W R I N S O N O I S R E V A A
E T P S R F W O E Q I G O N G
R Y U H U C P J R U P O T I N A
H R C E G M F W F A Y T M C A Z
E E S M A S E I T A I U L A Z
U R G K G N I T S A F A S L S
```

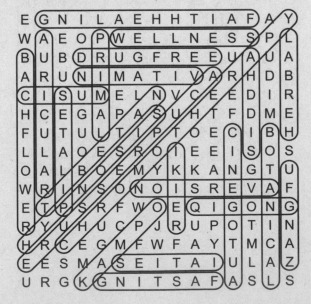

343

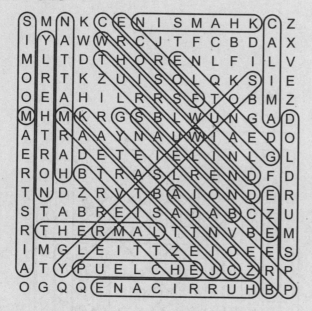

344

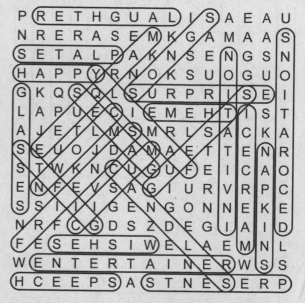

345

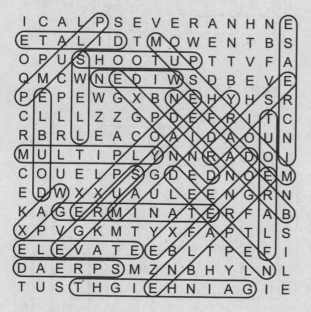

346

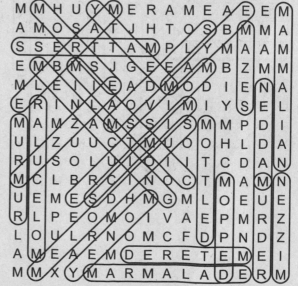

347

```
M T S N I C Z O P Z E A M H E
L N Q A A S H U R A D H S S D
X A T V R T S O W T A O I S M
R C Y D E F H H O O Q X H F P
U I U I V K I R Q Z H L K N S
P L B R O T N V I A O R I F C
P G G H S E T X B A O E S T A
I N C U S Y O I D W I T B M N
K A N Q A S H D I M I S E S D
M I R U P S L G W R P A L I L
O O I H K A S I A B D E T A E
Y T R Y M G A G L Z E K A D M
U J O M U L A G I X G H N U A
Z Y A W O N S U K K O T E J S
I S O H M N Q A N I H T A K A
```

348

```
D T E U W A V A N G S F D U O
T N A I G E X P E N K Q R Y B
F A E T X B A N S H E E I A D
M M G X R I I E E F T L B I F
E E O A O E P S T R E C R K Z
D R M R Y H N S A N I D E X Q
A M A I N A T I T R S D I P I
S A J N E Y B E J A Y Q N E Y
U I O P K W G A G Q C R U E U
D D U I A M K O B R Y B H O H
E G E E R Y N O R Y C P T H U
M V A L K Y R I E G I R T P P
I B A S I L I S K Y O X T A T
X N I H P S S J S L P N R L V
G A R E T E R A L L S Y G V M
```

349

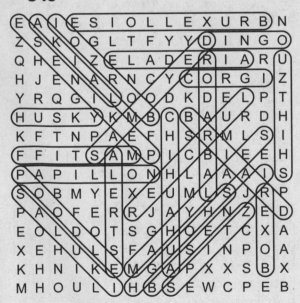

```
E A I E S I O L L E X U R B N
Z S K O G L T F Y Y D I N G O
Q H E I Z E L A D E R I A R U
H J E N A R N C Y C O R G I Z
Y R Q G I L O O D K D E L P T
H U S K Y K M B C B A U R D H
K F T N P A E F H S R M L S I
F F I T S A M P I C B I E E H
P A P I L L O N H L A A A I S
S O B M Y E X E U M L S J R P
P A O F E R R J A Y H N Z E D
E O L D O T S G H O E T C X A
X E H U L S F A U S I N P O A
K H N I K E M G A P X X S B X
M H O U L I H B S E W C P E B
```

350

```
P I M F V F I E R C E I R L M
N E E G A V A S Z V D E A N E
B V R D E N E T E E W S N U G
T G C Y N U A N V A B D C D N
N I I X M N O E E V I Y O M I
E I L X G M I P D S N D R U G
G T E Y O R T G G I H S O E U
N I S U G Y C R C S T A U R D
U B S G S A U A R A H C S E U
P R A H S N L A U E O E O V G
Q U E R T U H R J S S R U E E
W A T L I O L U J O T T B R S
N Y E A A G Z L R W I I B C Q
Z D O U R K G O E K L C C U N
U N C L E T M V I N E G A R Y
```